张居营（闲来一坐s话投资） 著

慢慢变富

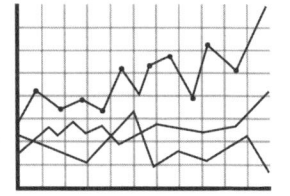

中信出版集团｜北京

图书在版编目（CIP）数据

慢慢变富 / 闲来一坐s话投资著. -- 北京：中信出版社,2019.5（2025.6重印）
ISBN 978-7-5217-0156-2

Ⅰ.①慢… Ⅱ.①闲… Ⅲ.①股票投资 Ⅳ.①F830.91

中国版本图书馆CIP数据核字(2019)第040737号

慢慢变富

著　　者：	闲来一坐s话投资
出版发行：	中信出版集团股份有限公司
	（北京市朝阳区东三环北路27号嘉铭中心　邮编 100020）
承　印　者：	北京通州皇家印刷厂

开　本：	787mm×1092mm　1/16	印　张：20	字　数：252千字
版　次：	2019年5月第1版	印　次：2025年6月第18次印刷	
书　号：	ISBN 978-7-5217-0156-2		
定　价：	69.00元		

版权所有·侵权必究
如有印刷、装订问题，本公司负责调换。
服务热线：400-600-8099
投稿邮箱：author@citicpub.com

序言一

闲来一坐话慢富

春节刚过，在投资界广有声誉的张居营先生邀请我为其新书作序，大家可能对这个名字感到有些陌生，可提起网络上的著名大V——"闲来一坐s话投资"，很多人或许会恍然惊曰："哦，原来是他！"

写文章要有沉淀与灵感，急不得，加之我每天工作排得满满的，实在腾不出空来，于是我将这个任务放在心里，等待文思泉涌时有一个好题目从内心深处跳出来。

今天是农历的惊蛰节气，我在去机场的路上，灵光乍现，一个题目从脑海里跳了出来——"闲来一坐话慢富"。

"慢慢变富"是这本新书的名字，这个名字似乎未满足大部分投资者内心的渴望。"一万年太久，只争朝夕"，谁愿意"慢"呢？但反过来想想，谁又能"快"多少呢？上证指数首次突破3 000点是在2006年年初，13年后的今天又重新站上3 000点。我们如果按照投资指数的思路来看，这相当于13年来没赚到钱，更不要说大多数人还跑不赢大市。

关于"慢富"的话题，曾经有人问巴菲特："既然你的投资方法这么好，为什么这么多年来，学习、复制的人不多呢？"对此，巴菲特笑答："因为很少有人愿意慢慢变富。"这是一句意味深长的话。

20多年前，国人在得知巴菲特将1万美元变成3亿美元的故事时，最初的反应是羡慕与惊愕："这么多？！"听到需要历时数十年，他们的反应是遗憾且略带不耐烦："这么久？！"大多数人想的是："等老了，有钱还有什么用？"时光流转，近30年过去了，那些当年这么想的年轻人现在不但年纪大了，而且多半……

我曾经在不同的课堂上问过不同的学生："你愿意富一次，还是富很多次？"选择后者的同学为多，年轻的他们并未想过，这种人生选择的背后蕴藏着异乎寻常的凶险。很多人生问题，我们往往需要时间才能看透。随着年龄的增长，我们才慢慢明白为什么芒格说"我不和40岁以下的人谈投资"。

从过往的经验看，富一次、慢慢富，是最佳的拥有财富的模式。因为在这个过程中，我们可以培养与财富增长相匹配的能力，可以妙观财富增长的奥秘，可以分享"与人乐"的快乐。

《慢慢变富》这本书由5个部分构成，分别为思想篇、选择篇、估值篇、持有篇和修养篇。在这里，读者可以找到选股的"九把快刀"、选牛股的"四招儿"，也可以看到关于能力圈、护城河、安全边际的解读，还可以看到著名的"10条军规"、作者给女儿的股票嫁妆。书中解读了投资成功靠什么，也反思了投资中的教条主义。总之，读者可以根据需要，各取所需。

2019年新年以来，股市涨了约20%，在经过了数年的煎熬之后，上证指数终于重回3 000点，单日交易每每破1万亿元大关，投资者忙着进进出出，一派大赚快钱的景象。结局会如何？陶渊明有"鸟倦飞而知还"的名句，或许是绝大多数股市参与者的最终写照。

序言一

  在这个"惊雷响,万物长"的季节里,我建议那些打算"快富"的人静下心来,多读书、读好书,闲来一坐,且听风吟,体会一下陶渊明另一句"云无心以出岫"的惬意轻松,享受慢慢变富的人生旅程。

杨天南

2019 年 3 月 6 日

序言二

富裕、富有、慢慢富有……

多年前，我曾在雪球上发起了一个名叫"新储蓄运动"的倡议，起因是金融市场中一个专题的研究结果：过去的储蓄（债券）为我们提供无风险收益，如今的储蓄（债券）为我们提供无收益风险。倡议的主要内容是鼓励大家把闲钱从银行储蓄转变为股票储蓄。

我记得小时候总是跟着大人往银行跑，存钱、取钱，不断重复。那时候，我常听大人们讲，平时要省吃俭用，把余下的钱存入银行，因为存钱有利息，时间长了，利息就会越攒越多，生活就有望变得富裕一些。

后来有了国库券，我听说买国库券既能支援国家建设，还能收取利息，于是继续省吃俭用，陆陆续续地买了很多国库券。由于各种期限的券都买了一些，我后来竟有不少忘了去兑现，就将它们压在箱底，从此不再理会。

再后来，我发现有一个东西叫通胀……

我对通胀侵蚀利息这事儿虽明白得有点儿晚，但好在不无回旋余地。20世纪90年代初，我国开始设立股票市场，当听说投资股票收益更高,且完全可以防通胀,我就义无反顾地携"重金""杀"了进去。怀着尽快富有的梦想,我在股海里摸爬滚打,一待就是10多年。

10多年下来,是亏是赚,我没有做过认真统计,不过"尽快富有"的梦想肯定打水漂了。我那时经常陷于迷茫之中:一个学金融的,怎么就赚不了大钱呢?

再后来,我知道了一个人名——沃伦·巴菲特(Warren Buffett),并从此知道了股市的一个新玩法,叫价值投资。于是,我又一头扎了进去,在一个完全陌生的世界里,如饥似渴地读着那些尽管从未接触过却很吸引我的东西。

几年下来,我在边学边做中,逐渐摸到了一点儿门道。如今总结起来,想法已比那会儿显得清晰多了,股票投资的秘密(至少对我是如此)其实就4个字:选对、拿住。不过,这门道听起来简单,做起来并不容易。

投资者需要迈过的第一道门槛,就是要接受一个事实:必须从过去想尽快富有的梦想中清醒过来,逐步接受你只能慢慢富有的现实。而且,你如果不付出足够的努力,即使接受了这个现实,最终可能还是竹篮打水一场空。

我们为什么要慢慢富有?

我觉得理由至少有两点。第一,选对并拿住,必定是一个慢慢富有的过程。这与人们熟悉的听小道消息和不断高卖低买的操作完全不同。第二,股票其实只是让个人财富能够长期保值增值的工具,你越想通过它尽快变富,就越容易陷入更大的风险中。

人们常说股市有三大风险:系统风险(市场)、非系统风险(公司)和非理性操作风险(个人)。我通过长时间观察,觉得这3个风险中,最容易给投资者造成伤害的,并不是人们普遍认为的系统风险（基于我国是政策市），也不是非系统风险（基于我国上市公司的现状），而是投资者的非理性操作风险。

投资者中的大多数是不是非理性的，就不在这里展开讨论了，这本书中的许多数据与观点已足以证明这一点。我想强调的是，你越是想快点致富，你的心态就越是难以平静。心态越不平静，你距离查理·芒格（Charlie Munger）所说的那个投资者最重要的品质——理性，就会越来越远。

慢慢富有比大多旨在快速变富的"炒股"风险小吗？至少我是这样认为的。因为这种操作模式可以让你成功避开股市三大风险中的两个：系统风险和非理性操作风险。

原因并不复杂。首先，多项研究显示，系统风险会随着时间的延续而逐步减小。当时间拉长到 10 年或 15 年以上时，系统风险带给你的伤害就会大概率降为零。其次，你买入股票后选择长期持有，就会相应减小操作失误的可能，因为大多数的非理性操作，出现在投资者的情绪波动时，后者一般是与"炒股"相生相伴的。

因此，如果选择买入持有，你在股市上所面临的风险就只剩下一个——非系统风险，即没有选对的风险。当别人的投资操作同时面临 3 个风险时，你只需面对一个风险，那么谁的胜算更大一些？

选对当然不容易，但并非不可为，就看你是否愿意为此付出努力。

20 多年来，周围不少朋友一聊起自己对投资股票的期望，动辄就是年均 20%、30% 甚至更高。一位曾经的同事，多年前跟我说他的目标是每年业绩翻一倍，并说这很容易。股市多年来跌宕起伏，我不知他如今是否已达到目标。

收笔之前，我有件趣事要与大家分享。几天前，我做了一个

慢慢变富

梦，梦见一位股市先知走到我跟前，叽叽咕咕说了一番莫名其妙的话："在股市中，低就是高，小就是大，懒就是勤，远就是近，慢就是快……"

他到底想说什么呢？

任俊杰

2019 年 2 月 26 日

前　言

这是一本专门写给我们股市个人投资者的书。

早在2015年11月,我曾受雪球之邀,在中信出版社出版了一本电子书《给业余投资者的十条军规》,在那本电子书里我就开宗明义,说是专门写给我们个人投资者的。出乎意料的是,这本电子书出版以后,曾长时间排在各大网站财经类图书的畅销榜上,得到了广大读者朋友的赞誉与充分肯定,不少读者朋友在网上公开或私信给我表示感谢,并热切地建议我有机会要出本纸质书。

我为什么一直将自己的书定位为给我们个人投资者写的呢?因为我就是普通的个人投资者,能深深地体会到,我们个人投资者在股市投资上的喜怒哀乐,懂得在精英云集、强手如林的股市上,我们个人投资者赚钱的不易与艰辛,这是其一。其二,在今天中国的股市投资界,"话语权"似乎更多是掌握在机构投资者手中,很多"意见领袖"也多是机构投资者出身,虽然其中不乏格雷厄姆、费雪、芒格、巴菲特等投资大师思想的践行者,但是短期排名的制度安排以及资金性质,决定了他们很多是交易型投资者,细细地考察他们的交易行为发现,他们的投资思想、投资理念与我们真正仰慕的投资大师们的又相去甚远。不具备各种信息、调研等优势的个人投资者,显然是不能机械地盲目效仿学习的。可以说,市场上关于投资的书可谓汗牛充栋,然而真正给我们个人投资者以很大启迪与帮助的有价值的书似乎并不很多。所以，我认为不出书则已，出则出一本让我们普通的个人投资者看了就懂，懂了就管用的书。

本书分为五个篇章，且每个篇章均力求戳到我们个人投资者的一些"痛点"。"思想篇"，告诉你应当树立怎样的投资哲学和投资理念，应当建立一个什么样的投资系统，主要是解决我们在股市中"举什么旗，走什么路"的问题，也就是说，解决好了这个"大是大非"问题，我们在股市投资中才容易进入顺风顺水的境界，而不至于处处吃败仗，也就是，道正就不怕路远。"选择篇"，告诉你在几千家上市公司中如何快刀斩乱麻，尽快地聚焦优秀的投资标的，以解决盲目选择、无所适从的问题。"估值篇"，告诉你如何洞悉一家企业内在价值高低的核心秘密，以解决在估值上拿捏不准、难以破解的问题。对于很多投资者来讲，估值问题可能是长期困绕他们且难以被解决的一大难题，相信通过阅读这个篇章，你一定会找到化解估值难题的钥匙。"持有篇"，告诉你怎样保持长期持有的定力，用什么样的"军规"去管住自己，以解决长期持有过程中的思想动摇、耐力不足的问题。"修养篇"，精选了我过往写的关于投资修养的一些思考性文章，涉及个人投资者的心灵修养、知识修养，以及正确的投资观、价值观的树立。这个篇章，将告诉你个人股市投资的长期成功，实则是自己长期心灵修养、知识修养的副产品，是自己认知的变现。在我们追求慢慢变富的人生旅程中，"悟股市投资之道，享股市投资之乐"方是投资的真要义。

有人说，投资的道理早已经被投资大师们写在书上了，确实如此。甚至可以说，投资的道理用一页纸就能够写下来，或者用几句话就可以高度概括。因此，我在书中阐述的这些投资的"道与术"，也没有离开投资大师们的思想范畴，更不会有什么标新立异之处，恰恰相反，在本书之中，我力求用最朴素、通俗的语言，将自己"悟道"

前　言

的过程，如同与老朋友围炉而谈一样，掏心窝子般地与你娓娓道来，其中既有自己成功之后的经验总结，也有投资失误之后的教训，甚至说这些投资的经验和教训，都是我本人用自己的钱长期"练"出来的。当然，投资永远在路上，书中的一些认知也难免有偏颇、不当之处，希望读者朋友们辩证地进行消化。

我国古代的一位禅宗大师曾提出参禅的三重境界，并被人们推及人生的三重境界，即看山是山，看水是水；看山不是山，看水不是水；看山还是山，看水还是水。股市"悟道"的过程又何尝不是如此呢？我真心地希望读者朋友们通过阅读本书，尽快地达到"看山还是山，看水还是水"的豁然开朗境界，进而让自己的投资由必然王国进入自由王国，让自己离实现财务健康、财富自由的梦想近一点，再近一点。

张居营（闲来一坐 s 话投资）

2019 年 4 月 21 日

目 录

第一章 思想篇

股票是个人及家庭最值得配置的金融资产 …………… 003
股票资产带来长期高回报的秘密 ………………………… 009
股票投资中的悖论 ………………………………………… 013
站在巨人肩膀上眺望 ……………………………………… 016
对"两论"的驳斥 ………………………………………… 021
价值投资能不能赚快钱 …………………………………… 025
本金少是不是应该先赚快钱 ……………………………… 028
我们在股市中究竟赚谁的钱 ……………………………… 031
投资的预期收益目标是多少 ……………………………… 034
成功的投资靠什么 ………………………………………… 037
用完善的投资系统"管住"自己 ………………………… 042

第二章 选择篇

以年为时间单位长期持有 ………………………………… 049
建立投资的负面清单 ……………………………………… 061

怎样理解能力圈 ································· 066

市场经济特许经营权 ····························· 069

赚钱机器与烧钱机器 ····························· 078

我们需要怎样的护城河 ··························· 082

船与船长 ······································· 085

对"行业命相"的研究与把握 ····················· 088

选股的"第一思维" ····························· 098

选股的"5性"标准 ····························· 101

选股的"九把快刀" ····························· 105

买龙头企业股票的策略 ··························· 115

在长牛股中选择牛股 ····························· 120

企业成熟后是否值得投资 ························· 121

如何看待企业是否分红 ··························· 123

价值股与成长股 ································· 127

"四招儿"读财报选牛股 ························· 131

"3个假想"读财报 ····························· 141

选股中的纠结 ··································· 147

在大健康产业中淘金 ····························· 151

第三章 估值篇

科学的估值公式是什么 ··························· 163

怎样理解估值的"核秘密" ······················· 171

让估值不再难倒英雄汉 ··························· 176

寻找市盈率对优秀企业的"错配" ················· 187

抢抓"三大机遇" ······························· 190

关于安全边际的认知 ····· 195
如何防范成长股的"估值杀" ····· 200

第四章　持有篇

长期持有的定力从何而来 ····· 207
长期持有的系统性风险究竟有多大 ····· 211
长期持有是否要控制回撤 ····· 214
长期持有不能被短期损失厌恶击倒 ····· 216
长期持有是不是需要做波段 ····· 218
长期持有究竟何时卖出 ····· 219
耐心10条 ····· 223
"10条军规" ····· 225

第五章　修养篇

做快乐的业余投资者 ····· 237
投资可以是这样的：我们一起风雨兼程 ····· 242
牛市状态下更需要拒绝诱惑 ····· 246
持仓体检：暴风雨下的笃定与坚守 ····· 251
"压力测试"之后的反思与感悟 ····· 254
把自己放在"弱者"的位置 ····· 257
避免掉入"以我为中心"的思维误区 ····· 261
投资有时更需要"独处" ····· 263
承认一时的业绩落后是一种能力 ····· 266
投资重要的是"相马" ····· 269

享受投资的"宁静感" ································· 273
"爱"上自己的股票又何妨 ····························· 278
投资中的框架效应 ··································· 282
打破投资中的教条主义 ································ 286
我给女儿的嫁妆是股票 ································ 290
股市长赢之道：用完善的投资系统"管住"自己 ············ 292

第一章　思想篇

股票是个人及家庭最值得配置的金融资产

美国著名教授杰里米·西格尔（Jeremy Siegel）写了一本非常著名的书《股市长线法宝》（*Stocks for the Long Run*），自1994年出版以来，他隔几年就修订一次。在修订的第5版里，西格尔教授研究整理了美国1802—2012年（210年）各项金融资产的真实收益率（年复合收益率，扣除通货膨胀的情况下），如下：

- 股票：6.6%；
- 长期国债：3.6%；
- 短期国债：2.7%；
- 黄金：0.7%；
- 美元：-1.4%。

在各项金融资产之中，股票完胜其他金融资产。而且，股票的真实收益率在3个主要阶段异常稳定：

- 1802—1870年为6.7%，68年，在这个阶段美国完成了从农业化国家向工业化国家的转变；
- 1871—1925年为6.6%，54年，在此阶段，美国成为世界政治与经济第一大国；
- 1926—2012年为6.4%，86年，这个阶段包括大萧条时期、战后扩张时期、科技网络泡沫时期，以及2008年金融危机。即使在第二次世界大战后的这个阶段，美国经历了各种通货膨胀，股票的实际年平均收益率仍然达到6.4%。

因此，西格尔教授得出结论，在过去的200多年中，一个美国普通股多样化投资组合的年复合收益率为6%~7%，而且收益率长期异常稳定。

美国股市如此，其他国家的股市又是如何呢？

正像西格尔教授所指出的，1994年《股市长线法宝》第1版出版之后，有些经济学家质疑：美国是否会出现幸存者偏差？对此，西格尔教授结合有关专家的研究结果，对1900—2012年全球19个国家的股票、长期国债、短期国债进行了分析，得出结论：

在此期间，尽管这些国家都经历了许多重大灾难性事件，如战争、超级通货膨胀及大萧条等，但是各国股票经通货膨胀调整后的收益率仍然非常高。股票真实收益率的分布范围，从最低1.7%（意大利）到最高7.2%（澳大利亚与南非）。尽管美国股票的收益率也不错，但远谈不上出类拔萃。这19个国家的股票收益率的简单算术平均值为4.6%。如果我们在1990年将1美元投入这些国家的股市，那么年复合收益率为5.4%，比较接近美国的收益率（6.2%）。而股票收益率较低的国家的固定收益证券的收益率同样较低。因此，股票相对于长期国债的风险溢价平均值为3.7%，相对于短期国债的风险溢价平均值为4.5%，这些数据实际比美国的要高。

这一研究结论是十分重要的，因为这证明西格尔的研究并不具有幸存者偏差，而是具有普遍意义的。

那么，中国的A股市场又是如何呢？

中国股市自1990年建立以来，至2018年已经走过28个春秋。经过简单计算，我们会得出结论，与西方国家成熟市场相比，还算年轻的中国股市同样正在"验证"着前述"研究成果"：

上证指数从1990年的100点起，至2018年12月28日的2 493.90点，28年上涨24.94倍，年复合收益率为12.17%，且2018年年底上证指数处于历史估值的底部区域（市盈率为10.6倍）。同时，上证指数有一定的失真，主要原因是：第一，金融与石化两个板块占比太大；第二，历年的分红并不做调整，按自然下跌计算；第三，不具有全面代表性，深圳主板、中小板、创业板并不包括在内。

比较能够反映中国A股全貌的万得全A指数，1999年年底为1 000点，2018年年底为3 245点，19年累计上涨224.5%，年复合收益率为6.39%，看起来收益水平很一般。但是1999年年底，万得全A指数市盈率是50倍，而2018年年底市盈率是13倍，估值下降了74%，即2018年的市盈率只有1999年的0.26倍，如果1999年的市盈率估值也是13倍，即估值不扯后腿，那么全A指数的年复合收益率为14.22%。

这个年复合收益率12.17%或14.22%是什么概念呢？就是在扣除通货膨胀的前提下，中国股市并不比前述国家的股市表现逊色！从一个较长的历史周期来看，股票资产不仅是西方国家，也是中国个人及家庭最值得配置的金融资产。

说到这里，有读者朋友可能会不由自主地想：那房产呢？

确实，在我们今天的中国，谈到投资，房产问题是绕不过去的坎儿。

《中国家庭财富调查报告（2017）》显示，房产是我国居民的第一资产，占家庭资产的近七成，房子可谓中国老百姓的命根子。据国家统计局的数据，一线城市北京、上海等2004—2017年的房价年复合上涨17%左右，这个数据确实惊人。但是，如果从中国股市建立的时间1990年算起，27年的时间又会如何呢？北京房价年复合上涨9%，上海房价年复合上涨13%。可见，时间周期一拉长，上证指数仍然是长跑冠军。

西格尔教授在他的书中，并没有将股票与房产进行比较。《非理性繁荣》（*Irrational Exuberance*）的作者、2013年诺贝尔经济学奖得主罗伯特·希勒（Robert Shiller），对1890—2017年的标普（S&P）数据与房产数据进行了比较，如下：

1890年的1美元房产如今价值52美元；120多年来，房产年名义收益率约为3.17%，考虑到2.8%的通胀，房产确实起到了保值作用，但剔除通胀后的真实涨幅仅66%。同期，标普复合收益率为9.3%，年增速为房产的约3倍。当年1美元的标普，如今为80 723美元，升值约8万倍，是房产的1 552倍。①

这种比较的结果，不仅在美国如此，在其他发达国家也是如此，即从一个较长的历史周期看，股票收益远远跑赢了房产。可以预期，

---

① 资料来源：雪球文章《什么是多数人最好的投资？——数据和讨论》，作者是businesslike。

第一章 思想篇

拉长时间看，我们中国也不会摆脱这一"定律"。

其实，令人玩味的数据还是有的。

在中国股市，老股民都知道"老八股"，它们是在中国股市建立之初，在上海证券交易所上市交易的 8 只股票，即：

- 延中实业（600601），现用名方正科技；
- 真空电子（600602），现用名云赛智联；
- 飞乐音响（600651），现用名仍为飞乐音响；
- 爱使股份（600652），现用名游久游戏；
- 申华电工（600653），现用名申华控股；
- 飞乐股份（600654），现为 ST 中安；
- 豫园商城（600655），现用名豫园股份；
- 浙江凤凰（600656），2016 年为退市的博元。

它们可以说是中国 A 股市场活化石般的 8 只股票，那么经过 27 年的风风雨雨，它们的回报情况会如何？

8 只股票全部取得正回报，没有一家公司相对于上市时是亏损的。其中 3 只股票上涨超百倍：延中实业上涨 121 倍，飞乐音响上涨 152 倍，爱使股份上涨 182 倍。申华电工上涨 89 倍，表现亦不俗。真空电子和豫园商城上涨少于 10 倍。

8 只股票的账面价值也都取得正增长，其中爱使股份净资产增加 5 900 多倍，年化增速 37.99%，股价涨幅最大，年化收益率为 21.26%。以 50 倍市净率（PB）上市交易的豫园商城，虽然获得了 11.38% 的净资产年化增速，但股价增速垫底，年化收益率为 8.02%（虽然股价垫底，但长期收益比受到大众认可的固定收益类产品高出一筹）。

"老八股"的股价算术平均年化收益率是15%，这个水平可以使8股组合每5年翻一番，平均为投资者带来43倍的二级市场投资回报！①

看到这些数据，你是不是很震撼？

其实久在股市"待"的人更知道，中国股市从成立至今，还产生了一大批远比这"老八股"表现好，上涨了几十倍、上百倍的长期大牛股，而且这些长期大牛股竟然与我们的日常生活密切相关，如贵州茅台、五粮液、泸州老窖、伊利股份、双汇发展、格力电器、美的集团、青岛海尔、老板电器、苏泊尔、索菲亚、万科A、中国平安、云南白药、东阿阿胶、同仁堂、片仔癀、海天味业、涪陵榨菜等。可以说，我们平时的衣食住行都被这些长期大牛股"包围"着，只是我们自己浑然不知而已。

股票投资并不是人人都熟悉的。每当我与股市的"局外人"聊到近些年中国股市中的一些长期大牛股带来的巨大回报，比如，格力电器自1996年上市以来22年上涨315.61倍（后复权，以上市当天开盘价计算，下同），贵州茅台自2001年上市以来17年上涨103.82倍，诸如此类，他们的表情大都可以用"目瞪口呆"来形容。即便我与股市中"征战"多年的一些投资者聊起这些，很多人也流露出难以置信的表情。

所以，投资者一定要经常做数据回溯，因为数据会说话，有时它对我们的"教育"作用，可能比读几本投资书还重要。而且，通过数据回溯，你一定会发现，原来中国股市的"画面"也是很美的！

---

① 资料来源：雪球文章《总之岁月漫长，然而值得等待》，作者是诗安。

第一章　思想篇

股票资产带来长期高回报的秘密

西格尔教授在其《股市长线法宝》一书中披露了这一"秘密"被曲折认可的历史过程：

埃德加·劳伦斯·史密斯（Edgar Lawrence Smith）是 20 世纪 20 年代的一位金融分析师和投资经理，他写的书《用普通股进行长期投资》（*Common Stocks as Long Term Investments*）于 1924 年出版。史密斯认为，股票应当成为投资者投资组合中的一个重要组成部分。通过对美国内战以来的股票收益率进行考察，史密斯发现，在持有相当长一段时间（他认为这段时间是 6 ~ 15 年）后，赚不到钱的概率微乎其微。

史密斯的这本书出版时，美国股市正处于历史上最大的牛市初期，该书的结论引起了轰动。史密斯的投资理论迅速漂洋过海，成为英国社会的议论话题。英国最伟大的经济学家及经济周期理论的创始人约翰·梅纳德·凯恩斯（John Maynard keynes），以极大的热情对史密斯的著作进行了肯定性评论。

然而，20 世纪的崩盘（1929 年 11 月美国股票大崩盘，在之后的 3 年时间里，市场经历了史上最严重的毁灭性崩盘），让史密斯的普通股投资理论（证明股票投资的优越性理论）遭受到了全方位的攻击，股票是最稳妥的长期投资工具这一理念很快被人们抛弃。

很值得玩味的是，价值投资的开山鼻祖格雷厄姆（Graham）和多德（Dodd）曾旗帜鲜明地谴责了史密斯的观点，认为正是这一理论孕育了 20 世纪 20 年代的疯狂牛市，为购买股票辩护的理论看似可行，实则荒谬。

股市大崩盘后，媒体与分析师对股票市场和那些鼓吹股票投资的人避之唯恐不及。然而 20 世纪 30 年代，考尔斯经济学研究委员会

（the Cowles Commission for Research in Economics）的创始人阿尔弗雷德·考尔斯（Alfred Cowles）创建了市值加权的股票指数，其数据一直回溯至1871年纽约证券交易所（NYSE）的全部股票，市场掀起了一股对股票指数进行研究的热潮。

考尔斯认为，史密斯在股市大崩盘之前的发现是正确的，他还得出结论，股票的价值在多数时候都是被低估的，投资者可以凭借投资股票来攫取超额收益。

第二次世界大战以后，密歇根大学（University of Michigan）的两位教授，威尔福德·艾特曼（Wilford Atman）和弗兰克·史密斯（Frank Smith）发表了一份研究报告，在不考虑股票市场周期的情况下，通过定期购买92只股票（一种叫作平均成本的策略），股票投资者可以获得12.2%的年复合收益率，这远远超过了固定收益类产品的收益率。12年之后，他们对之前所研究过的股票进行分析，结果表明收益更高。他们根据上述研究，随意挑选了普通股投资组合，该组合也获得了14.2%的年复合收益率。

当时许多人并不接受这两位教授的研究成果。

1964年，来自芝加哥大学（University of Chicago）的两位教授劳伦斯·费雪（Lawrence Fisher）和詹姆斯·洛瑞（James Lowry），对1929年的股市大崩盘、大萧条以及二战期间股票收益率的表现分别进行了研究。结论是1926—1960年的34年中，股票的收益率（他们的研究结果是年收益率9%）明显高于其他金融资产的收益率。他们甚至还将税收及交易成本等因素也纳入收益率的计算过程中，并得出结论：结果可能让很多人大吃一惊，股票收益率竟然如此之高……许多投资者宁可选择一种低收益率资产也不愿意选择普通股，这表明，这些投资者天性保守，对普通股内在的损失风险过分关注。

在10年之后的1974年，罗杰·伊博森（Roger Ibbotson）与雷克

第一章 思想篇

斯·辛克菲尔德（Rex Sinquefield）在一篇题为《股票、债券、短期国债及通货膨胀的历史收益率年鉴 1926—1974》（History of Stocks, Bonds, Treasury Bills and Inflation Yields Yearbook 1926—1974）的文章中，公布了一份与收益率有关的更为详尽的资料。他们对洛瑞与费雪的研究表示了敬意，再次确认了股票作为长期投资工具的优势。他们的数据被编成年鉴并得到频繁引用，还成为证券业收益率的基准指标。

一个伟大理论的产生是曲折反复的，史密斯证明股票投资优越性的理论经过半个世纪的反复，终于在投资界得以认可。

今天我们知道，股票之所以从长期来讲能够战胜其他金融资产，其核心秘密就是企业可以利用盈余再投资（红利转投资），从而不断提升企业的内在价值。在今天，这个道理不再难以理解，比如，我们将所有中国上市公司视为一家"中国大家族企业"，从一个较长的历史周期来衡量，我们这家中国大家族企业的创造能力、赢利能力会不断上升，代表它的指数也是会不断螺旋式上升的。这也是我们人类社会告别农业文明，进入工业文明、市场经济之后，最为显著的一个经济特征。

今天，我们能站在人类文明进化史的制高点上来审视股票投资，应该说我们是幸福的。

当我们人类在几千年前进入农业文明后，整个农业文明时期人类创造的经济总量始终突破不了一个"天花板"，因此，那个时代谈不上股票投资。

唯有人类社会进入工业文明，整个经济随着市场经济和科学技术的发展，出现了持续性的、累进性的、长期复利性的发展和增长，这才有可能谈论包括股票在内的现代金融产品的投资价值。

就像人类发现火的作用，从而促进人类伟大进步一样，人类发明了股市，并且不断地完善其各种功能之后，人类创造财富的能力借助于股市这一杠杆和平台，取得了几何式的发展与进步。从这个意义上讲，股市又何尝不是人类伟大的发明呢？

随着我们国家的改革开放，随着市场经济的发展，各种理财产品、理财手段在今天越发地令人眼花缭乱。君子言利，完全可以坦荡荡。芸芸众生的我们，也完全可以通过合法手段和诚实劳动，对财务健康、财务自由进行追求。然而，你可知道，原来股市竟可以给我们开辟如此一条通道。

我引用《穷查理宝典：查理·芒格的智慧箴言录》（*Poor Charlie's Almanack: the Wit and Wisdom of Charlie Munger*）一书的序言中的一段话，与读者朋友们共勉。这段话曾经给了我深深的震撼，从某种程度上打开了我人生的另一扇窗，并且一直激励着我在波诡云谲的股市中奋勇前行。

"查理（即查理·芒格先生）是一个完全凭借智慧取得成功的人，这对于中国的读书人来讲无疑是一个令人振奋的例子。他的成功完全靠投资，而投资的成功又完全靠自我修养和学习，这与我们在当今社会上所看到的权钱交易、潜规则、商业欺诈、造假等毫无关系。作为一个正直善良的人，他用最干净的方法，充分运用自己的智慧，取得了在这个商业社会中的巨大成功。在市场经济的今天，满怀士大夫情怀的中国读书人是否也可以通过学习与提高自身修养，取得世俗社会的成功并实现提高自身价值及帮助他人的理想呢？"

我们注意他的措辞"靠自我修养和学习""用最干净的方法，充分运用自己的智慧""取得""成功"，那么，这条路在中国股市是否也能够走得通呢？包括作者本人在内的大量实例已经证明，这条路完全走得通，更为关键的是，这条路一点儿也不拥挤！

股票投资中的悖论

我们已经提到，从长期看，股票是个人及家庭最值得配置的金融资产，但是这个观点千万不要误导了你，谁如果要真的以为股市的钱好赚，那可就真的大错特错了！

股市里向来流行着"七亏二平一赚"之说，但实际上，股市里的众生态是怎么样的呢？请看下面一些反映股民生态的调查数据与分析：

2007年，和讯网对北上广进行调查后得出，23.7%的股民赢利，24.9%的亏损，31.5%的持平。

2007—2008年，《经济半小时》进行了调查，调查人数为76.46万人，92.51%的亏损，4.34%的赢利。

2008年，《上海证券报》进行了调查，调查人数为2.5万人，70%以上的亏损，6%的赢利。

2007年是中国股市历史上少有的疯牛期，按理说，很多人赚得盆满钵满才是，但为什么是如此令人唏嘘的结局呢？

在中国股市成立20周年之际，即2010年，有关调查显示，过去20年，有41.83%的中国股民说自己的"炒股"总成绩为亏损，23.82%的人为持平，34.35%的人为赢利，也就是说有约2/3的投资者在股市中没有赚到钱。

2013年，金融界网站对中国股民压力指数调查后得出，中国股民近一半的人甚至认为"炒股"很丢人，羞于承认自己是股民。

调查结果还显示，接近七成股民亏损超10%，其中亏损50%及以上的，占全体股民的四成；16%的股民盈亏均衡；16%的股民盈利超过10%；在股市中大有收获（盈利超50%）的股民仅5%。

因为长期在熊市中煎熬，股民的精神状态普遍不佳。23%的股民会因为亏损感到崩溃；33%的股民比较焦虑；29%的股民有些郁闷；仅有15%的股民能够淡定地面对亏损，愈挫愈勇。

2015年可谓中国股市最为惊心动魄的一年，连续10多次的千股跌停、千股停牌恐怕是世界股票史上的"奇观异景"了！

经过这轮股灾，中国股民的生存现状如何呢？后来报道称，当时中产阶级有70万人投资失败，很多拥有数百万元、上千万元资产的投资者因为使用了杠杆而在股灾中被平仓，有的夫妻看着自己多年打拼积累下来的资产瞬间清零而抱头痛哭！

2017年，中国股市走出了冰火两重天的行情：一边是"山花烂漫时"，一边是"悬崖百丈冰"，这种结构性行情被称为"漂亮50"（绩优蓝筹行情）和"要命3 000"（创业板股票下跌行情）。据调查，90%以上的中小投资者出现了20%~50%的不等亏损。

2018年中国股市又是深度的大熊市，且这次熊市的下跌幅度仅次于2008年的那次，被称为"2008年之后最惨的一年"，见诸报端的是数千家公募、私募基金清盘，而广大中小投资者的生存状态会如何呢？东方财富Choice数据显示，截至2018年12月26日，沪深两市总市值49.55万亿元，较2017年年末的64.01万亿元减少了14.46万亿元，下降幅度达29.18%。中登公司数据显示，截至2018年12月14日，期末投资者数量为1.46亿个，以市值减少14.46万亿元计算，全年投资者人均亏损9.90万元。

股市"七亏二平一赚"的说法一次次得到验证。

一方面，中国股市是一个赚钱的场所，且长期回报率并不低；另一方面，众多的投资者却在赔钱。究竟是什么原因产生了这样的悖论呢？

时至今天，一谈到中国股市，许多人仍然要历数中国股市的种种

第一章 思想篇

制度性缺陷。确实，与发达国家成熟股市相比，中国股市具有"新型加转轨"时期的不成熟特点，在公司上市、公司治理、信息披露、大股东诚信建设等方面更有着许多需要完善与改革的地方。打击各种内幕交易、杜绝联合坐庄炒作等监管任务，更是重中之重。与美国股市近些年来长期慢牛走势不同，中国股市一向是牛短熊长，且波动巨大。

但是，广大投资者在股市里长期亏损的原因全在于此吗？答案当然不是，至少不能将"帽子"全扣在这些客观因素上。

作为股市的参与者，总是屡战屡败，就不应该强调甚至责怪中国股市不成熟的"客观因素"，主要是要知道，有些投资者（严格意义上讲，他们不算投资者）之所以赔钱不止，"根子"在于投资态度不端正，投资思想不正确，而表现在投资方法上，则是非理性操作、投机性操作占主导，如频繁地交易、频繁地追涨杀跌等。

这里不必过多罗列数据，中国股市较好行情时的日换手率之高（2015年上半年市场行情火爆，4月20日沪市单边成交1.1476万亿元，造成计算机系统崩溃；更引人注目的是，在股灾前的5月，沪深两市日合计成交曾达到2.03万亿元，改写了全球股票现货市场单日成交纪录），就足以说明这个问题了。

股市中的人们经常说："方向比勤奋更重要。"我觉得确实如此。

我不止一次地碰到过这样的"投资者"，他们在股市"征战"多年，有的七八年，有的甚至10多年，可仍然亏钱不止、"投资"不止。我问他们，为什么这么多年仍然赔钱时，他们中的不少人甚至茫然不知如何作答。

股市真是一个"特别有意思"的地方，因为它最容易将一些聪明人变"傻"，甚至让人"傻"到不能思考的地步。

站在巨人肩膀上眺望

1934年,本杰明·格雷厄姆的《证券分析》(Security Analysis)(与戴维·多德合著)"横空出世",80多年来价值投资这个大家庭不断出现大师级传奇人物,不断地影响着一代又一代的投资者。他们的理论与实践,为我们今天的投资指明了道路和方向。

作为价值投资的开山鼻祖,格雷厄姆在1949年还出版了一本面向普通投资者的书《聪明的投资者》(The Intelligent Investor),他后来的学生沃伦·巴菲特(Warren Buffett)说,当他19岁读到这本书之时,就"茅塞顿开"了。巴菲特不仅成为格雷厄姆的信徒,而且后来在菲利普·费雪的影响下,在查理·芒格(Charlie Munger)的"助推"下,发扬和优化了价值投资的思想,使其成为世界投资史上的一座丰碑。

如果我们将这些价值投资大师进行分类,那么他们大致可以被分为3类:

第1类是格雷厄姆派。

这种投资理论主张以低于清算价值,或者低于营运资产1/3甚至更低的价格买入,然后等待市场充分反映价值之时卖出。其实,这也可以被视为一种困境投资策略,当一家公司陷入困境之时,我们买进它的股票,然后等待它的反转。

早期巴菲特便主要采用这种投资策略,后来被他称为"拣烟蒂"策略,这类似在大街上见到还可以抽的烟蒂,拾起来再吸上几口的做法,所以此策略名称很形象。

格雷厄姆的另一个学生沃尔特·施洛斯(Walter Schloss),堪称格雷厄姆投资风格的忠实信徒,深得其精髓,后来将这种投资策略发挥到了极致。

第二类是菲利普·费雪的成长股投资派。

1957年，费雪出版了一本书《怎样选择成长股》（Common Stocks and Uncommon Profits），这本书与格雷厄姆的两本书一样，称得上是投资的"圣经"。这本书出版以后，巴菲特极为赞赏，并找到了费雪。巴菲特后来说："如果我只学格雷厄姆，我就不会像今天这么富有。"巴菲特还说，他是85%的"格雷厄姆"，加上15%的"费雪"。

对于哪个比例占得多（巴菲特中后期的投资风格偏向费雪派），市场上一直存在争论，其实这种争论没有多大意义，因为这不过是巴菲特的一个形象比喻。他说"格雷厄姆"占的比例多，也可能是体现自己对恩师的尊重，毕竟格雷厄姆是价值投资的开山鼻祖。

费雪的投资思想与格雷厄姆风格有所不同，他更看重企业的显著经济特征，并且认为，伟大的公司是稀少的，一旦发现投资机会，比如它们在市场上一时失宠之时，就要集中资金进行投资。所以，费雪与施洛斯有所不同，施洛斯采取"广泛撒网"的方法，比如，他会买入100多家公司的股票，但是费雪则集中长期持有少数几家优秀公司的股票10年、20年、30年，甚至更长时间。

此外，如果非要归类的话，查理·芒格可以归为费雪的成长股投资派。

费雪是成长股投资的开创者，今天我们谈国外的一些投资大师，谈格雷厄姆、巴菲特、芒格相对多些，而谈费雪相对少些，费雪的投资体系似乎有被"低估"之嫌疑。

第三类是巴菲特—芒格派。

真正把价值投资发挥到极致（无论是在理论还是在实践上），或者说价值投资的集大成者，自然是沃伦·巴菲特了。

巴菲特的投资思想已经是世界投资界的"珠穆朗玛峰"，虽然他早期和中晚期的投资风格是不同的，而且投资的品种是多元化的，但是其主流投资思想是我们取之不尽、用之不竭的思想源泉。当然，这其中的贡献少不了他忠诚的合作伙伴查理·芒格。

鉴于价值投资这个大家庭在投资世界观、价值观上的根本一致性，为了表示对巴菲特的尊重，同时也为了称呼的方便，我们将格雷厄姆、费雪、巴菲特、芒格的投资思想统称为巴菲特思想，本书运用这种提法。

巴菲特思想是博大精深的，如果用一句话来高度概括，那就是：以合理的价格买入优秀或伟大企业的股票，胜过以便宜的价格买入平庸企业的股票。巴菲特说，这是他走向成功的唯一道路，并且说自己悟出了这个道理，就像从猿进化到了人类。

而芒格，则提出过三大投资训导：

- 股价公道的伟大企业比股价超低的普通企业好；
- 股价公道的伟大企业比股价超低的普通企业好；
- 股价公道的伟大企业比股价超低的普通企业好。

可见，这一重要投资思想在他们的思想体系之中的地位之重。

说起芒格，不得不提起他对格雷厄姆"一分为二"的评价。由于芒格与巴菲特不同，他并不是格雷厄姆的学生，所以他的评价或许更客观、公允一些。

芒格说："总的来说，他购买股票的时候，世界仍未摆脱20世纪30年代经济大萧条的影响……人们很久才摆脱大萧条带来的恐慌心理，而本杰明·格雷厄姆早就拿着盖格探测器在20世纪30年代的废墟中寻找那些价格低于价值的股票。"

"总而言之，这个我称之为本杰明·格雷厄姆经典概念的问题在于，人们逐渐变得聪明起来，那些显而易见的便宜股票消失了。你们

第一章 思想篇

要是带着盖格探测器在废墟上寻找，它将不再发出响声。"

"但由于那些拿着铁锤的人的本性——正如我说过的那样，在他们看来，每个问题都像钉子——本杰明·格雷厄姆的信徒们做出的反应是调整他们的盖格探测器的刻度。实际上，他们开始用另一种方法来定义便宜股票。他们不断地改变定义，以便能够继续原来的做法。他们这么做，效果居然也很好，可见本杰明·格雷厄姆的理论体系是非常优秀的。"

"当然，他的理论最厉害的部分是'市场先生'的概念。格雷厄姆不认为市场是有效的，他把市场当成一个每天都来找你的狂躁抑郁症患者……"

"然而，如果我们只是原封不动地照搬本杰明·格雷厄姆的经典做法，我们不可能拥有现在的业绩。那是因为格雷厄姆并没有尝试去做我们做过的事情。"

"一旦我们突破了格雷厄姆的局限性，用那些可能吓坏格雷厄姆的定量办法来寻找便宜的股票，我们就开始考虑那些更为优质的企业。"

"顺带说一声，伯克希尔－哈撒韦（Berkshire-Hathaway）数千亿美元的资产大部分来自更为优秀的企业。最早的两三亿美元的资产是我们用盖格探测器四处搜索赚来的，但绝大多数来自那些伟大的企业。"

我为什么在这里大段大段地引用芒格的评论呢？这是因为我们开启投资之旅之前，有些理论上的"障碍"是有必要廓清的。原因之一是，今天我们中国的 A 股市场，运用格雷厄姆的价值投资方法，同样很难找到理想的投资标的。从某种程度上讲，费雪、芒格思想体系可能更适合中国股市的投资土壤。当然，在投资的世界观上，格雷厄姆提出的一些根本指导思想，我们还是要严格遵循的，如果说有所差异的话，主要还是方法论上的。

当然，上述分类也未必严谨，这种粗浅的分类主要还是为了学习和实践上的方便。其实，整个价值投资的"门派"是多种多样的，也是可以兼收并蓄的，我们不应该机械理解，更不应画地为牢。比如，巴菲特在1984年《格雷厄姆—多德都市里的超级投资者》（The Superinvestors of Graham and Doddsville）这篇非常著名的演讲稿里，提到了许多成功的价值投资者，包括沃尔特·施洛斯、汤姆·科纳普（Tom Knapp）、艾德·安德生（Ed Anderson）、比尔·卢昂（Bill Rouen）、查理·芒格、瑞克·吉林（Rick）等，他们很少有相同的投资组合。巴菲特在这篇演讲稿中，以十分生动形象而有趣的比喻，条分缕析地驳斥了有效市场假说，并且说这些超级投资者并非只是幸运的"大猩猩"，尽管他们的投资策略、投资风格、投资标的不尽相同，但他们都是根据价格与价值间的差异来选股的，最终均取得了长期超越市场的投资业绩。

我们放眼全世界的投资界，其他一些响当当的投资大师，如彼得·林奇（Peter Lynch）、塞思·卡拉曼（Seth Klarman）、约翰·聂夫（John Neff）、约翰·邓普顿（John Templeton）、朱利安·罗伯逊（Julian Robertson）、安德烈·科斯托拉尼（Andre Kostolany）、乔尔·格林布拉特（Joel Greenblatt）等，他们的投资思想今天均值得我们学习和借鉴。国内也涌现出了一批价值投资的著名人物、网络大V，而且这些著名人物、网络大V还经常活跃在网络上，对于他们的投资著作、投资思想，我们也可以采取"拿来主义"，进而丰富自己的投资体系。

这里需要说明的是，"价值投资"这个名词在今天的投资界确实说得有点儿乱。甚至一些伪价值投资者也常常以价值投资者自居（真不理解"价值投资"这个名词为什么会成为一些投机者的遮羞布），让这个词有点儿"俗不可耐"。

对于"价值投资"这个称谓，巴菲特就认为"价值"这两个字多余，在他看来，如果公司没有价值，就不会对其投资，所以改为"投资价值"更合适。

在芒格看来，所有形形色色的价值投资都可以归结为聪明的投资，反过来，所有聪明的投资都是价值投资。芒格认为，这种投资与很高的市盈率（PE）或者市净率没有关系，投资者如果得到的价值比他支付的价格多，也仍然算是价值投资。

当然，我们在具体名词上进行争论无多大意义，重要的是如何将理论运用于投资实践。为了表述的方便，本书还是遵照约定俗成的说法，称之为价值投资，这也是概念上的一点说明。

对"两论"的驳斥

在今天的中国股市，我们一谈学习巴菲特思想，就时常会听到"两论"，如果我们在思想上不予以清除，它们就会成为我们投资前进道路上的障碍。

哪"两论"呢？一是不适合中国论；二是神化论，该论认为普通人学不了巴菲特，即不可学论。

我们先说不适合论。这一论主要认为，中国股市更多表现为投机市，而在投机市，投资者想学巴菲特，似乎很难。

相较于西方国家成熟股市，中国股市目前个人投资者占比很大，就是一些机构投资者，其行为也像"大散户"，经常出现主题切换、跟风炒作概念等投机行为。相较之下，价值投资者在中国股市显得"小众"，显得"异类"。然而，正是这种浓厚的投机成分，造成波动巨大，经常给优秀企业提供错误定价的机会，这样，坚持价值投资的投资者反而更容易取得超额收益。

事实胜于雄辩,数据更有说服力。本书开始列举的一些与我们日常生活密切相关的长期大牛股,人们对它们十分熟悉,这些优秀企业的基本面也很透明,似乎没有什么"神圣的光环",然而市场还经常给我们提供一些超低价买入的机会。特别是我们细细观察后会发现,这些企业显著的经济特征恰恰是带有巴菲特思想的"鲜明印记"。可以说,巴菲特思想不仅"照耀"美国股市,也"照耀"中国股市。

我们再说不可学论。在谈论这个问题之前,我们首先要明了巴菲特思想的核心内容。

买入股权

我们哪怕是买入一手,即 100 股,也不是将其作为随时追涨杀跌的投机筹码,而是买了一家企业的股权资产,买了这家企业生意的一小部分。这种买股权资产的投资,买生意的投资,才可以称得上是最聪明的投资。这里如实相告,我本人多年前明白这个道理之后,可谓眼前一亮,突然明白原来股票投资是这样的,那种顿悟的感觉像踽踽独行的人在漆黑的夜里,突然看见了照亮前进道路的灯塔一样。

利用市场

格雷厄姆的一大理论贡献,是"市场先生"理论。他这么说:①
"你的一位合伙人——名叫'市场先生'——的确是一位非常热心的人。每天他都根据自己的判断告诉你,你的股权价值多少,他还让你以这个价格为基础,把股份全部出售给他,或者从他那里购买更多的股份。有时,他的估价似乎与你了解到的企业的发展状况和前景吻

---

① 格雷厄姆. 聪明的投资者:第 4 版 [M]. 北京:人民邮电出版社。

合；而许多情况下，'市场先生'的热情或者担心有些过度，这样他所估出的价值在你看起来似乎有些愚蠢。"

"如果你是一个谨慎的投资者或一个理智的商人，你会根据'市场先生'每天提供的信息决定你在企业拥有的1 000美元权益的价值吗？只有当你同意他的看法，或者想和他进行交易时，你才会这么去做。当他给出的价值高得离谱时，你才会乐意卖给他；同样，当他给出的价格很低时，你才乐意从他手中购买。但是，在其余的时间里，你最好根据企业整个业务经营的财务报告来思考所持股权的价值。"

这是多么形象的比喻，通俗地理解，"市场先生"就是一个患有狂躁抑郁症的精神病人，他"疯"了，我们不能跟着他"疯"，他"傻"了，我们不能跟着他"傻"，不仅不能跟着他"疯""傻"，而且还要好好利用他那愚蠢的脑袋。

安全边际

我们到超市购物或者网购，可以专门挑选打折的东西买。在股票市场上，最妙的地方是由于"市场先生"的存在，隔几年就会有好东西打折、甩卖的时候。就是在平时，这种"捡钱"的机会也时不时出现。

能力圈

如果说前3点是来自格雷厄姆的，"能力圈思想"则是由巴菲特提出的。巴菲特不仅常常向投资者"谆谆告诫"，而且一生都固守在自己的能力圈之内。当然，他一生都在学习，力求拓展自己的能力圈。

芒格引用过一句谚语："告诉我要死在哪里，我们就不去那里了。"这也是对"能力圈思想"一种十分形象而深刻的表述。

巴菲特思想的核心内容,其实就这么简单,简单到可以用前面的4点来概括。

那么,我们普通投资者,难道不能学习这些简单的投资思想、投资道理吗?当然能,因为这些简单的道理,最符合我们生活中的常识与逻辑。个人投资者虽然资金量小,但是在资金上有自己的绝对控制权,这一点与巴菲特是相同的(巴菲特对资金的绝对控制权,是其不同于华尔街机构投资方法的原因之一),所以,从某种程度上讲,个人投资者更容易践行巴菲特式投资。

有观点认为,巴菲特一生的投资实践"波澜壮阔",值得大书特书,而令人遗憾的是,他一生并未写过专门用于投资的书。《跳着踢踏舞去上班》(*Tap Dancing to Work*)这本书中介绍,他曾计划自己撰写一本传记,但到目前为止,我们还没有见到,反而研究他投资思想的著作不少。包括他的老伙计查理·芒格也并未写过一本关于投资的书。这其中的原因究竟是什么呢?我猜想,是不是价值投资的这些道理太简单了,简单到可以用一页纸就写完,没有必要长篇大论呢?

巴菲特还有一个爱好,就是乐此不疲地进行"布道",每年给自己的股东写一篇长信。芒格也是,留下了很多具有智慧的演讲稿和言论,《穷查理宝典:查理·芒格的智慧箴言录》一书也经过了他本人修改并有部分章节由他亲自撰写。所有这些,随着岁月的流逝,必将越来越彰显出智慧的光芒。

知易行难。我们说巴菲特思想简单,并不是说你知道了,就能够运用。有人说,世界上最远的距离是"知"与"行"的距离,这话有一定道理。芒格更是说过一句尖刻的话,认为投资简单的人都是傻瓜。那么,投资中究竟有哪些"奥秘"呢?我们将在后面的部分与读者朋友们共同探讨。

价值投资能不能赚快钱

媒体报道，在2000年的一个早上，杰夫·贝佐斯（Jeff Bezos）曾经打电话问巴菲特："你的投资体系这么简单，为什么别人不做和你一样的事情？"

巴菲特回答："因为没有人愿意慢慢变富。"

巴菲特的这个回答真是太妙了！因为太多的人进入股市后，在股市尝到了一些甜头，便萌生了快速发家致富的梦想，结果多数人会败下阵来。

价值投资确实不是一门让你快速致富的学问，特别是在你开始的时候，它的效果可能很慢，正所谓"财不入急门"。当然，到了一定阶段，比如你的资金量已经积累到一定程度，你只要能保持一定速度的复利增长（如年复合收益率为12%~15%），后期的收益增长并不会太慢，且越到后期会越快，甚至快到你自己都不敢相信的地步。

华人首富李嘉诚常打一个比方：一个人从现在开始，每年存1.4万元，有平均20%的投资收益率，40年财富会增长为1.028亿元。

第1个10年，本金和收益仅为36万元；第2个10年，它就有261万元；第40年就能达到1亿多元。

李嘉诚说过，赚第2个1000万元时要比赚第1个100万元简单得多。

为什么越到后期，赚钱越快呢？这其中的奥秘就是复利。

2005年，在美国布鲁克林工艺大学（Brooklyn University of Technology）任教60年的欧斯默夫妇（Mr. and Mrs. Osmer）相继去世。两人膝下无子，都是普通得不能再普通的大学老师。但当人们清理他们的遗物时发现，他们的资产已累积到8.57亿美元，后来被全部捐赠了。

那么，他们的财富从何而来？又为什么如此之多呢？

原来，早在1960年，欧斯默夫妇把不过5万美元的积蓄统统交给巴菲特打理，并且一放就是45年，从没有取过。巴菲特对此解释说，欧斯默夫妇的家庭财富增长缘于复利的奇特效应。

当然，幸运的是他们信任巴菲特，而且坚持了45年的时间。

华尔街流传着一个故事：1626年，美国的原住民印第安人，以24美元出售了曼哈顿的土地。有一天，印第安人想把曼哈顿买回来，时间已到了2010年，他们这时候需要支付多少钱呢？4.61万亿美元！这个价格正好是他们出售曼哈顿时的24美元以每年7%的复利计算的结果。仅仅以每年复利7%，384年就达到了令人目瞪口呆的效果！

经济学中的一个概念是"池塘效应"，说的也是复利原理：池塘里的荷叶第一天长出一片，第二天长出两片，到它长满半个池塘，用了49天时间。可是令人惊讶的是：荷叶长满另半个池塘，仅仅需要一天时间，因为荷叶是以几何级数增长的。

我们做一个简单的计算：以20%的年化收益率得出10年的收益会变成原来的6倍，20年变成38倍，50年变成9100倍。最后5年的收益，将近是前面45年的2倍。

我们以15%的年化收益率坚持投资50年，最后5年的收益超过前面45年的努力，这个效应同样令人震惊！

爱因斯坦说，复利是人类的第八大奇迹，这个说法真是一点儿也不夸张。

关于复利，很多投资者都应该深知其魔法般的"威力"，但在具体的投资实践中，它却又常常被忽视和忘记。为了强化头脑中的复利意识，我们甚至可在自己的书桌上贴上一个简单的复利计算公式，以

第一章　思想篇

激励、提醒自己。

我们初始投入50万元本金，年化收益率为15%，20年的收益是初始时的16.37倍，为818.5万元；年化收益率为20%，20年是38.34倍，为1 917万元；年化收益率为25%，20年是86.37倍，为4 318.5万元。我们初始投入100万元本金，年化收益率为15%，20年的收益是初始时的16.37倍，为1 637万元；年化收益率为20%，20年是38.34倍，为3 834万元；年化收益率为25%，20年是86.37倍，为8 637万元。

年化收益率为30%的收益，就不用计算了，因为很少有人会长期达到这样的年化收益率，别忘记了巴菲特的年化收益率为20%。

这里透露一下，我本人就是按照这个"笨办法"去做的，它有时能够使容易躁动的我平静下来。

我们知道复利的伟大，更要知道复利的艰难，这才是理解复利规律的核心，因为投资过程中最怕的是灾难性亏损。可以想象，我们无论前面50年的收益积累到多高的程度，第51年亏损100%，一切就都前功尽弃。

投资时，很多投资者都有这样的体会，在开始阶段是赚钱的，于是增强了信心，加大了本金的投入，然而一不小心遭受大的亏损，多少年的成果便毁于一旦。这种负面的例子，在那些追涨杀跌的投机者中更是屡见不鲜，这也是投机者少有成功的原因之一。相比之下，为什么价值投资者容易成功，容易成为"笑到最后的人"呢？因为价值投资从指导思想、投资方法、投资纪律等方面让投资者有"内在约束"，一开始就对复利规律有深刻的认知与深深的敬畏。起点正确，道正，就不怕路远。

本金少是不是应该先赚快钱

在投资的早期,很多朋友会有这种想法:目前本金少,不如先赚快钱,然后等积累到资金量足够大时,再走价值投资之路。这种"路子"能否走得通呢?应该承认,本金少确实是个问题。且不要说股市中千万元以上的资金量,就是百万元的本金,按年收益率15%计算得出的收益,就相当于一个三四线城市公务员的年收入了(在北上广一线大城市另论)。

中登公司统计,中国目前股市80%以上的个人投资者本金多在50万元以下。所谓"滚雪球",是要有"湿湿的雪""长长的坡",如果一开始这个"雪球"太小,何时才能"滚"大呢?比如10万元本金,就是年复合收益率达到20%,我们何时才能实现财务自由呢?

10万元本金按年复合收益率20%计算,10年的本金与收益可达61.91万元,20年可达383.38万元,30年可达2 373.76万元,40年可达1.47亿元,50年可达9.1亿元。

按照这个速度,不考虑通胀,我们至少20年以后才算有点儿钱,30年之后才会实现财务自由。这是不是有点儿慢?况且保持这么多年20%的复利增长对于大多数人来讲,是几乎不可能完成的任务。

如果我们保持15%的年复合收益率呢?还以本金10万元算起,10年本金与收益可达40.46万元,20年可达163.67万元,30年可达662.12万元,40年可达2 678.64万元,50年可达1.08亿元。

这样计算,按现在的物价水平,至少30年之后,我们才算有点儿钱,40年之后才能实现财务自由。

可是,如果我们已经年老了,已经消费不动了,要那么多钱还有什么意义呢？这可能是很多年轻人的想法。

如果我们现在已经年老，那我们应该将自己的积蓄投资于风险小的债券或理财产品，或者直接存银行备用。如果我们是相对年轻的人，那话题就可以展开了。

那么，年轻人在有了"长长的坡"这个优势之后，应当如何去考虑呢？年轻与否只是相对而言的，实际上，只要你不是垂老之人，哪怕是早已步入中年（我本人就是进入不惑之年才转为价值投资的）其实也不晚。当然，投资要趁早，以免将来有"白首方悔投资迟"的遗憾。

第一，本金少，正好练手。

一个投资者如何在股市中成熟起来呢？最好的办法是先给他一小部分钱，让他赔掉一半以上或者全赔掉，估计他就能"成熟"起来。他如果没有经过一个牛熊市轮回的考验，没有赔钱的教训，一开始就拥有百万元、千万元的资金量，可能会被毁掉一生。为什么呢？因为股市表面看起来"温柔"得谁都能够进入，门槛很低，实则像一个人性的角斗场。从某种程度上讲，一个人的投资成功之路，多是依靠钱"练"出来的。今天我们看到，投资界的一些知名人士、网络大V成功之后讲起自己的"光荣历史"都是头头是道，其实，他们多是从赔钱"练"出来的。

"神话"徐翔曾经创造出5年39倍的业绩，当时有很多人羡慕。后来人们知道这个"神话"是通过坐庄、内幕交易等严重违法行为而实现的，徐翔也遭受了牢狱之灾。不可否认，股市中确实有极少数交易天才，然而据披露，这样的交易天才每天要在股市里"泡"10多个小时。且不说，整日沉浸在股市里是否是成功人士的生活，长此以往，人的身体也是承受不了的。

《大学》里有言："仁者以财发身，不仁者以身发财。"芒格也说过，如果你的生活中除了股票没有别的，那将是失败的人生。投资是生活艺术的分支。今天我们看到，那些八九十岁的价值投资大师，仍然那么快乐地享受投资，这是多么令人向往。

事实上，对于绝大多数的普通人来讲，频繁交易赚快钱的做法是行不通的。有太多这样的交易者，在股市里"泡"上几年，不说"颗粒无收"，也是收效甚微。

第二，投资者应成熟之后，再下重注。

芒格说，不超过 40 岁别谈价值投资。这句话说得有点儿绝对，因为股市中确实有年轻却相当老到的价值投资者，而且做得非常成功。

但是细想来，芒格的话也有道理。孔子说，人到了 40 岁，便能不为外物所迷惑，此时你如果在股市已经多年，也经过了一两个牛熊转换期，而且还没有被淘汰掉，你的知识储备、经验储备、金钱储备已经有了相当的基础，便可以考虑下重注了。此时，你只要抓住几个重大机会，你的财富就会"翻着筋斗"增长了。此时，你的投资或许就由"必然王国"走向了"自由王国"。

第三，投资者应边做实业或工作，边投资。

投资者在没有成熟之前，如何投资呢？如果你不是立志做一个资产管理人（这一工作的竞争激烈程度可能超出一般人想象），那最好的办法是边做实业或工作，边将闲置的现金慢慢流入股市。这样，本金是不断增加的，"滚雪球"的速度自然会快些。

我们可以做一个大致的人生财富规划：第一步，先努力成为一个相对成熟的投资者；第二步，实现家庭财务健康，即年可投资金融资产的投资收入大于自己的年固定收入，此阶段已经有人为你"打工赚钱"，你已经进入"钱生钱"的阶段；第三步，向财务自由冲击。

有了这样的人生财富规划，我们就可以踏实向着这个目标努力了。当然，我们要持续不断地努力，因为就像任何艺术门类的学习一样，只有经过长期的积累，我们才能达到那种"化境"。

第四，投资者要洞悉复利的本质。

芒格曾经说："你要认识复利的威力，同时要了解它的艰难。基数小的情况下容易产生较高的复利，但基数小，大部分人不会重视，不会从复利角度考虑问题，会犯很多错误，反而妨碍了资金的稳定增长。这还不是最糟糕的，更坏的是浪费了时间这一无价财富，并且养成了坏的习惯，甚至难以改变。"

人是习惯性动物，那种频繁交易、追涨杀跌的习惯一旦养成，特别是尝到一些甜头之后再想改变，容易吗？事实证明，很多人是改不过来了。

我们在股市中究竟赚谁的钱

在股市中，我们究竟赚谁的钱，这是投资者需要清楚的一个看似简单却十分重要的问题。

简而言之，我们在股市中赚两种钱：一种是企业成长的钱，另一种是"市场先生"奖赏的钱。从出发点和落脚点看，我们还是要赚企业成长的钱。

此外，我们还有其他钱可以赚吗？没有。

我们可以借助简单的公式来进行理解：股价＝每股收益×市盈率，公司的市值＝企业年净利润×市盈率。

公式告诉我们，一家公司的市值取决于两个因素：一个是公司的净利润，另一个是市盈率。一家公司的利润增长了，在同等市盈率条件下，市值自然相应增长；同样，在净利润不变的情况下，一家公司的市值大小，取决于其市盈率的放大或缩小。且从短期来看，这种放大或缩小的作用更大。换句话说，就短期来讲，"市场先生的评价"（直观表现为市盈率的放大或缩小）貌似起着决定性作用。

但是，投资的出发点和落脚点为什么是企业的成长呢？

第一，价值投资者要做企业分析师，而不是市场分析师。公司作为经济实体，究竟经营得如何，我们是可以知道的，比如通过阅读年报或者到公司进行实地调研，可以分析判断经营状况。但是这和对"市场先生"脾气的把握相比，难度小得多。进一步而言，我们做企业分析师，显然比做市场分析师难度要小很多。而价值投资理论的"教诲"之一，就是要我们做企业分析师，而不要做市场分析师。

第二，价值投资者不排除赚"市场先生"奖赏的钱。"市场先生"就像一个狂躁抑郁症患者，当他"抑郁"时，给我们提供低价买入的机会；当他"狂躁"时，给我们提供获得奖赏的机会。所以，对于"市场先生"的奖赏，我们自然要微笑接受。

第三，我们在投资中可能遇到这种情况（实际上这种情况经常发生）："市场先生"长期患有深度抑郁症，他很长时间，甚至数年不反映一家公司的价值，哪怕这家公司很优秀，而且成长性不错。此时，价值投资者又该如何呢？

我们听一听格雷厄姆怎么说。

1929年，美国股市面临可能崩盘的危险，国会特地请来一些专家召开意见听证会，格雷厄姆参加了这次听证会。会上，美国参议员、银行业的委员会主席对格雷厄姆说："如果你发现某种商品价值达30美元，而现在你只用10美元就能够买得到它，并且你已经买下了一些这样的商品，那么显而易见，这种商品的价值只有得到别人认可时，也就是说，只有当有人愿意以30美元的价格从你手里买回去

第一章 思想篇

时,你才能实现其中的利润。把这个道理用在股票上,你有什么办法能够使一种目前廉价的股票最终实现自己的价值呢?"

格雷厄姆回答说:"这个问题正是我们行业的神秘之处,但经验告诉我们,市场最终会使股票达到它的价值。也就是说,目前这只价格很低的股票,将来总有一天会实现它的价值。"

格雷厄姆说的"神秘之处"究竟是指什么呢?今天我们已经知道,他说的是市场这只无形之手,即价值规律会最终发挥作用。进一步讲,这实际上涉及市场是否有效或无效的问题。

市场究竟是不是有效的呢?我们说"市场先生"是狂躁抑郁症患者,是就短期而言的,即短期市场常常是无效的,尽管他表面上对利空或利好也做出了反应,但是这种反应常常是情绪化反应,呈现出一种无效性。若是长期呢?比如3年、5年、8年、10年,甚至更长的时间呢?就长期来讲,市场其实常常表现出惊人的有效性,即一家公司股价的上涨幅度与其增长的业绩正相关,而且时间越长,这种相关性越紧密。正如格雷厄姆所说,市场短期是投票机,长期是称重器。尽管我们不知道什么时候市场会对一家企业的内在价值进行反映,但是终有一天,市场会对一家公司的内在价值进行准确反映。

德国的大投资家安德烈·科斯托拉尼有一个十分形象的比喻,他将这个问题说得很清楚、很透彻,即股价与一家公司的关系,就像狗与主人的关系一样,表面上看,这只狗有时跑到主人前面,甚至跑得离主人很远,有时跑到主人后面,甚至也会离开主人很远,但是这只狗总是要跟主人回家的。这个"主人",就是公司的内在价值,而这只"狗",自然是涨涨跌跌的股价,即"市场先生"的每日报价。

我们究竟是做投资者,还是做交易者,这是进行股票投资的

/ 033

首要问题，这个"首要问题"搞清楚了，才可以谈论其他问题。这里需要说明一下：将股市上所有的参与者分成两类，也是本人的观点，虽然"简单"，但对于我们清楚自己的股票投资定位有很大的帮助。

投资者要想当股东，考虑问题的出发点和落脚点，就要从买生意的角度出发，自然要立足于赚企业成长的钱，尽管不排除我们有时会成为一名交易者，接受"市场先生"的奖赏。

交易者则更多是赚"市场先生"的钱，不管他们是以估值（类似于价值套利）、K线为参照，还是以业绩为衡量标准（炒业绩），本质上，他们都是以谋取市场差价为目的的交易者。说得透彻一点儿，其本质与那些集市上的菜贩子并无二致。当然，这种交易并不违法，也不失道德，相反，还可以给市场贡献更多的流动性。我们如果都是长期不交易的价值投资者，这个市场可真就死气沉沉了。当然，价值投资者也无须为此担心，因为就市场的参与者来讲，还是交易者众多，而价值投资者似乎难达到多数。

投资的预期收益目标是多少

人在年轻时，多有雄心壮志，有一种"自信人生二百年，会当水击三千里"的豪迈，然而随着年龄渐长，慢慢就会懂得其实大多数人注定是普通人，股票投资也是如此。很多人从开始的雄心壮志，到最后的无可奈何，也终于认清自己还是"泯然众人矣"。此时，我们要做的其实是校正自己的投资目标，因为目标的不切实际会让自己的投资思想和行为扭曲，甚至使自己陷入万劫不复的深渊。

第一章　思想篇

我们看一下投资大师们的年复合收益率：① 巴菲特是 20%，詹姆斯·西蒙斯（James Simons）是 35%，乔治·索罗斯（George Soros）是 20%，大卫·斯文森（David Swensen）是 16%。

以上是世界上顶尖的投资大师的年化收益率。我们再看一看实业家的业绩记录：李嘉诚 12 岁开始创业，2018 年他的公司长江实业 46 年回报投资者 5 000 倍，年复合收益率为 20%；2018 年，巴菲特的伯克希尔公司 53 年回报股东 10 000 倍，年复合收益率为 20%。两者表现出惊人的一致性。

长期实现年复合收益率 20%，是世界投资大师、世界级企业家的投资回报水平。罗伯特·哈格斯特朗（Robert Hagstrom）的书《巴菲特的投资组合》（*The Warren Buffett Portfolio*）中介绍，巴菲特在 1957—1969 年成立合伙公司期间，他的年复合收益率高达 30.4%，年平均回报比道琼斯工业指数（DJIA）高 22%，这个成绩是很惊人的。

许许多多的专业人士都难以达到年复合收益率 20% 这个目标，这对他们是一个严峻的挑战。我们是普通投资者，又如何能够超越这些投资大师呢？所以，我们与其挑战不可能，不如降低自己的预期收益目标。

其实，最为现实的目标是实现"3 个跑赢"，即跑赢长期无风险利率（如债券、定期存款的利率），跑赢上证指数（沪深 300 指数），跑赢长期通胀。在此基础上，我们再争取长期跑赢上证指数几个小点，如百分之二三点。

我们为什么要争取跑赢上证指数几个小点呢？因为这才是我们坚持独立投资的目的和意义所在，不然，我们还不如简单地去投资指数

---

① 方三文. 您厉害，您赚得多 [M]. 北京：中信出版集团.

基金。

股市里的"老江湖"明白，如果在整个投资生命周期里，都能实现上述"3个跑赢"的目标，实际上是一项十分富有挑战性的任务。因为大量的国内外数据证明，一些专业的机构投资者，在一个相当长的投资周期内，竟然跑输了基准指数。

前面已经提到，A股市场具有种种不成熟的特点，比如散户众多、波动大、牛短熊长等，但这些反倒给真正坚持价值投资的人提供了取得超额收益的机会。本人通过多年的实践，并对国内一些价值投资者业绩进行综合分析，认识到只要具备了一定的投资水平和投资修养，在一个相当长的时间段（如10年）内，实现年复合收益率20%的目标是有可能的。当然，从现在来看，中国股市也同美国等成熟市场一样，它的发展过程是一个去散户化的过程。如果有一天，中国股市真的步入世界成熟市场之列，我们是否还能够达到这一目标，有待于将来的努力与实践。

总之，人生在世，无论做什么，最重要的还是要从自己的实际出发，因为仅凭着美好的主观愿望，去做不切实际的事情，最终的结果都是可想而知的。股市对普罗大众来讲，并不是暴富的场所。我们如果把股票投资当作财富保值、增值的工具，或许更切合实际、效果更好。

此外，"3个跑赢"的目标由于并不是太高，很容易让投资者在浮躁、喧嚣的股市中安静下来，静心做投资，静心关注"比赛场"，而忽略"记分牌"上的剧烈波动。更为重要的是，业余投资者还可以将更多的时间和精力用于别的事情和自己的爱好上，而躲开日日的"搏杀"。即便是职业投资者，也可以如大师般天天跳着踢踏舞去上班。

第一章　思想篇

成功的投资靠什么

成功的投资，是靠运气吗

股市中确实有幸运儿，比如，见诸报端的一些案例，某人在多少年之前，买入了某家企业的股票，过了多少年后，得到了一大笔可观的财富。再如，一些投资者并没有对价值投资的理念进行系统学习，相反，凭着一些朴素的生活常识，依靠一两只如贵州茅台、云南白药这样的股票，坚持持有多年而获得了巨大的回报（实际上能够坚持多年，本身就已经不简单）。还有一些投资者，在一个较短的时间周期内，碰巧选择的标的与市场风格契合，因而取得了优异的投资业绩。

现实生活中没有天上掉馅饼的事情，而股市中还真有幸运的事情发生。格雷厄姆在《聪明的投资者》（第5版）的后记中回忆了他对盖可保险公司（GEICO）的投资成果，说它胜过他过去20年做过的大量调查研究、无数次投资决策。他感悟道："一次幸运的机会或者一次极其英明的决策所获得的结果，有可能超过一个熟悉业务的人一辈子的努力。"

但是，这样的好运气会一直眷顾你吗？显然，这对于99.99%的人来说，是不可能的。股票投资可能在短时间内不排除运气成分，但我们把时间拉长，比如10年、20年或30年，运气这个因素就应该忽略不计了。世界上的任何事情都一样，都需要我们踏实去做。诚如格雷厄姆接着说的："可是，在幸运或关键决策的背后，一般都必须存在有准备和专业能力等条件。人们必须在打下足够的基础并获得足够认可之后，这种机会之门才会向其敞开。"

成功的投资，要靠天分吗

无论做什么事，可能都需要一些天分，这一点，在那些作家、艺术家、发明家身上体现得更充分。其实，我们从事普通的工作，比如成为某个领域的技术能手，也需要相应的天分。具体到投资领域，这种天分更是一种客观的存在。

不止一位投资大师强调，投资不仅要有合适的知识框架体系，还要有合适的性情。

芒格说：① "很早以前，当我明白拥有某种性情可以使人成功时，我就努力强化这一性情。就金融业来说，性情的重要性远远超过智商，做这一行，你不需要是个天才，但确实需要具备合适的性情……为什么有些人会比其他人聪明呢？这跟与生俱来的性情有部分关系。有些人的性情并不适合投资。他们总是按捺不住，或者总是忧心忡忡。你如果拥有好的性情，这里主要是指非常有耐心，又能够在你知道该采取行动时主动出击，那么就能够通过实践和学习逐渐了解这个游戏。"

巴菲特在那篇《格雷厄姆—多德都市里的超级投资者》演讲稿中指出：② "让我感到奇怪的是，人们要么会瞬间接受以 40 美分买进 1 美元的东西这一理念，要么永远也不会接受这一理念。这就像向某人灌输某种思想一样，如果这一理念不能立即'俘获'他，即使你再跟他说上几年，拿出历史记录给他看，也无济于事。他就是不能掌握这一理念，尽管它是如此简单明了。而里克·格林（Henrik Green）虽然没有受过正式的商业教育，却能马上理解这种价值投资法，并在

---

① 彼得·考夫曼. 穷查理宝典：查理·芒格的智慧箴言录 [M]. 上海：上海人民出版社出版.
② 格雷厄姆. 聪明的投资者：第 4 版 [M]. 北京：人民邮电出版社.

第一章 思想篇

5分钟后将其用于自己的实战。我从来没有见过什么人是在10年间逐渐接受这一理念的。这种事情与人的智商或教育背景无关，你要么马上理解它，要么一辈子也不会懂。"

从投资大师的言论中，我们确实不能否认人的某些特质，比如有的人天生就有一种天不怕地不怕的豪情，而有些人则天生敏感，心胸小得有点儿风吹草动，就要抓狂。

但是，投资的成功果真全归于这种天生的特质吗？

在价值投资圈内有一篇文章广为流传，它是美国对冲基金卖方资本（Sellers Capital）的创始人马克·塞勒尔（Mark Sellers）2008年在哈佛的演讲稿《你为什么不能成为巴菲特》（Why can't you be Warren Buffett），他在这篇演讲稿中提出，成为伟大投资者必须具备7个特质，并特别提道："你们几乎已经没有机会成为一个伟大的投资者或者只有非常低的可能性，比如2%，甚至更低。这已经考虑到你们都是高智商且工作努力的人，并且很快就能从这个国家顶级的商学院之一拿到MBA（工商管理硕士学位）的事实。"

他还说，"除非你的脑子在十一二岁的时候就有某种特质"，否则"不可能永远以20%的年复合收益率让财富增值"。这听起来是不是很令人沮丧？

另一位大师级的人物，堪称传奇价值投资者的塞思·卡拉曼则直接宣称"自己有价值投资的基因"。他说："当市场开始下跌时，很多人惊慌失措，反应过度。我可以坦然应对，而很多人处于和人类本性斗争的折磨中。"[1] 他有一个著名的比喻，说绝大多数果蝇都是向光的，只有极少数的果蝇不向光。向光的果蝇都容易扑火，不向光的果蝇则不会去扑火，价值投资者就是不向光的果蝇。

---

[1] 一只花蛤. 在苍茫中传灯[M]. 太原：山西人民出版社.

听了塞思·卡拉曼的话，我们应该去进行基因测试，看一看自己是否具备这种价值投资的基因。

好消息是《当大脑遇上金钱》（*Your Money or Your Brain*）这本书的作者贾森·茨威格（Jason Zweig）秉持不同的看法，他甚至为了了解他的基因和大脑活动对他行为的影响，还真的自告奋勇地在一个基因成像实验室充当人类的"小白鼠"，接受了大量的DNA（脱氧核糖核酸）分析和大脑扫描。报告结果让他大吃一惊，因为在影响大脑负责风险和回报决策回路的5种基因中，他都存在着与不良投资决策相关联的对位基因。但是他通过自己的投资经历最后终于悟出："虽然他的基因使得他的大脑倾向于迅速赚钱，但他的实际行为却并非如此。他会持有某项投资长达数年乃至数十年，并且对熊市并不恐慌，反而是牛市让他感到不舒服。现在他终于知道，这些习惯并非他天生就有的，是多年来一直跟他的基因做斗争的结果。"[①]

在茨威格看来，一个人的冒险偏好度或许只有20%是由先天决定的，其他则来源于一个人的成长经历、教育和训练。茨威格十分强调一个人的成长经历和后天教育，而不同于塞勒尔与塞思·卡拉曼那个几乎让人绝望的观点。

由此看来，我们完全没有必要悲观。恰恰相反，我们中国的传统文化中，比如儒、释、道文化，都讲究一种"内省"的功夫。事实证明，一个人经过自己后天的刻苦训练，是完全可以克服先天的弱点的。最为典型的人物，当属明朝的王阳明、清代的曾国藩，他们都是经过自己的"内省"，进而达到君子的境界的。

芒格说，我们人类有一种可怕的思想——关闭机制，这就像一个卵子只接受一个精子一样，一旦它接受了一个精子就关闭，再也不接

---

① 一只花蛤. 在苍茫中传灯 [M]. 太原：山西人民出版社.

第一章 思想篇

受其他的精子。这是一个比喻，主要是指那些顽固不化者。所以，如果你想要接受价值投资的思想，那么最重要的是要打破思想关闭机制，冲破那些固化的思想藩篱，这样才能走上价值投资的康庄大道。

成功的投资，是靠勤奋不止、"战斗"不止吗

天道酬勤，"天行健，君子以自强不息"，我们在股市中要想成功，不勤奋是不行的，甚至没有"衣带渐宽终不悔，为伊消得人憔悴"的痛苦煎熬，都难以走向成功的彼岸。然而，我本人这些年接触的不少"投资者"，他们不可谓不用功，然而多少年下来，甚至8年、10年后都收效甚微，可他们又深陷其中不能自拔。有的甚至说，这些年，他们连自己的一些亲朋好友都得罪了，为什么呢？因为每逢股市开盘，他们都守着盘面，连朋友的电话都不接，更别说与朋友见面了，生怕耽误了自己看盘。

想一想，这样的"勤奋"又有什么意义吗？很多领域可能是一分耕耘，就有一分收获，而股市并不是这样的地方，因为方向、道路才是根本性的。唯有在正确的方向、道路上勤奋坚持，我们最终才能收到不菲的回报。

成功的投资，是靠广泛的阅读吗

成功的投资，某种程度上是源于广泛的阅读，我也一向秉持这种观点。投资领域人人都知道，巴菲特、芒格这样的投资大师就被称作"长着两条腿的图书馆"。芒格主张，成功的投资者必须建立多学科的格栅思维，需要掌握必要的数学、物理等自然科学知识，还要学习必要的经济学、哲学、历史学、文学、心理学、行为金融学等人文科学知识。至于我所接触的国内一些知名投资者，仅仅是投资类书，他们就有数百本的阅读量。单单是建立多学科的思维模型，进行大量的

阅读学习，就使很多投资者望而生畏，难以越过这道门槛儿。

我们仅进行广泛的阅读，就够了吗？当然不够。从理论到实践，确实是一个十分漫长的过程，其间还存在很多制约成功的因素。比如，一些投资者就十分困惑，因为在他们看来，不能说没有认真学，甚至进行了大量阅读，结果套用一句流行语却是："懂得了很多道理，却依然做不好投资。"这究竟是什么原因呢？

真正成功的投资，实际上是要通过以上种种努力，建立起自己一套完善的投资系统，并且要用这个系统"管住"自己。

那么，我们需要建立一个怎样的投资系统呢？

用完善的投资系统"管住"自己

这些年，我根据自己长期的投资经验与教训，以及对众多投资者的观察与思考，发现并总结出大多数投资者在投资时面临的六大痛点：

一是对价值投资的理念信心不足，甚至半信半疑。市场上一有风吹草动，他们便疑神疑鬼，患得患失。

二是商业洞察力不够。他们缺少必要的行业分析和企业分析能力，对于一家企业所处行业的根本属性和商业模式常常看不透彻，所以，他们听了很多道理，也做不好投资。

三是难以克服与生俱来的一些人性弱点。行为金融学揭示了人性的一些弱点，如贪婪、恐惧、厌恶损失、锚定、心理账户、从众心理等，而大多数投资者都很难克服这些弱点。有时，投资者明明心里知道，可在关键时刻仍无法克服，不得不向这些人性中的"小魔鬼"屈服。

以上3点是从宏观角度而言的。从微观来看，投资者也表现出3

个痛点，即选股时找不到切入点、估值时拿捏不准、持有时缺乏定力。

六大痛点不除，投资道路上就多了"拦路虎"，我们就难以走上成功投资的坦途。究竟什么好办法能解决这些痛点呢？首先，我们要通过长时间的学习与实践，逐步建立起一套完善的投资系统，并且要让这个投资系统"管住"自己。

我们要记住，你是用你的投资系统"管住"自己，而不是依靠你这个人去管理。我们甚至可以运用一个"笨办法"，比如将自己的投资系统写下来，贴在书桌上，自己一旦违反，就立即默念系统的规范，让自己平静下来，回归到系统规范。如果说，我这些年在投资上有什么奥秘的话，这是最根本的一个。

这个投资系统从宏观角度来讲，包括两点：

第一，投资的世界观。世界观，是你对这个世界的根本看法。投资的世界观，是你对股市的看法与认知。可以说，股市是反映投资者内心世界的一面镜子。比如，你认为股市是赌场，它就是赌场；你认为股市是投机场所，它就是投机场所；同样，你认为股市是财富保值、增值的场所，它就是财富保值、增值的场所。你有什么样的世界观，就有什么样的方法论，这是我们认识股市、进行股票投资的"总开关"。或者说，这是管路线、管方向的问题，其重要性怎么强调都不过分。

第二，投资的方法论。投资的方法论解决什么问题呢？它能让我们洞悉经济社会发展的根本规律，洞悉股市发展的根本规律，洞悉一个行业的根本属性，洞悉一家企业的商业模式。

具体而言，这个投资系统主要包括思想系统、选股系统、估值系统和持有系统。关于选股系统、估值系统和持有系统的内容，在本书后续章节会陆续展开。思想系统主要包括"5观"，即理论观、历史观、全球观、国情观、行业观。

——理论观。没有投资的理论,就没有投资的行动。一个国家、一个团体,要有自己的理论指导,同样,一个人要投资成功,也离不开正确的理论指导。巴菲特投资思想已经成为一个十分完备的理论体系,它是我们认识股市发展规律的思想武器,是我们洞察人性的思想武器,也是我们分析商业本质的思想武器。有了这样的思想武器,我们就能够在风云变化的股市中立于不败之地。

——历史观。一个优秀的投资者,必须要学习相关的历史知识,包括中国历史、世界历史、人类发展史等知识,特别要学习世界股市发展史的相关知识,对美国等西方国家成熟股市的历史发展有必要的了解。据研究,我们人类似乎没有金融记忆,或者说金融记忆时间很短,或许这是自郁金香泡沫以来,人类总是不断吹出各种金融大泡泡的缘由。但是,理性的投资者,头脑之中必须要有"金融历史意识"。

——全球观。今天的经济发展越来越呈现全球一体化特征。互联网以及各种高科技手段的出现让今天的世界变得更小,效率也更高。作为投资者,同样也需要"匹配"这样国际化的视野。

——国情观。我们在股市投资,必会谈论到美国股市。美国股市的"一颦一笑",似牵动着全球股市的神经。因此,我们对美国股市的关注与研究是十分必要的,但美国有美国的国情和历史发展阶段,中国有中国的国情和所处的历史发展阶段,我们应具体分析。总体而言,中国目前仍是一个发展中国家,这个阶段决定了,我们国家总体经济特征与西方发达国家是不尽相同的。尽管中国已经成为世界第二大经济体,然而,中国在很长时间内仍将处于社会主义初级阶段。中国有13多亿人,不仅人口众多,而且区域与区域之间、城乡之间、人与人之间,差异是相当大的。这种巨大的差异,给国内很多优秀企业提供了很大的发展空间和回旋的余地，更不要说有些优秀企业将会走向国际化。我们投资必须深深根植于这一基本国情，这样才更容易有的放矢。而我们对于国情的了解，不能仅限于经济层面，还要对中国传统文化、中国人的消费习惯，甚至不同地方的乡土民情等方面有清晰的了解。这样，对于我们发现投资商机，选准优秀企业是大有裨益的。

——行业观。任何企业再优秀再伟大，也不可能脱离其行业背景而存在，实际上，不同的行业有着不同的行业属性。因此，投资者选择一家企业投资，前提是必须把这家企业所处的行业属性（我称为"行业命相"）搞清楚。因为在市场经济条件下，有的行业天生"命相"就好，而有的行业天生"命相"就苦。显然，我们要在"命相"好的行业里去投资，因为胜算的可能性更大些。

我们如果在思想系统中具备了上述"5观"，那么在投资路线、投资方向上就不容易走偏，就可以进入微观的选股、估值、持有等环节了。

读者朋友读到这里，对于投资的各种"思想问题"是否都理顺了呢？从下一章开始，我们就要进入实战了。但是，我们仍然需要强调的是：在投资中，你首先要"拨开"本章所涉及的思想上的种种"迷雾"，其次要将投资系统搭建起来、完善起来，因为它在你的整个投资过程中会起引领作用。

第二章　选择篇

以年为时间单位长期持有

该章的主要内容是与读者朋友共同探讨如何选择投资标的，在谈这个问题之前，我们要先强调持有期限的问题。这个问题是我们选择企业的起点，只有从长期持有的思路出发，谈选择什么样的投资标的才有意义。

我们把巴菲特思想浓缩成一句话就是，以较低的或合理的价格买入优秀或伟大企业的股票并长期持有。这里的"长期"是多久呢？

巴菲特说，不想持有10年，就不要持有1分钟，他希望的持有期限是永远。

考察巴菲特60多年的投资生涯，我们发现，他真正"永远持有"的股票只是少数，实际上他卖出了很多股票，比如企业的经济特征发生了根本性变化，管理层迷失了方向，公司失去了护城河。所以，投资者对此不能机械理解，因为我们只有站在这样的时间维度上，才会慢慢地培养出大格局的战略眼光，才能对投资标的反复选、精心选。

相较于股市中占比更多的频繁交易者，如果你坚定地做一个以年为时间单位的长期持有者，那么，你在起点上就已经战胜了大多数人。即使你的目标是获取资本买入与卖出的差价，也应当以 5~10 年为周期来规划投资，因为这样，胜算的可能性才更大。很多研究已经证明，多数投资者天天在股市里"劳作"，但是结果（有的还会增加摩擦成本）反而不如一个"呆若木鸡"的持有者，这也是股票市场最有意思的现象之一。

股市中有太多的精英人物和强大的机构投资者。与他（它）们相比，个人投资者、业余投资者的劣势是显而易见的，比如我们没有专门的研究团队，没有太多的时间与精力进行公司调研，没有较早获得信息的优势等。但是，我们也有自己的优势：

（1）有空闲时间。有固定工作的业余投资者，完全可以利用 8 小时之外的时间去学习、去研究。

（2）可以用闲钱投资。个人投资者一定要用闲置下来的资金，且不利用杠杆进行投资，这样无论在多么恶劣的市场形势下，我们也能够挺过去。

（3）有资金的绝对控制权，这是个人投资者最大的优势之一。相比之下，机构投资者在市场行情低迷时，要应对客户的资金赎回问题，或必须控制回撤，而个人投资者根本不用考虑这些问题。

（4）没有排名压力。股票市场会对机构投资者的短期业绩定期排名，这是短视的激励机制之一，而短视的激励机制容易催生出一些过激的投资行为，因此机构投资者坚持以年为时间单位持有标的，是很困难的事情。而个人投资者，特别是有固定收入的投资者就完全没有这种压力，自己的钱自己做主，不被家人抱怨就可以了。家人如果是股市外的人，他（她）们的抱怨有时还可以当成反向标。

简而言之，个人投资者最大的优势是能"熬"，在股市上能打"持久战"。如果你有基本的收入，或者你的基本生活问题已经解决了，在股市中你就更没有必要去赚快钱。不疾而速，慢就是快，古代圣贤可早就告诉了我们这样的道理。

以上是就个人投资者的优势、劣势而言的。此外，我们之所以要以年为时间单位持有标的，是因为有以下根本性逻辑：

（1）企业的盈利是需要时间的。一家企业从开创之初，到与同行竞争，最后成为行业的领军者，是需要很长的时间过程的。且不要说一家上市公司，就是我们自己开一家小卖部，也并非今天开业，明天就能赢利，这是常识。事实上，一家企业连续多年资本回报率达到15%，就已经是优秀了。我们投资一家企业，不就是要买它的股权，当它的股东，赚它成长的钱吗？这一根本指导思想就决定了我们的持有必然是体现在长期上的。

（2）市场的非理性有时会持续很久。市场的非理性表现在两个方面：一个是非理性高估值，另一个是非理性低估值。在市场对一家企业始终提供较高估值的情况下，投资者还是浑然不觉，至少心情还不错的话，那么在市场对一家企业的内在价值长期低估时，投资者的意志力可能就会被消磨掉，他们甚至会郁郁寡欢。

这种非理性的"不应期"会持续多久呢？这同样要以年为时间单位计算。这么长的时间，有时足以让一个不坚定的投资者对自己的研究与判断产生怀疑，甚至会达到摧毁其投资哲学、投资信仰的地步。有一定投资阅历的投资者，一定会明白这绝不是危言耸听，甚至是市场的常态。市场的这种非理性特点，决定了我们的持有期限也必须以年为时间单位来计算。

进一步讲，我们在这个市场上的"吃饭本事"究竟是什么呢？

格雷厄姆说，市场短期是投票机，长期是称重器。我们就是依靠这个"称重器"来"吃饭"的。但是这个"称重器"的作用何时才能够发挥出来呢？

伯顿·马尔基尔（Burton Malkiel）在《漫步华尔街》（*A Random Walk Down Wall Street*）一书中分析了1950—1988年美国股市的变化情况后，得出结论：当投资期限超过10年时，股票价格就只在"正值"之间波动。[①]

约翰·博格（John Bogle）在其所著的《伯格投资》（*John Bogle on Investing*）一书中也提出了相同的观点：[②]"尽管股票在今天具有很高的短期风险，但是时间可以修正其风险的波动。这个修正就像一个魔幻图，我们也把它称为组合投资的修正图。股票投资的风险在一个特定的短期内可以使资产缩水60%，但是在第一个10年后，75%的风险都将消失。"

罗伯特·哈格斯特朗在《巴菲特的投资组合》这本书中，也曾披露了这样的研究成果："持股3年，股价与业绩的相关性为0.131~0.360；持股5年，相关性为0.374~0.599；持股10年，相关性为0.563~0.695；持股18年，相关性为0.688。"

那么，这个"10年正值波动"理论在中国股市是否有效呢？相关的研究表明，在中国股票市场，它同样有效：持股1年，股价与业绩的关联度为0.3左右，5年的关联度为0.5左右，10年的关联度为0.8以上。

其实，对于这样的研究数据，我们没有必要太拘泥（样本的不同往往也导致差异），因为具体到个股，市场究竟是1年、2年反映

---

① 任俊杰，朱晓芸. 奥马哈之雾 [M]. 北京：机械工业出版社．
② 任俊杰，朱晓芸. 奥马哈之雾 [M]. 北京：机械工业出版社．

其内在价值，还是3年、5年才反映出来，需要根据市场整体状况、市场风格偏好等因素进行具体分析研究。但是总体而言，一家企业年净利润增长10倍、20倍，其股价虽然不可能精确无误到同样增长10倍、20倍，但是其涨幅也大体相当，至少不会差到哪里去。我们选取一些样本看一看，这种"一致性"有时还可以达到令人匪夷所思的地步，如下：

贵州茅台，2001年净利润为3.28亿元，2017年净利润为270.79亿元，年复合增长31.76%。2001年，其开盘价为34.51元，2017年年底，其股价为4 125.86元（后复权，下同），股价年复合上涨34.85%。

五粮液，2001年净利润为8.11亿元，2017年净利润为96.7亿元，年复合增长16.75%。2001年年初，其股价为60.65元，2017年年底为1 321.00元，股价年复合上涨21.24%。

格力电器，2001年净利润为2.73亿元，2017年净利润为224亿元，年复合增长31.71%。2001年，其开盘价为75.36元，2017年年底股价为6 567.62元，股价年复合上涨32.21%。

云南白药，2001年净利润为7 514万元，2017年净利润为31.45亿元，年复合增长26.29%。2001年年初，其开盘价为48.92元，2017年年底股价为1 893.60元，股价年复合上涨25.67%。

伊利股份，2001年净利润为1.20亿元，2017年净利润为60亿元，年复合增长27.70%。2001年年初，其开盘价为76.52元，2017年年年底，股价为3 151.56元，股价年复合上涨26.17%。

福耀玻璃，2001年净利润为1.52亿元，2017年净利润为31.49亿元，年复合增长20.86%。2001年年初，其开盘价为29.71元，2017年年底股价为345.03元，股价年复合上涨16.56%。

有兴趣的读者朋友，自己可以做一些这样的统计工作（应养成这种数据回溯的习惯），你一定会发现，时间周期越长，这个"称重器"的作用会越明显。"远望方觉风浪小，凌空乃知海波平。"短期内，估值的剧烈波动常常搅动着投资者的心，然而伟大的时间终将会让一家优秀企业的价值"水落石出"，到那时，甚至所谓的牛熊市都不在话下了。

以超长期持股著称的菲利普·费雪，在其《怎样选择成长股》一书中谈到他年轻时遵循的"3年守则"。他一旦发现心仪的投资标的之后，就坚定持有3年再操作，如果发现与自己的判断不一致，他会卖出，这被他称为"3年守则"。投资大师尚且如此，我们普通投资者，为什么不可以坚持3年、5年呢？

你如果实在没有耐心坚定持有10年，那么就坚定持有3年、5年吧。你一旦耐心地坚持下来，就会有意想不到的收获。

没有这方面体验的读者朋友，知道了投资大师的经验和我如此"苦口婆心"地说长期持有的重要性，难道就不动心，不想试一下吗？

重要的事情说三遍：

你只有长期持有优秀企业的股票，才会体会到它确实是个好东西！

你只有长期持有优秀企业的股票，才会体会到它确实是个好东西！

你只有长期持有优秀企业的股票，才会体会到它确实是个好东西！

空泛的议论总是缺乏说服力，下面是我2012年6月18日发表的一篇文章《不折腾》，这是我过往10多年坎坷投资经历的总结，这种"现身说法"，或许对读者朋友更有启发、更有借鉴意义。

第二章　选择篇

不折腾

自己在股市10余年，如果说有点儿体会的话，那就是3个字：不折腾！

2000年5月31日，我受了别人的影响，跌跌撞撞地闯入股市，买的第一只股票是朋友推荐的戴梦得。我记得当时朋友说，刚入市还是要找一只处于底部的、安全点的股票。结果我看着别的股票上涨，而它总是不涨，心急得不得了，于是自己加强学习，等"独立"之后，就一路折腾来折腾去，用一点点儿钱先后买入过兰州铝业、广州药业、武汉控股。到2006—2007年大牛市，我更是操作频繁，先后买入过六国化工、武钢股份、龙净环保、银座股份、兴业银行、中国石化、宜华木业、苏宁电器、振华港机等，后来买的一些股票，现在都已忘记名字了。粗略统计，自己买入的股票估计有30只。

如果将我的投资历程分成阶段的话，可以分为3个阶段：

第一阶段是稀里糊涂阶段。这个阶段我感到好奇、刺激、兴奋，虽然有赔有赚，但更多的是好玩，有时看K线图，甚至不思茶饭。

其实回头看，我入市的第二年已处于那轮牛市的末期，新手未摸门，漫漫长熊就来了，我自然是被深度套牢，也就没管它们了。我记得投入了5万多元钱，在当时那种物价水平下，5万多元对我来讲也不是个小数目（20世纪90年代后期，我所在地一套80平方米的房子改为福利房，也不过两三万元），但是被套住后，除了心疼又有什么办法呢？当然，没管不等于不"研究"。幸运的是，2007年大牛市时我解套了，兰州铝业（重组成为中国铝业）还让我大赚了一笔（自己当时正钻研技术类书，幸运地卖在了高点，当时很得意）！

第二阶段是自己以为"有点儿本事"的阶段（此时投入的资金量也加大了不少），主要迷恋、醉心于技术。

当时是2006—2007年大牛市期间，自己怀揣着赚快钱的梦想不断地追逐热点，铝业热了，就买中国铝业；银行热了，就买兴业银行；商业热了，就买银座股份。总之，有什么热点，我就追逐什么热点，忙得不亦乐乎，真是一路折腾。

还别说，疯牛时期本是"傻瓜"都能够赚钱的美好时候，自己还真是浮盈多多（更加强化了自己"有点儿本事"的认知倾向），后来2008年疯熊来临，因为我有过一次在熊市被深度套牢的教训，被吓得把标的几乎全卖了，虽然有不少浮盈损失，但毕竟还是保住了相当多的胜利果实。当时，我还很得意，现在来看其实主要取决于运气。

第三阶段是价值投资学习实践阶段。牛市让人疯狂，熊市让人思考。2008年巨熊来临之后，我又感觉到"学不足"，先是读了彼得·林奇的两部经典之作《彼得·林奇的成功投资》（One up on Wall Street: How to Use What You Already Know to Make Money in the Market）、《战胜华尔街》（Beating the Street），恍有所悟，似惊醒梦中人，又将格雷厄姆、费雪、巴菲特、芒格等投资大师的书读了一些，于是坚定不移地"皈依"价值投资派。大师们的投资哲学、投资理念让我慢慢安静下来，我慢慢进入了"不折腾"阶段。

自2008年7月（上证指数2 600点以下）建仓以后，几年下来，我主要是"拴住了"张裕A、云南白药、东阿阿胶、格力电器、天士力、贵州茅台等几只股票（其间，我仅进行过一次换股操作，贵州茅台是在2012年年初广受舆论诟病下跌时买入的），观察的股票也就20多只。而对于其他的股票则"对不住"，任凭"涨至天上"，我也视而不见。我最想说的是3只药股——东阿阿胶、云南白药、天士力，它们调整了足足20个月，可我就是不折腾，不为之所动，依然坚守着，且不信"春风唤不回"！

我为何不折腾呢？想来，我其实还是源于以下简单逻辑：

（1）买股票就是买生意、买股权。自己如果把所投公司在心中真当成自己的生意、自家的股权，自己还会来来回回地折腾吗？

（2）以合理的价格买入超级明星企业的股票并长期持有，这一"巴式"投资逻辑经过自己的观察与研究，在中国股市同样成立。

（3）市场终将反映一家优秀企业的内在价值。短期来讲，市场可能是愚蠢的、无效的，但长期来讲，市场又是聪明的、有效的。即市场短期是一台投票机，长期是一台称重器。经过自己的观察和研究，这个逻辑在中国股市同样成立。

（4）从超长期来看，自己投资收益的增长还是应该"拜托"优秀企业的复利增长。

15%的年复合增长率如何？这怕是许多人不屑的目标，但是"复利"这一世界第八大奇迹却告诉我们：假如现在投资50万元，以年15%的增长目标计算（5年收入会涨一倍），20年之后就是818.5万元。我想，尽管有不可避免的通货膨胀，但是如果20年之后拥有这样一笔财富，生活应该比较富裕了。其实，读过西格尔的《投资者的未来》（The Future for Investors）这本书的人都知道"西格尔常量"，即美国股市的股票长期收益率剔除通胀的影响，实际收益率仅为6.5%~7%。所以，我们如果真的能达到年复合收益率15%的增长目标，虽然不能同巴菲特等投资大师比肩，但也应当是一个投资高手了。

此外，"不折腾"还源于以下逻辑：

（1）自己仅仅是业余投资者，而业余投资者的优势是有空闲时间，可以用闲钱做投资，所以我们不用急。换句话说，我们就"待"在几家优秀企业里，"熬"着就可以了。

（2）尽管上市公司众多，但是真正的优秀企业却是稀少的，而我真正能够"读懂"的优秀企业更是少之又少。经过长时间的观察与研究，我认为投资应该以全球化的视野，投那些体现中国国粹、传统礼仪又是传统消费习惯"保护"的药、酒企业，以及在行业内不是第一就是唯一的具有"中国创造"潜质、有望走向世界的寡头，这是我的"投资行业观"。进一步讲，它们（核心是定价权，是一流的投资标的）要么具有市场特许经营权，要么本身就是在充分竞争的行业中胜出的寡头（用实力证明了自己的优秀，是次之的投资标的）。

（3）虽然真正优秀、伟大的企业是稀少的，但是自己始终认为，业余投资者总能够找到三五家（完全没有必要像职业投资者那样研究许多企业、行业），而且这些优秀、伟大的企业常常与我们日常的生活密切相关。彼得·林奇不是告诉我们要善于从日常生活中选股吗？所以我选择的投资标的，一般情况下，其产品或者服务应该在日常生活中能够感知、触摸得到，否则，媒体、广告宣传得再好，我也不会投资。或许，这样会错失一些"大牛"，但是我们的古人早就告诉了我们：弱水三千，只取一瓢饮。

总之，我现在原则上是不折腾了。说到这里，我想到芒格的话："如果你因为一样东西的价值被低估而购买了它，那么当它的价格上涨到你预期的水平时，你就必须考虑把它卖掉，那很难。但是，你如果能购买几个伟大公司的股票，那么你就可以安坐下来，因为那是很好的事情……我们偏向于把大量的钱投在我们不用另做决策的地方。"

这是芒格的"坐等投资法"。我这种不折腾，是不是与大师的方法有点儿异曲同工之妙呢？当然，我是不敢与大师相提并论的，高山仰止，心向往之！

自我开始建立投资组合，至本书写作之时，我投资组合中仍然有格力电器、贵州茅台、云南白药、东阿阿胶等几个主流品种，后来我又持有了复星医药、通策医疗、爱尔眼科这几只股票。

其中，格力电器、云南白药、东阿阿胶均是我 2008 年大熊市时买入的，已持有 10 年（2018 年我将云南白药大部分仓位转移至贵州茅台）；贵州茅台是我于 2012 年、2013 年买入的，持有至今；复星医药是我于 2016 年上半年买入的，持有至今；通策医疗是我 2017 年买入的，爱尔眼科是我 2018 年买入的，均持有至今。贵州茅台、格力电器的仓位比重占组合的 60% 以上。

其间，我对潍柴动力、张裕 A、恒瑞医药、天士力、双汇发展进行了卖出或换股操作。潍柴动力（持有 2 年多）的卖出主要是考虑其强周期性（买入时是"赌" 2008 年国家 4 万亿刺激经济计划的出笼）；张裕 A（持有 5 年多）的卖出，是考虑到进口葡萄酒的冲击使其基本面发生了变化；恒瑞医药（持有 5 年多）的卖出，主要是为当时买入贵州茅台集中资金，毕竟自己还是处于"主意比钱多"的阶段；天士力（持有 9 年多）、双汇发展（持有近 2 年）的卖出，主要是为了在投资标的上做减法，使持有标的更为集中。

粗算下来，2008—2018 年的 10 年，个人家庭金融资产年复合增长率 26% 以上（其间有一定的运气成分，如 2008 年我在大熊市时建仓，并幸运地抓住格力电器、贵州茅台这两个堪称中国股王的品种）。我的这种"不折腾"，再一次说明长期投资在中国股市的有效性。

同时，为验证长期投资在中国股市的有效性，我在新浪博客、雪球上为我女儿建立了一个实盘账户，且每次操作均一一实录。

女儿实盘账户 2018 年年底的持有组合

贵州茅台，1 050 股，成本 353.061 元，市值 61.95 万元，持仓占比56.4%。

东阿阿胶，6 000股，成本43.494元，市值23.73万元，持仓占比21.6%。

通策医疗，3 200股，成本9.937元，市值15.19万元，持仓占比13.8%。

康美药业，9 300股，成本11.914元，市值8.57万元，持仓占比7.8%。

紫银申购，1 000股，成本3.14元，市值3 140元；为新股中签。

女儿账户初始投入资金50万元，从2015年算起，净值为1元，至2018年年底，净值为2.1962元（总市值109.81万元），上涨119.62%。若按4年计算（2015年3月资金全部到位，11月完成调仓），年复合增长率为21.74%。

女儿账户理论持有期限为40年（至今已3年有余）。所谓理论持有期限，是理论上这个账户的资金使用期为40年，不提取他用，除非牛市太疯狂或急用钱。

（1）投资策略。与其预测风雨，不如打造挪亚方舟。我们与其猜测牛熊，不如见便宜便分段、分批买入股票，并以年为时间单位坚定持有。我们投资的出发点和落脚点，一定要放在优秀且价格被低估或合理的企业上，切不可寄托于牛市大潮的上涨上。

（2）卖出系统。股价被高估时，我不会卖，除非基本面恶化，即商业模式被颠覆或竞争根基被动摇（一时增长放缓当具体研判）。我们可以视牛熊市状况，进行金字塔式的仓位调整，原则上不波段操作，坚决规避两种卖出：大跌"吓"得卖出，赚钱后"乐"得卖出。

（3）持股座右铭。你不想持有10年，就不要持有1分钟。

（4）投资风险。波动并不是风险，哪怕巨大的波动，如调整30%、50%，也不是风险。真正的风险来自本金的永久性损失、回报不足，如跑输无风险利率（债券利率、定期存款收率）、上证指数和长期通胀等。

（5）收益预期。与"跑输"相反，我的底线是实现"3个跑赢"，争取回报高于基准指数几个小点，达到优秀投资的水平。

（6）持股心态。我们可以当那些钱"烂"在股市里了。

建立投资的负面清单

现在中国A股上市公司已达3 600多家，随着股市的不断扩融，上市公司的数量还会越来越多。面对如此多的上市公司，我们又当如何选择呢？有不少投资者，在股市里就像蜜蜂一样在花朵之间飞来飞去，时常有一种"乱花渐欲迷人眼"的感觉，总之，选股毫无章法可言，投资失败的种子自然就种下了。

以苛刻的标准来衡量，真正值得长期持有的投资品种是少数，甚至是稀缺的。我们说要以年为时间单位持有，也并不是说不分良莠、不加辨别地盲目持有。

股市之中不仅有鲜花、美酒，还有地雷阵、万丈深渊。为防止自己掉入种种陷阱，投资者应该先给自己建立一个"负面清单"，即先明白不投什么。只要这个负面清单上有的标的，我们就坚决规避它，任凭它有再惹眼的表现，也不去碰它，这是投资必须遵守的一条纪律。

我在投资中就有"八不投"，以下是我的"负面清单"：

（1）强周期的不投。多数强周期企业的股票，只是牛市状态下的交易品种，我要的是弱周期下的"常青树"。

很多事物都有周期，只是强弱不同。不幸的是，中国上市公司之中大部分是强周期企业，这些强周期企业多与国家的宏观经济政策密切相关。如果我们不分牛熊地去持有这些企业的股票，多是"坐过山车"的结局。

当然，强周期企业在行业向上拐点来临之后，其股票价格弹性很大，我们如果对某个行业的周期性有很深的了解，且投资这种品种在短期内会获得爆发性收益，就可以考虑投资，但要切记它们只是牛市状态下或者行业向好时的交易品种，要懂得及时退出。我在投资实践中，也曾经投资过潍柴动力以及一些券商股等周期性企业的股票，但是我将它们列入了牛市状态下的交易品种，提醒自己届时果断卖出。虽然这种归类有些"简单粗暴"，但是总要比"坐过山车"强得多。我们可以看一下中国船舶、云南铜业的历史K线走势图，上涨时，股价甚至高达100多元、300多元，然而一旦牛市不再，它们就跌得甚至连上涨时的零头都不到。这样"涨就涨至天堂，跌即跌至地狱"的走势，在今天看来仍让人不免出一身冷汗！

当然，弱周期的投资品种也有它们的不足之处，即真正牛市大潮全面来临之时，它们的表现又常常呈现滞涨状态，因此，我们投资这种品种，在全面牛市状态下需要降低预期，甚至要有它们可能跑输指数的心理准备。然而，我们若从一个牛熊市转换的长周期来衡量，真正能够胜出的，或者真正能够穿越牛熊市的品种，往往就是它们。

（2）重资产的企业原则上不投。我要的是轻资产、高商誉。当经济形势向好之时，重资产的企业就可能产销两旺，便有进一步扩张的冲动，比如增加投资、新建工厂、招收新员工等。然而市场经济的特点之一就是企业无法摆脱经济周期性规律的制约，一旦经济形势不利，重资产企业就可能因为供过于求而产品积压、库存增加，甚至表面看起来轰轰烈烈，一夜之间就大面积亏损，乃至"轰然倒塌"。相比之下，一些轻资产企业在固定资产投资方面并不需要下大气力，更多的是依靠品牌商誉等无形资产进行赢利。即便在经济低迷期，它们往往也受损很小，容易在经济寒冬之下"活"过来，甚至无论经济形势如何，它们都一直"过着比较滋润的日子"。

当然，我们对什么事情，都不能说得太绝对。有些重资产企业反而因为重资产而成为竞争门槛；有些重资产企业一旦构建完成，并且取得一定的品牌商誉，就具有了护城河。比如医院就具有一定的重资产性质，而且其行业特点是讲究服务的可及性，一旦它在某个区域内建立起自己的口碑，那么其现金流也是能够"汩汩流出"的。物流公司也具备这种特点，它如果能在全国布局、卡位，就能形成一定的竞争壁垒。所以，我们对具体企业还当具体分析。但总原则是，优选的长期投资标的是那些具有轻资产、高商誉的优秀公司。

（3）单纯炒作概念的不投。中国股市自诞生以来，炒作概念之风就一直存在。而且，某种概念有时因为迎合了某种时尚经济或者主题，再加上一些媒体的渲染，于是常常以堂而皇之的面目出现。如ST概念就曾多次被炒作，甚至一家长期亏损的企业即将面临退市，仍然有大量资金进场进行炒作。对这种炒作概念之风，久在股市中的人可能早已经见怪不怪了。

当然，2015年股灾之后，随着管理层不断亮剑，这种股市怪象已得到很大程度的遏制，然而，若说杜绝恐怕还为时尚早。我们如果读一读《伟大的博弈》（*The Great Game*）这本书，对美国股市200多年的发展历史进行一番研究，就会知道美国股市历史上这种炒作概念之风同样时不时泛滥，看来，这也许是资本市场上的通病之一。所以说，我们要想完全杜绝是不可能的。然而，作为价值投资的拥护者，正确的态度还是要坚决远离，绝不受它诱惑。

（4）处在强风口的不投。我听到的一句流行语是：站在风口上，猪都能飞起来。确实，某个新兴行业处于风口，因为有所谓的行业红利，大家似乎都在赚钱，然而此时也往往是"群雄逐鹿""百舸争流"，究竟哪家企业能够最终胜出成为王者，作为普通的投资者，我们是不易分辨的。此外，不要说股市中人喜欢跟风炒作，其实实体经济也如此，一个行当赚钱，很多企业就会一哄而上，然而风口过后又是一地鸡毛，多数企业最终成为炮灰。现在互联网平台型科技企业腾讯、阿里巴巴业务做得风生水起，然而在它们身后实际上有着数百家大小不同的企业成为牺牲者。任何新兴行业的发展似乎都逃脱不掉这样的竞争定律。所以，当对所谓的风口分辨不清时，我们最要紧的还是要捂紧自己的钱袋子。

（5）"在天上讲重组动人故事"的不投。我们不能否认，企业重组有时会出牛股，甚至出爆发性的大牛股，而且企业兼并重组也是股市的一大永恒主题。这一点，中外股市皆是。然而，我们作为企业局外人，对企业重组内幕是不清楚的，而所谓的内幕消息又不可靠（就算是正确的内幕消息，一旦传到普通投资者耳中，也就不是内幕消息了，也不可靠了），究竟谁是由乌鸦变凤凰的，我们也是事后才清楚。实际上，股市中不少企业重组还是"在天上讲故事"的成分多，人们寄予的美好预期居多，对这些故事听不清楚也罢，我们普通投资者最好的办法还是远离。

（6）不在行业内而"相对胜出"的不投。我喜欢"坐山观虎斗"，盯住"将红旗第一个插上山头"的企业。作为普通投资者，我向来信奉"迟一步"的策略。当行业里"群雄逐鹿""百舸争流"之时，我们普通投资者完全可以站在一边观看，等待行业内的竞争有企业相对胜出之时，再出手不迟。不过，我们可能会失去开始阶段的一部分丰厚利润，然而这样确定性更高了，其实也并不少赚。比较典型

第二章　选择篇

的是空调行业，在格力创业之初，据统计，当时国内有400多家空调企业，最早的知名空调企业实际上是春兰，格力真正胜出，大概是在2007年，其实我们在这以后的任何年份买入并长期持有格力，均会取得丰厚的回报。类似的例子还有腾讯控股、伊利股份、双汇发展等股票，这些企业在充分竞争中"冲杀"出来，当它们在行业内确定了自己的领军地位之后，我们再投资，一点儿也不迟。

（7）处在快速易变行业的不投。我要的是具有"历史恒定"品质的企业。包括巴菲特、费雪、芒格在内的许多价值投资大师为什么不投资科技股呢？他们难道凭自己的商业嗅觉与洞察力，看不懂这些企业吗？我想恐怕不是，他们主要不确定这些快速易变科技企业在8年、10年之后的竞争地位是否还能够保持，它们的护城河是否还够宽。"沉舟侧畔千帆过，病树前头万木春"，你方唱罢我登场，各领风骚没几年，这实际上是商业世界的常态。但是，我们首选的还是那些具有"历史恒定"品质的优秀企业。

（8）看不懂的不投。看不懂的，我们当然不投，这是能力圈问题。比如，有的人放着身边的"鸡蛋"不研究，非要向科学家学习，研究原子弹，投资容易失败也就是在所难免的事情了。怎么办呢？办法就是从研究自己熟悉的"鸡蛋"开始，将研究原子弹之类的艰难课题交由科学家去研究。

我要特别说明的是：以上八条，是我在长期投资实践中总结出来的，尽管看起来粗糙，观点也未必严谨，但是我一直将其视为自己的负面清单，从不越雷池一步。这颇有点儿像《西游记》中的孙悟空给唐僧画的圈，只要唐僧不越出这个圈，白骨精就奈何不了他。

这个负面清单未必适合每个人，因为每个人均有自己的能力圈，所以，你可以结合自己的实际拟定自己的负面清单，并且让这个负面清单"管住"自己，这样，你的投资就离成功更近了一步。

怎样理解能力圈

价值投资大师都强调能力圈原则，即投资者要在自己的能力圈内行事，这是我们在风云变幻的股市之中保持不败的一大利器。

那么，何谓能力圈呢？是不是研究原子弹的就投资原子弹，研究鸡蛋的就投资鸡蛋呢？说得文雅一点儿，是不是搞教育的就只投资教育业，而搞医疗的就只投资医疗业呢？

不能否认，有行业背景的人在自己的行业内投资，是有着局外人不可比拟的优势的。然而，我们如果这样机械地理解，那可就将能力圈狭窄化，甚至庸俗化了。

那么，能力圈究竟是什么呢？简而言之，它是能看懂一家企业的商业模式并决定了其长期竞争优势的能力。

那么，什么是一家企业的商业模式呢？好的与差的商业模式又有什么区别呢？关于这一点，投资圈似乎没有明晰的定义，可我们不是说过巴菲特思想是我们认识商业本质的思想武器吗？看来，这个问题的答案我们还是要从巴菲特那里寻找。

在了解什么是好的商业模式之前，我们先要了解什么是差的商业模式。

巴菲特在回忆总结自己的投资生涯时说，他一时赌气买下伯克希尔纺织公司是他一生中最大的败笔，不然他的财富要比现在多得多。为什么被巴菲特收购的纺织企业一直都经营不善呢？因为它只生产不具任何差异的一般化商品，当一家企业长期处于这种状态时，惨淡经营就是必然的结局。

在1978—1992年的致股东的信中，巴菲特指出了这种商业模式的特点所在。①

资本密集且产品无重大差异

"纺织业的现状充分印证了教科书中所讲的：除非市场出现供不应求的情况，否则资本密集且产品无重大差异的生产者，将只能赚取微薄的利润。只要产能过剩，产品的价格就只会反映其经营成本而非已投入的资本。这种供给过剩的情况正是纺织行业的一种常态，所以我们也只好期望能获得勉强令人满意的资本回报即可。"

产品过剩且产品仅为一般化产品

"企业的产品过剩且产品仅为一般化产品（即客户关注的产品性能、外观、售后服务等方面与其他产品相比没有什么不同），便极有可能出现损失警讯。"

产品成本与价格完全由市场竞争来决定

"如果产品成本与价格完全由市场竞争来决定，而市场的可拓展空间又非常有限，再加上客户也不在乎其所用产品或分销渠道由谁提供，那这样的企业一定表现平平，甚至会面临悲惨的结局。"

企业是否可以改变"差的商业模式"呢？

在巴菲特看来，这是有条件的，某种程度上，企业的努力会受到所在产业的强大制约。"这种做法（实现产品差异化）在糖果上有用（消费者会选某个品牌的糖果，他不会只说'来0.1千克糖果'），在砂糖上没有用（你听过有人说咖啡要加某个牌子的砂糖吗）。"

如果企业做不到差异化经营，那么降低产品与服务的成本是否可

---

① 任俊杰. 穿过迷雾 [M]. 北京：中国经济出版社。

行呢？

在1982年的信里，巴菲特给出了偏悲观的回答:①"产业中的某些企业，只要具有较大且可持久的成本优势，就可以长期经营良好。然而按照惯例，这样的企业并不多见。在不少产业中，连是否存在这样的企业都值得质疑。对于大多数生产一般化商品的公司来说，只能被迫让自己持续地去承受巨大的经营压力。产业的供应过剩再加上不加管制的价格（或成本）厮杀，最终只会带来惨淡经营和利润微薄的结局。"

"当然，产能过剩会伴随着产能缩减或需求增加而进行自我修正。但不幸的是，这种自我修正通常需要较长时间。当好不容易出现转机时，紧接着的往往是新一轮扩张的开始，用不了几年，产业又要面对先前的窘况。换句话说，在这样的产业环境下，成功意味着失败的开始。"

"在这样一种经营状态下，能决定利润丰厚还是微薄的要素是供给吃紧与供给过剩的比率。但同样不幸的是，这种比率通常都很小——以我们纺织业的经验来说，供给吃紧的状态要追溯到许多年以前，且仅维持不到一个早上的时间。"

我们细细品味巴菲特的话，那些对巴菲特思想还不理解，甚至有所怀疑的人士，是否会突然感觉巴菲特就是巴菲特呢？是的，巴菲特思想，特别是其商业思想，就是我们投资的思想宝藏。

我们要牢牢记住这些关键词："资本密集且产品无重大差异""产品过剩且产品仅为一般化产品""供应过剩再加上不加管制的价格厮杀""维持不到一个早上的时间"。想一想，连巴菲特这样的投资大师、企业经营大师对这种差的商业模式都无力回天，更何况我们

---

① 任俊杰. 穿过迷雾[M]. 北京：中国经济出版社.

普普通通的个人投资者呢？有一句俗话说得好：惹不起，躲得起。我们在投资中要"躲开"这些差的商业模式。

那么，巴菲特认为真正好的商业模式是怎样的呢？它具有市场经济特许经营权，简称经济特许权。

关于这个问题，我们会在后面作为一个重点专题进行讨论，因为巴菲特的这一商业思想太重要，就个人投资者来说，甚至可以专注地去寻找具有经济特许权的优秀企业投资，有此一招，就能保证我们在投资之中立于不败之地。

说到这里，所谓的能力圈问题就清楚明白了，它并不是说研究原子弹的就只投资原子弹，研究鸡蛋的就只投资鸡蛋，实际上我们要先搞明白一家企业的商业模式，以及它在行业内的竞争优势应如何保持下去。换句话说，不管这家企业是生产什么酒的，卖什么肉的，搞什么高科技产品的，做什么互联网服务的，只要你明白这家企业的商业模式是优是劣，实际上你就已经在你的能力圈范围之内活动了。

国内著名的企业家和投资人段永平先生，2006年曾以62.01万美元拍下了巴菲特午餐。据报道，他说巴菲特告诉他投资要看懂一家企业的商业模式。他说，就凭这一句话，他与巴菲特吃这顿饭就值了，足见这一观点在我们投资中的重要程度。

市场经济特许经营权

曾经在相当长的时间内，大家一谈到长期投资，就总会有人站出来说："问君能有几多愁，恰似满仓'中石油'。"是的，中国石油，这家曾被称为亚洲最赚钱的公司，自2007年11月在A股上市以后，中国股市就开启了上一轮7年熊市的漫漫长夜。所以，中石油带给它的长期投资者更多的是噩梦般的记忆，一些投资者甚至动摇了原本长期价值投资的信仰。

然而，我们要问的是，抛开它上市之初的高估值不谈（上市当日被炒至60多倍市盈率），从定性的角度来看，中石油这样的投资标的真的适合作为长期持有标的吗？回答是否定的。其实，我们如果细心观察研究，就会发现巴菲特当年投资中石油，也并不是他主流投资的部分，而更契合格雷厄姆式的"拣烟蒂"的投资方法。

我们已经说过，面对3 600多家上市公司，真正值得我们"长相守"的企业是不多的，甚至是稀少的，这也就是"发现之难"。于是问题就来了：我们如何保证自己从一开始，就能够拥抱值得"长相守"的标的呢？

好在巴菲特早就给了我们答案。在巴菲特看来，经济市场是由一小群有市场经济特许经营权的团体和一个较大的商品型企业团体（一般事业）所组成的。后者中大多数是不值得投资的，而前者大多数是可以投资的。实际上，这就为我们在众多的投资对象中"快刀斩乱麻"提供了一个利器。

1991年，巴菲特在致股东的信中，在总结多年的投资经验、教训后指出，只有那些具有市场经济特许经营权的公司，才具有提高定价的能力，并可能获取高利润率。

一项经济特许经营权的形成，来自有以下特征的产品或服务：被人们需要或渴求，被消费者认定为找不到替代品，不受价格管制的约束。这3个特征的存在，将使一家企业具有对所提供的产品与服务进行主动提高价格的能力，从而赚取更高的资本回报率。

不仅如此，具有市场经济特许经营权的企业还能够容忍不当的管理，无能的经理人虽然会降低经济特许经营权的获利能力，但是并不会对它造成致命的伤害。

巴菲特还认为，具有市场经济特许经营权的企业的另一个明显特

第二章 选择篇

点是拥有较高的经济商誉,可以更有效地抵抗通货膨胀的影响。

我们总结一下拥有市场经济特许经营权的企业的根本特征:

(1) 产品或服务被人需要。

(2) 产品或服务不可替代(有时是心理层面的)。

(3) 产品或服务的价格自由(企业拥有定价权,不受政府管制)。

关于定价权,我在这里解释一下:一个是企业自主定价权,比如贵州茅台、东阿阿胶、片仔癀这样的企业可以长期提价,这是显而易见的定价权;另一个可以视为高于市场平均水平的"价格溢价"。《隐形冠军》(*Hidden Champions*)这本书介绍,德国很多隐形冠军式企业的产品或服务的定价始终要高于市场平均水平的10%~15%,甚至更高,相比于竞争对手,它们总是能够"垄断"一定的价格空间。中国的一些龙头企业,其毛利率、净利率水平也要普遍高于行业平均水平,这种"价格溢价"也说明这家企业具有一定的定价权优势。对此,我们不可理解狭隘了。

以上3条是市场经济特许经营权的核心。

(4) 能容忍无能的管理层。

(5) 能有效抵御通胀。

具有以上5个特征的商业模式,就"令人垂涎三尺"了吗?答案是显而易见的。

巴菲特对这一重要商业思想可谓念念不忘,并且在他对喜诗糖果(See's Candies)、可口可乐(Coca Cola)等的投资中有着鲜明的体现。今天,我们在贵州茅台、片仔癀、云南白药、东阿阿胶、格力电器、伊利股份、双汇发展、海天味业、老板电器、涪陵榨菜、安琪酵母等众多长期大牛股之中,便能够清晰地寻找到巴菲特这一重要商业思想的影子。

我在《不折腾》那篇文章中,说投资选择:"它们(核心是定价权，是一流的投资标的）要么具有市场特许经营权，要么本身就是在充分竞争行业中胜出的寡头（用实力证明了自己的优秀，是次之的投资标的）。"实际上，这是受了巴菲特这一重要商业思想的启发。

那么，按照巴菲特的论述，我们是否可以认为所有的上市公司均可以简单地被分为"市场特许经营"和"一般事业"两种呢？情况没有这么简单。这里如实相告，我以前就是这样简单理解的，甚至我在2015年11月出版的《给业余投资者的十条军规》电子书中做了简单的表述，现在看来，我当时对巴菲特思想的理解有些狭隘，借此进行更正。

国内著名的投资人任俊杰先生，在其《穿过迷雾》一书中，做了详细解释：

在1991年的致股东的信中，巴菲特对这个问题是这样解答的："请记住，很多事业实际上介于这两者之间，所以最好将它们定义为弱势的特许事业或强势的一般事业。"

任先生还进行了举例，比如，他将贵州茅台、云南白药归为"特许事业"，将招商银行、双汇发展归为"弱势的特许事业"，将格力电器、上海家化归为"强势的一般事业"，将海南航空、深康佳A归为"一般事业"，并且用数据佐证了巴菲特的观点同样适合于中国股市。

我在这里要特别说明，当我读到这本书的"市场特许经营权"一节时，还写了一篇文章，通过雪球与任先生进行了探讨（网络的世界就是这样奇妙，可以随时与投资同人进行交流）。以下是我的文章和任先生的回复，我相信通过这种深入的讨论，更能帮助大家加深对巴菲特这一重要商业思想的理解。任先生的回复更值得细品，寥寥数语便道出了投资的真谛。

关于市场经济特许经营权的"迷雾"
——向任先生的讨教
（2016年10月29日）

有人说，书是世界上性价比最高的商品，诚哉斯言！特别是对于搞投资的人来讲，如果得到一本好书，其"内在价值"将高于几十元书价的几万倍，甚至不止。从这个意义上讲，一本好的投资书可以说是无价的。

早在2011年5月28日，我便从新华书店的一个角落里得到了一本这样的好书，即由任俊杰先生与朱晓芸女士合著的《奥马哈之雾》，定价是39元。这可以说是我恨不能将它的全部内容装进脑袋的一本书，是一本快让我读"破"了的书（读书"破"万卷）。这是我目力所及的国内研究巴菲特思想最为给力的书之一。它对我深刻认识巴菲特思想，对我后来的股票投资帮助都很大。比如市场经济特许经营权的思想，我便是从这本书中获得的。仅仅依靠这一个重要商业思想做指导，我便于2013年12月有机会于140元之下，"捕获"了"落难的王子"——贵州茅台，并持有至今。这足见一本39元的书，性价比之高！

所以，当获悉任俊杰先生的新书《穿过迷雾》已经网上销售之时，我便毫不犹豫地，甚至不看价格就果断下单（我没有像某些"铁杆"的价投者，非要等到"光棍节"打折再买），第二天收到后就如获至宝般地品读起来。由于对上本书关于市场经济特许经营权这一重要商业思想的印象之深、受益之大，我在读这本书"市场经济特许经营权"一节时，自然格外仔细，便放慢了阅读的速度。经过细品，这本书又揭开了我心中的一个"迷雾"。

书中说道："如何理解市场经济特许经营权呢？在1991年致股东

的信中巴菲特给出了清晰定义，'有着市场特许经营权的产品和服务具有以下特质。它被人们需要或渴求，被消费者认为没有替代品，不受价格管控的约束。企业是否存在以上3个特质，可以从企业能否定期自由地对其产品与服务定价，从而赚取较高的资本回报上看出来。此外，特许事业能够容忍不当的管理。低能的经理人尽管会降低特许事业的获利能力，但不会对其造成致命伤害。"

书中接着说："按照巴菲特的有关表述，我们是否可以认为在他的眼里所有的上市公司均可以简单分为'市场特许经营'和'一般事业'两种呢？情况也没有这样简单，还是在1991年致股东的信中，巴菲特对这个问题是这样解答的——'请记住，很多事业实际上介于这两者之间，所以最好将它们定义为弱势的特许事业或强势的一般事业'。"

至此，我心中的一个"迷雾"终于化解了，因为我原来还真的就简单地认为，在巴菲特的眼里，商业的世界就可以"简单"地划分为具有市场特许经营权的企业与一般的商业企业。前者大多是值得长期投资的，而后者大多是不值得长期投资的。然而，在实践中，我又时时有些困惑（"迷雾"），商业的世界似乎又不是如此简单，比如格力电器、双汇发展、伊利股份等优秀的上市企业又当如何被划分呢？

恰好，书中列举了中国上市公司的例证，以证实巴菲特对商业模式与资本回报的有关看法。

书中将贵州茅台、云南白药作为"特许事业"，我深表认同，因为市场特许经营权的来源，有其自然的禀赋，是对中国传统文化的传承，或是上一代留下来的遗产，又或是相关人物的背书。然而，书中将格力电器作为"强势的一般事业"，又增加了我心中的一点儿"迷雾"。因为我认为，格力电器这样的企业与贵州茅台、云南白药不同，它是在"无中生有"中"冲杀"出来，并且在市场中创造了一种经济特权，细细品味这种经济特权，它更具有"弱势的特许事业"的特征（如果非要分类的话）。

我为什么如此认为呢？

（1）空调被需要或被渴望是自然的，这一点没有异议。

（2）被消费者认为没有替代品，我的理解是，消费者的这种"认为"有时更多表现在心智层面，或者从定位理论讲，一个品牌一旦"侵入"消费者的心智，就是"不可救药"的，即俗话说的"我就是要这个牌子的"。"好空调，格力造"，格力电器经过这么多年的"拼杀"，已经在相当多的消费者心中是好空调的代名词，加之耐用消费品的长久使用特点，许多消费者买空调首选格力，这是我们日常生活中实实在在发生的消费现象。

（3）不受价格管控的约束，说白了，就是自身具有定价权。"春来我不先开口，哪个虫儿敢作声？"如格力这样在充分竞争中"拼杀"出来的领军企业，表面看定价权不明显，其实细细分析，它也有一种代表定价权的东西。

众所周知，白电企业与电视等黑电企业不同，它之所以这些年不打价格战，与格力这样的领军企业坚持不打价格战是有着很大关系的（当然，2015年格力率先在业内展开了一场很有策略的价格战，其目的是"清场"，也曾引得业内的竞争对手群起而攻之，但是我们看到的是格力在行业内的领军地位，即"我不开口，别人似乎也不敢作声"）。我们如果细细观察一个行业内的竞争生态，它与自然界、动物界的竞争生态有异曲同工之妙。比如，我们观察猴群，强势的猴王总是先吃美食，而弱一些的猴子则只好等它吃完再去吃残羹冷炙，没有办法，这是猴王"打"出来的结果。

当然，具有"弱势的特许事业"特征的企业更需要强有力的领导层，我们甚至看到，在许多这样的优秀企业里，一把手甚至具有"独裁者"的强势特征。其实，我们进一步想一想，如茅台这样的具有"特许事业"特征的企业果真不需要强有力的管理层吗？显然，我们不能绝对、片面地理解。1949年以后，我们国家白酒第一品牌是汾酒。汾酒因经营战略的失误，加之1998年毒酒风波的无端连累，之后一蹶不振，从第一阵营中掉下来后就再也没有起来，后来的白酒第一品牌是五粮液。茅台有季克良老爷子等管理者的苦心、巧妙经营，后来成为国人心目中的高端白酒第一品牌。当然，这里又涉及"船"与"船长"究竟谁更重要的问题，这是另外一个问题了。

综上，我认为将格力电器这样的企业，归为弱势的特许事业或许更为恰当。同样，肉中的双汇、奶中的伊利等也应归为弱势的特许事业。

当然，任先生在书中也特别做了说明，他说他的这种企业分类不一定准确。这给我们读者讨论留下了伏笔。同时，任先生在书中还提到，市场特许经营企业和弱势特许经营企业的资本回报区别并不明显（时间长一些，可能才见高低），这似乎又是任先生给我们读者留下的一个"迷雾"。对这个问题，我们如何看呢？在此，我不揣冒昧，再尝试着做一点儿延伸性的思考。

如具有"特许事业"特征的贵州茅台，过往确实有很大的资本回报，甚至许多年有高达30%、40%的资本回报率，而具有"弱势的特许事业"特征的格力、双汇等同样也不低，多年来保持在20%、30%以上。我认为这当与一家企业所处行业的根本属性（行业命相），以及我们国家的国情有关。就行业的根本属性来讲，有的行业可以"占山为王"，有的行业可以"赢家通吃"。白酒行业中，八大名酒也好，十大名酒也好，其实它们的竞争格局是相对稳定的，虽然将来行业集中度提高是大趋势，然而"占山为王"的竞争格局从根本上一时是难以改变的。空调、肉、奶行业的属性决定了它们可以"赢家通吃",因为它们的产品更具有"标准化"的特点。而且,我们国家又恰恰是人口基数大的国度,因此,凡具有这种"标准化"(标准化的同时又有差异化)产品与服务的优秀企业,更容易"一统江山",更不要说它们中有的将来还要走向世界。这似乎是这些优秀企业这些年给它们的投资者带来巨大回报的不可或缺的因素之一。当然,在这方面,一家企业拥有再标准化的产品与服务,想在业内"吃掉"其他企业,也是不可能的,因为这有违自然的竞争法则。

我们进一步思考,"巴迷们"是知道的,巴菲特很赞赏具有强势市场特许经营权的企业之一喜诗糖果,但是我要问的是:如果喜诗糖果这样的企业在中国A股上市,它一定会是绝佳的投资标的吗?(记得任先生在上本书也有类似的思考。)我看未必,因为它所处的行业毕竟是一个小行业,成长动能并不足。从这一点来讲,具有市场经济特许经营权的企业固然是我们优先选择的标的,但是一个企业所处的行业,以及它的行业属性,我认为也是不可忽视的,甚至是很重要的。因为生活在"河流里"的企业,与生活在"大海里"的企业,它们最后给予投资者的长久回报是不同的。

以上是我不成熟或者说不自量力的一些思考,借助网络之便,我希望任先生能给予回应。

任俊杰先生的回复

今天早上我才看到这篇文章,谢谢闲兄对本书的肯定,也欣赏并敬佩你有如此认真、细致和深入的思考!

我谈以下几点感想。

(1)对于弱势的特许事业与强势的一般事业,巴菲特并未给出清晰的定义,因此在这个问题上,我们就只能见仁见智了。

（2）巴菲特没有给出定义，也许是因为两者的边界本就难以厘清。比如，企业"强势"到一定程度，也许就有了某种"特许权"。

（3）我的划分标准加入了全球视角，但也并不严谨。

（4）在每股收益（EPS）的构成中，净资产收益率（ROE）与每股净资产（BPS）哪个更重要？我还是觉得净资产收益率更重要。所以，能"一统天下"的有标准化产品的公司，如果净资产收益率较为理想，则无疑是更大的赢家，否则，我倒是更喜欢像茅台这样的企业。

（5）个人觉得在巴菲特眼里，只要产品有某种难以模仿的竞争优势，就具有了市场特许权（比如喜诗的口味、品质和服务只是比较上乘而已），因此他给出的门槛其实并不算太高，即使是被他称赞不绝的可口可乐，旁边不还"站着"一个百事吗？

（6）我以前聊过好的商业模式，它具有广袤的田野、美丽的城堡、宽广的护城河。田野其实指的是行业属性或产品的需求空间，这一点自然是不能忽视的，但一定要结合后两者的状况才能判断企业是否有好的商业模式。前不久，在雪球上聊茅台这只"荒岛股票"时，我首先要知道它是否还有"广袤的田野"，接下来才能谈"走进去"和"走下去"的问题。

以上是我的一些看法，不一定对。

赚钱机器与烧钱机器

自史密斯首次提出红利转投资能使股票相对于债券更有投资价值的思想以来，格雷厄姆在《证券分析》一书中对企业"限制性盈余"的揭示可以说是对证券分析的又一重要思想贡献。费雪在《怎样选择成长股》一书中也有过类似观点的表述。巴菲特在1984年致股东

第二章 选择篇

的信中做了更清晰的阐述:①

"并非所有的盈余都会产生同样的成果,通货膨胀往往使得许多企业,尤其是那些资本密集型企业的账面盈余变成人为的假象。这种受限制的盈余往往无法被当作真正的股利来发放,它们必须被企业保留下来用于设备再投资以维持原有的经济实力。企业如果硬要勉强发放,将会削弱企业在以下几个方面的原有能力:维持原有的销售数量,维持长期的竞争优势,维持原有的财务实力。所以,无论企业的股利发放比率如何保守,长此以往必将会被市场淘汰,除非企业能再注入更多的资金。"

今天,我们再一次站在了巨人的肩膀上。这些投资大师的观点给了我们以深刻的商业启示:会计利润并不一定是股东能够"自由享受"的利润,有些企业为了维护自身的竞争地位是"被迫"将留存利润再投资的,只有那些"非限制性利润"才真正是属于我们股票持有者的"股东利润"。所以,我们要选择那些限制性盈余少的企业。

理论上如此,我们在实践中要沿着什么样的路径去寻找呢?我们还是先从"思想武器"(巴菲特思想)中寻找答案。

巴菲特在2007年致股东的信中谈到了3类长期储蓄账户。

(1) 梦幻般的生意。

巴菲特说:"我们来看看这种梦幻般生意的原型——我们拥有的喜诗糖果公司。盒装巧克力业的经营,一点儿也不会让人兴奋:在美国,人均的消费量非常低而且没有增长。许多名噪一时的品牌都已消失,并且在过去40年中只有3个公司赚到的收益是超过象征性的。"

1972年,巴菲特花2 500万美元买下喜诗糖果时,其年销售1 600万磅,2007年销售3 100万磅,年增长率只有2%。至2007年,

---

① 任俊杰,朱晓芸. 奥马哈之雾 [M]. 北京:机械工业出版社.

35年来巴菲特仅投资3 200万美元，以适应它的适度规模增长，但其税前总收益为13.5亿美元，扣除3 200万美元的投入成本，其所有收益都流到了巴菲特的伯克希尔公司。正如巴菲特喜不自禁地说，就像从亚当和夏娃最初喜好的活动带来了几十亿人一样，喜诗糖果开启了他们后来的许多新财源。它对于伯克希尔来说，就如《圣经》（*Bible*）上说的"丰腴膏沃而且生养众多"。

（2）良好的生意。

巴菲特说："一个良好但没有出色生意的公司是我们拥有的飞安公司（Flightsafety）。这个生意的收入要增长，我们需要将收入中的很大一部分再投入。当我们1996年买下飞安公司时，它的税前营运收入是1.11亿美元，对固定资产的净投资是5.7亿美元。自从我们买下它后，资本支出总计为16.35亿美元，其中的大部分用来购买飞行训练模拟器，以配合那些经常被提及的新型号的飞机。现在我们的固定资产扣除折旧等成本后达到10.79亿美元，税前营运收入在2007年达到2.7亿美元，与1996年相比，增加了1.59亿元。这个收入带给我们的回报，对于我们增加投入的5.09亿美元投资来说还不错，但和喜诗糖果带给我们的，根本没法比。"

（3）糟糕的生意。

巴菲特说："现在我们来说说糟糕的生意。比较差的生意是那种收入增长虽然迅速，但需要巨大投资来维持增长，过后又赚不到多少，甚至没有钱赚的生意。航空业，从莱特兄弟（Wright Brothers）飞行成功的那天到现在，所谓的竞争优势，被证明纯粹子虚乌有。事实上，假如当时某个富有远见的资本家在基蒂霍克（Kitty Hawk，莱特兄弟试飞的地方）的话，他应该把奥维尔·莱特（Orville Wright）打下来，给他的后辈们帮一个大忙。"

巴菲特指的是购买美国航空公司的糟糕案例，他说："可付款支票上的墨迹未干，美国航空公司的股价就开始盘旋下落。"

巴菲特论及的3类长期储蓄账户，给我们的投资选择给予了很好的理论指引。我们可以通俗地理解，商业的世界有两类公司：一类是赚钱机器，包括梦幻般的生意和良好的生意，在现实的商业世界，前者如皇冠上的明珠一样稀少，后者居多；另一类是烧钱机器，如糟糕的生意。

巴菲特在中后期写给股东的信中都会写明每年的每股资本性支出，并分析资本回报率，进而让股东清楚真实的资本回报，所以难怪每年有那么多股东以"主人公"的身份朝圣般地去参加伯克希尔的股东大会。可惜这种以股东利益为导向的"股东文化"在中国股市仍然普遍缺失，许多上市公司对融资有着强烈的冲动，而对回报二级市场上的投资者则有些"对不住"，似乎忘记了。有些公司更像烧钱机器，它们就像安徒生童话中的那位小女孩一样，一旦穿上红舞鞋，就不得不"舞"下去，但是"舞"不止，烧钱不止。从长期讲，它们根本就不能给股东带来任何有价值的回报（这样的公司顶多具有交易的价值）。看来，在投资选择上，我们必须要有自己的"慧眼"。

我要指出的是，普通个人投资者一般多不具备特别专业的财务分析能力，而会计制度的设计又不如巴菲特的伯克希尔公司报告得那么清晰，在具体的投资标的上，我们又当如何识别和选择呢？一个最简单的方法（或者说窍门）就是按照巴菲特给的"路线图"来选择。一是那些具有经济特许权、较少资本投入，更多依靠品牌商誉赚钱的公司（可以对标贵州茅台）。二是公司虽然有很大的资本投入，但是符合巴菲特"1美元原则"，即投资每1美元可以创造超过1美元的价值，衡量标准是长期净资产收益率（可以对标万科A）；而对于那些烧钱机器般的企业，我们自然当坚决回避（可以对标国内的一些钢铁企业）。

我们需要怎样的护城河

护城河理论,是巴菲特的又一大理论贡献。特别是我们坚持以年为时间单位的持有者,有时甚至要秉持"股市关闭论""荒岛生活挑战论"(假设我们在一个荒岛上生活10年,我们会投资什么),所以,对于巴菲特护城河理论进行全面而透彻的理解,将有助于我们选择长期的投资标的。

巴菲特说:①"考察企业的持久性,我认为最重要的事情是看一看企业的竞争能力。我喜欢的企业是那种具有持久的生存能力和强大竞争优势的企业。就像一个坚固的城堡,四周被宽大的护城河包围,河里还有凶猛的鳄鱼……某些特定的行为使企业的长期竞争地位得到改善,我们称之为加宽护城河。这些行为对企业想要打造10年甚至20年的成功至关重要。当短期目标与长期目标冲突时,加宽护城河应当优先考虑。"

巴菲特的这种护城河思想,在他的致股东的信以及有关演讲中多次谈到。那么,哪些因素可以构成他说的"护城河"呢?

- 成本:如盖可保险公司的护城河就是低成本;
- 品牌:它让我们想起了可口可乐、美国运通(AXP);
- 技术与专利:吉列与艾斯卡靠的就是技术取胜;
- 服务:伯克希尔旗下的诸多珠宝零售商都在为其客户提供着优质服务;
- 质量:这是喜诗糖果用以维系与客户的持久关系的基本要素;
- 价格:"B夫人"缔造全美家具与地毯销售的传奇,主要靠的

---

① 任俊杰,朱晓芸. 奥马哈之雾 [M]. 北京:机械工业出版社.

第二章 选择篇

是客户情结与"低价格"。

可见,巴菲特所说的护城河是由多种因素构成的。美国的帕特·多尔西(Pat Dorsey)在其投资著作《巴菲特的护城河》(*The Little Book that Builds Wealth*)一书中,也分析了护城河的主要模式,即无形资产(如一个能带来定价权的品牌、一个限制竞争的法定许可,或者拥有多样化专利和悠久创新历史的企业)、转换成本、网络效应、成本优势、规模优势等均可以构建起一家企业的护城河。

今天商业的世界发生了很大变化,但护城河理论是不是仍然管用呢?回答是肯定的。如今天的阿里巴巴、腾讯等新型科技互联网平台公司,其护城河,如转换成本、网络效应、规模优势等,也并没有超越根本的商业逻辑。

关于巴菲特对于护城河的论述,我们可以找到相关的书信和有关的研究著作来理解,这里并不想过多地展开这方面的讨论(从某种意义上讲,这些均是商业的常识,并不难以理解),但实践中以下几点值得注意。

(1)护城河是多样化的,它甚至是一个企业整体的复杂系统,我们不可理解狭隘了。当一家企业的长期竞争优势(全部、关键,或某项)难以被模仿、复制,就能构筑起难以逾越的护城河。我们做投资,就是要通过观察、分析与研究,找出这家企业关键的不同"经济特质"。

(2)警惕护城河陷阱。正如帕特·多尔西在他的书中所追问的,巨大的市场份额、优质的产品、伟大的首席执行官(CEO)等这些真的就是竞争优势吗?如果是,柯达、美国国际商业机器公司(IBM)、通用和安然(Enron)为什么会跌下神坛甚至倒闭?这说明,有些企业表面上看护城河很宽,但其实它具有的是虚假的护城河。我们国内当年的四川长虹就是一个很好的案例，而它具有的是一种护城河陷阱。

还有一些护城河陷阱（或称为不太理想的护城河）不容易识别。有的企业对某种自然资源具有独占性，比如黄山旅游，其护城河不可谓不宽，但黄山再大也就一座黄山，其容量是有限的，长期讲这样的企业成长动能往往不足（提价权又受到政府的一定管制）。

城市供电、供气等公共事业，机场、港口、码头等公共设施，表面看，这些企业有客户转移成本，对消费者形成捆绑，即企业有一定的独占性，但是它们由政府垄断，而政府更多是考虑公益性，因此这类企业缺少定价权，常常利润稀薄，甚至亏损，要依靠政府补贴来度日。所以，这类企业实则具有护城河陷阱。

当然，市场如果将这些企业的股价打压得很低，而且它们仍然能够保持优厚的分红，我们也不能否认它们的投资价值，但从未来发展空间上考虑，至少不应该将它们作为长期投资的首选。

（3）有成长性的护城河更重要。这个问题，我们在谈市场经济特许经营权时就涉及了。这里可以进一步思考一下：巴菲特津津乐道的喜诗糖果，如果在中国 A 股市场，会是最优秀的投资标的吗？这一点很值得商榷，因为它的成长性并不足。巴菲特 1991 年致股东的信提供了数据，1971—1991 年其营业收入年复合增长率为 10.58%，利润的年复合增长率为 12.94%。这个速度说快也不快，它主要的价值在于：在长达 20 年的双位数增长数据的背后，企业并不需要投入什么资金。更为主要的是，喜诗糖果在 20 年里把余下的 4.1 亿美元利润在扣除所得税之后，全部交由巴菲特配置到其他可产生利润的项目上。当然，这种现金奶牛式的投资标的，还将盈余全部分给股东，是很不错的。但是要知道，巴菲特的资本配置能力是令人惊叹的。中国有些上市公司的管理层宁愿将剩余资金用于理财，甚至在账户中闲置着,也不情愿慷慨地分给股东,就是全部分给股东,其资本配置能力也无法与巴菲特相提并论。普通投资者还是要最大限度地将盈余交由优秀公司的管理层打理才能进一步享受到复利的威力。从这个角度讲,护城河固然重要,但是成长性同样重要,我们追求的最理想的标的要有"美丽的城堡""宽广的护城河",在此基础上还要有"广袤的田野"。

(4)一家企业的护城河再牢固,也并不是一成不变的。一劳永逸式的投资是没有的,定期进行护城河评估,是投资者需要做的阶段性作业。

船与船长

1985年,巴菲特在致股东的信中说:"我个人的经验以及对不少企业观察后得出了一个结论,那就是一项优异的管理记录(以经营回报率来衡量)揭示的往往是这样一个道理——你划一条怎样的船胜过你怎样去划这条船(尽管,无论是好企业还是坏企业,经营者的智慧与勤奋都非常重要)。几年前我曾说过,'当一个因管理出色而闻名的人遇到一家经营惨淡的公司时,最后的结果通常是后者维持原状。'如今我的看法一点儿也没有改变。当你遇到一条总是会漏水的船时,与其不断花费力气修修补补,不如干脆换一条好点儿的船。"

对于投资来讲,究竟是"船"(这里的船,可以理解为商业模式)重要还是"船长"(这里的船长,可以理解为企业的一把手)重要呢?显然是前者,这又是巴菲特的一个重要投资思想。正如巴菲特说的,他喜欢的是一个傻瓜也能够经营的企业。

但是,一家企业真是傻瓜也能够经营的吗?显然不是,这不过是巴菲特的一个比喻,意在强调一家企业商业模式的重要性。但是,从他投资、收购的具体企业来分析，我们看到巴菲特有时言行并不一致。相反，他所并购的一些企业，似乎"船长"起着关键性的的作用。对此，我们又当如何理解呢？

一家企业的商业模式固然重要，也是我们选择投资标的首选要素，但是任何行业的竞争均不是和风细雨的，不是温良恭俭让的，而是残酷的。一家企业若想成为行业的领军者，一把手有时起着关键性的作用。人民创造历史，还是英雄创造历史？这是一个哲学命题，但是具体到一家企业，更多表现为"英雄创造历史"。因此，在选择投资标的时，我们自然少不了对企业管理层的细心观察。

巴菲特不仅具有商业天分，在识人用人方面，也是一个出色的伯乐。沃尔特·施洛斯就曾说"巴菲特很会看人"。他与企业的高管，甚至几年不见面，他也不经常要求他们汇报工作，而那些早已经不缺钱的企业高管、亿万富翁却能兢兢业业地工作着。因此，巴菲特在管理上又不愧为大师，堪称商业界的奇迹。当然，巴菲特（特别是在中后期）有种种考察管理层的便利。那么，作为个人投资者，在不具备这种"便利"的情况下，又当如何去考察、识别能干的管理层呢？

这并不是一个好回答的问题，或者说，这需要在具体的投资实践中去观察、体悟。实际上，很多投资问题常常是可意会而不可言传的。然而，我们如果非要"言传"的话，还是要长期搜集与了解企业管理层的言论与事迹。好在现在有网络和多媒体的便利。有的企业家会写传记，这些材料我们可以搜集阅读。时间久了，一个企业家的画像就在我们的头脑中出现了，我们便获得一个大致的形象认知。

这里，我不妨透露本人的一点儿实际经验。比如，格力电器的董明珠女士在网络上一向是一个争议较大的人物，我们对她究竟怎样评价呢？我因为长期持有格力电器，所以收集了300多篇有关格力电器和她的报道材料,还专门阅读了她的自传《行棋无悔》,以及所有我能够找到的有关她的书。我经过长时间的观察,抛开她的商业奇才不谈(其商业才能无须我们评价),单纯就其性格、品德来说,她其实是一个很"简单"的人。这种"简单"表现在她敢于直言,敢于主张正义,比如,她面对总理敢于直言不要政府补贴,面对招标不公敢于对簿公堂;这种"简单"还表现在她的公正无私,连她的亲哥哥也不给情面,这种品德修养又有多少企业管理层有呢?她的"简单"还表现在她说话从不绕弯,哪怕是被别人讥讽为"雷人雷语"也无所畏惧,这种坦坦荡荡、光明磊落的作风,不得不让人佩服。因此,有了这种认知,投资者就不会被一些非议所左右。经常有朋友问我,为什么坚定持有格力电器10年(至2018年)不动摇,其实自己的主体认知是主要原因之一。

此外,有条件的投资者,还可以参加股东大会,与管理层面对面接触与交流,通过察言观色,建立起自己的主体判断。

可以说,阅人之功非一日可以练就,需要一定的人生阅历、事业经历。查理·芒格说,你拥有一件事物最好的办法是配得上它。是的,今天包括董明珠在内的一些著名企业家可谓中国上市公司之中不可多得的稀缺资源,他(她)们甚至天生就具有一种常人所不具备的特质,虽然我们不能达到,但心向往之,我们要让自己尽量向上"抬起脚跟",比如,尽量拥有与他(她)们同样的情怀、同样的格局、同样的价值观。这样,我们便容易在飘摇不定的市场形势下长期坚守下来。

这里说明一下,前面几节主要是与读者朋友们探讨巴菲特的几个重要观点,如果说这些是"拾人牙慧"的话,那么,从下节开始,我就要告诉大家我在长期投资实践中的一些真实感悟,或者说一些"土办法""笨办法"了。如果说我本人有一点儿"投资诀窍"的话,那么书中将会毫无保留地直言相告!

不过，在此之前，我们还是要重温一下巴菲特在投资上的"重要教导"[1]，这可以说是其投资经验的精华，我们以此作为投资的行动指南，就不会犯方向性、路线性错误。

- 企业的长期经济特征是否可以得到肯定的评估。投资者可以想一想好的商业模式、坏的商业模式，以及护城河理论。
- 管理层是否可以得到肯定的评估。企业实现其全部潜能的能力不仅可被评估，其英明地使用现金的能力也可被评估。
- 管理层是否可以被充分信赖，保持渠道畅通，使收益得以从企业转入股东手中而不是被他们据为己有。
- 企业的购入价。

对"行业命相"的研究与把握

我们每个人要从事不同的职业，而职业的不同又会造就不同的人生命运。企业的发展也是如此，不同的行业就具有不同的"行业命相"。有的行业走出的长期大牛股少，而有的行业就"牛股成群"，行业命相确实是不一样的。

那么，究竟哪些行业是长期大牛股的"出没之地"呢？

我们先对标美国：美国的西格尔教授在《投资者的未来》一书中，对美国标准普尔500（S&P 500）（1957—2003年）的"幸存者"研究发现，美国历史上的20个最佳"幸存者"主要是高知名度的消费品牌公司和大型制药企业，见表2.1。

---

[1] 罗伯特·哈格斯特朗. 巴菲特的投资组合 [M]. 江春译. 北京：机械工业出版社。

表 2.1　1957—2003 年美国 20 个最佳"幸存者"

排名	2003 年公司名称	1 000 美元初始投资的积累金额（美元）	年化收益率（%）	每股利润增长率（%）	平均市盈率	所属行业
1	菲利普·莫里斯公司	4 626 402	19.75	14.75	13.13	消费品（食品饮料）
2	雅培制药公司	1 281 335	16.51	12.38	21.37	制药
3	百时美施贵宝公司	1 209 445	16.36	11.59	23.52	制药
4	小脚趾圈实业公司	1 090 955	16.11	10.44	16.8	消费品（食品饮料）
5	辉瑞公司	1 054 823	16.03	12.16	26.19	制药
6	可口可乐公司	1 051 646	16.02	11.22	27.42	消费品（食品饮料）
7	默克公司	1 003 410	15.90	13.15	25.32	制药
8	百事可乐公司	866 068	15.54	11.23	20.42	消费品（食品饮料）
9	高露洁棕榄公司	761 163	15.22	9.03	21.6	消费品（日化）
10	克瑞公司	736 796	15.14	8.22	13.38	机械制造
11	亨氏公司	635 988	14.78	8.94	15.4	消费品（食品饮料）
12	箭牌公司	603 877	14.65	8.69	18.34	消费品（食品饮料）
13	富俊公司	580 025	14.55	6.20	12.88	消费品（食品饮料、家居）
14	克罗格公司	546 793	14.41	6.21	14.95	零售
15	先灵葆雅公司	537 050	14.36	7.27	21.3	制药
16	宝洁公司	513 752	14.26	9.82	24.28	消费品（日化）
17	好时食品公司	507 001	14.22	8.23	15.87	消费品（食品饮料）
18	惠氏公司	461 186	13.99	8.88	21.12	制药
19	荷兰皇家石油公司	398 837	13.64	6.67	12.56	能源化工
20	通用磨坊	388 425	13.58	8.89	17.53	消费品（食品饮料）
	20 家公司的平均值	942 749	15.25	9.70	19.71	
	标普 500 指数	124 486	10.85	6.08	17.45	

资料来源：彭博新闻、广发证券发展研究中心。

我们再对标日本：广发证券发展研究中心研究，日本股市 1992—2017 年 25 年的经济衰退期中，前 20 只牛股中有 8 只来自消费品行业，占 40%；有 8 只来源于制造业，占 40%，这与日本的制造业发达相符；出自医药行业的有 2 只，占 10%，见表 2.2。

表 2.2　1992—2017 年日本前 20 只大牛股

公司名称	年化收益率（%）	所属行业
宜得利	17.29	消费品（家居装饰）
日本电产株式会社	16.47	电子电器设备
山田电机	15.22	消费品（特殊品）
基恩士	15.08	电子电器设备
迪思科	14.85	工业机械
贝亲	12.84	消费品（个人用品）
尤妮佳株式会社	12.74	消费品（个人用品）
SMC 株式会社	12.62	工业机械
久光制药	12.06	制药
豪雅	11.99	电子电器设备（包含眼镜）
雷瑟科	11.89	半导体
太阳铁工	11.65	化工
大金工业	11.63	消费品（家电）
K's 控股有限公司	10.99	消费品（特殊品）
禧玛诺	10.25	消费品（娱乐商品）
和泉	10.23	消费品（小家电和电动工具）
泰尔茂	10.17	医药器械
TPR 株式会社	10.05	汽车部件
欧力士	10.05	金融
小糸制作所	9.93	汽车部件

资料来源：彭博新闻、广发证券发展研究中心。

中国股市的情况如何呢？

一位名叫"林奇法则"的投资者，2017 年在雪球上发表了一篇《投资者的未来之 A 股》的文章，对中国股市的历史进行了数据回溯。这篇文章说：以前看过很多介绍美国股市的书，大部分讲的是美国股市的历史和发展，但是对中国 A 股市场的数据回溯以及介绍很少，中国 A 股市场是否和美股相同，又或者有自己的独特性呢？

由于 A 股市场成立时间较短，为了使数据能更多地反映长期收益率指标，他选取了上海 A 股代码 601000 之前的所有公司、深圳主板的公司以及中小板前 100 家公司，这样除了少量是 2004 年以后上市的，大部分是上市超过 15 年的，公司总数为 233 家，集中在几个比较重要的行业：制造（包括家电、汽车、工程机械等）、医药（包括西医、中医药、医疗器械等）、通信、日用品、食品饮料（由于比较特殊，从日用品中单独拿出来）、软件、能源、旅游、零售、矿业、金融、交通运输（包括机场、高速公路、港口等）、公共事业、工程建设、房地产、材料（包括水泥、钢铁、化工、纺织等）等。

过去 20 年（截至 2016 年年底）回报率前 50 的公司，采取方式是上市就买入，复权方式为后复权，见表 2.3。

表 2.3　1996—2016 年回报率前 50 的公司

排名	公司	上市年份	行业	年化收益率（%）
1	苏宁云商	2004	零售	33.27
2	山东黄金	2003	矿业	33.03
3	双鹭药业	2004	医药	32.80
4	贵州茅台	2001	食品饮料	32.36
5	格力电器	1996	制造	31.28
6	云南白药	1995	医药	28.62
7	华帝股份	2004	制造	28.46
8	华兰生物	2004	医药	27.82

续表

排名	公司	上市年份	行业	年化收益率（%）
9	伊利股份	1995	食品饮料	27.19
10	万科A	1991	房地产	26.73
11	苏泊尔	2004	制造	26.66
12	恒瑞医药	2000	医药	26.34
13	科华生物	2004	医药	25.07
14	保利地产	2006	房地产	24.34
15	中金黄金	2003	矿业	23.33
16	片仔癀	2003	医药	23.01
17	三一重工	2003	制造	22.72
18	金融街	1996	房地产	22.18
19	万华化学	2001	材料	21.89
20	东阿阿胶	1996	医药	21.86
21	华海药业	2003	医药	21.71
22	中信证券	2003	金融	21.36
23	马应龙	2004	医药	21.31
24	福耀玻璃	1996	材料	21.28
25	双汇发展	1998	食品饮料	20.59
26	中天城投	1995	房地产	20.58
27	康美药业	2001	医药	20.40
28	青岛海尔	1995	制造	20.38
29	天士力	2002	医药	20.14
30	国药一致	1995	医药	20.06
31	七匹狼	2004	日用品	20.02
32	新和成	2004	医药	19.65
33	华孚色纺	2005	材料	19.28
34	海螺水泥	2002	材料	19.20
35	通化东宝	1995	医药	19.13

续表

排名	公司	上市年份	行业	年化收益率（%）
36	泸州老窖	1995	食品饮料	18.50
37	宇通客车	1997	制造	18.43
38	厦门钨业	2002	矿业	18.02
39	丽珠集团	1995	医药	17.90
40	华侨城 A	1997	房地产	17.67
41	老凤祥	1995	矿业	17.67
42	五粮液	1998	食品饮料	17.56
43	华东医药	2000	医药	17.55
44	深圳能源	1995	公共事业	17.34
45	人福医药	1997	医药	17.25
46	东软集团	1996	软件	16.89
47	同仁堂	1997	医药	16.88
48	欧亚集团	1996	零售	16.83
49	江中药业	1996	医药	16.69
50	中联重科	2000	制造	16.60

占比情况为：医药公司 19 家（占比 38%），制造公司 7 家（占比 14%），食品饮料公司 5 家（占比 10%），房地产公司 5 家（占比 10%），矿业公司 4 家（占比 8%），材料公司 4 家（占比 8%），零售公司 2 家（占比 4%），金融公司 1 家（占比 2%），日用品公司 1 家（占比 2%），公共事业公司 1 家（占比 2%），软件公司 1 家（占比 2%）。

医药和食品饮料公司的占比接近 50%，这和《投资者的未来》一书里面介绍的美股情况较为吻合，说明医药和食品饮料行业是诞生优秀公司的温床。

制造业在过去 20 年也诞生了很多优秀公司，这一点与美国、日本相似，如美国有通用电气（GE）、通用汽车（GM），日本的家电业和汽车业收益率不错。

第一名的苏宁云商给我们提供了一些信息，零售业会经常出现收益率很高的公司，比如美国的沃尔玛（WMT）、好市多（Costco）等，但相比较起来，这个行业出现牛股的难度较大。

表2.3里有很多2003—2004年上市的公司，收益率占了一些优势，因为2003—2005年A股的估值非常低，这个时间点买入会有估值和业绩的"双击"，这也是需要考虑的因素。

可以说，中国和美国的收益率排名有类似的地方，也有不同的地方，特别要指出的是，中国的制造业出现了很多收益率不错的公司。

综上，中国A股市场过去的牛股主要集中在医药、制造、食品饮料3个行业。

广发证券发展研究中心统计：2002—2017年，我国股票投资回报最高的20家上市公司，有11家来自食品饮料、医药行业，5家来自制造业，见表2.4。

表2.4 2002—2017年股票投资回报最高的20家上市公司

代码	公司	行业	年化收益率（%）
000651.SZ	格力电器	家用电器	35.77
600519.SH	贵州茅台	食品饮料	34.99
600276.SH	恒瑞医药	医药生物	30.60
000538.SZ	云南白药	医药生物	26.31
600066.SH	宇通客车	汽车	26.05
600518.SH	康美药业	医药生物	25.42
000002.SZ	万科A	房地产	24.93
600887.SH	伊利股份	食品饮料	24.74
600703.SH	三安光电	电子	24.38
000568.SZ	泸州老窖	食品饮料	23.61

续表

代码	公司	行业	年化收益率（%）
600309.SH	万华化学	化工	23.09
000895.SZ	双汇发展	食品饮料	21.54
600682.SH	南京新百	商业贸易	21.49
600660.SH	福耀玻璃	汽车	21.38
000858.SZ	五粮液	食品饮料	20.72
600104.SH	上汽集团	汽车	20.57
000661.SZ	长春高新	医药生物	20.48
000623.SZ	吉林敖东	医药生物	20.19
000423.SZ	东阿阿胶	医药生物	19.58
600111.SH	北方稀土	有色金属	19.32

资料来源：万得资讯、广发证券发展研究中心。

综合中外股市发展的历史，我们可以得出如下结论。

（1）消费领域往往是长期大牛股的主要阵地。深思细想，这是有道理的，因为无论未来如何变化，我们人类对美好生活的向往是永恒的主题。所以，"品质消费""消费升级"始终当纳入我们投资者的视野。即使高科技再发展，也改变不了我们嚼口香糖、喝茅台的味觉体验，因此，我们特别要重视围着嘴巴转的优秀公司，而且这些优秀公司往往具有"历史恒定"的性质。

（2）医药健康领域往往是长期大牛股的"出没之地"。健康同样是人类永恒的主题，特别是中国已经步入老龄化社会，随着老年人口不断增加，各种慢性非传染性疾病的预防与治疗、医养结合等将给相关的上市公司创造更多的发展机会。此外，随着行业集中度的提高，医疗器械、精神卫生、药品流通等领域也可能涌现出一批优秀的上市公司。

基于以上认识，消费、医药大健康领域可谓投资的两座金矿，当是我们投资者不可忽视的掘金之地。

（3）投资者不可忽视中国制造、中国创造。历史上，无论是英国还是美国，其强势崛起均有其重要的特色产业支撑，同时也与其特定的历史发展阶段息息相关。随着中国未来的强势崛起，一批重要产业也必然会崛起，而其中制造业将是崛起的利器。随着"中国制造2025计划"的实施，将来走向世界的中国制造、中国创造、中国智造，也有望给我们投资者带来不菲的回报。

国家统计局公布，2017 年我国 827 122 亿元的国内生产总值（GDP）中，制造业为 242 707 亿元，是中国经济的第一大产业，也是维系中国发展的命脉产业，占中国经济的比例为 29.34%，其中新兴工业产品产量高速增长。2017 年，工业机器人、民用无人机、新能源汽车、城市轨道车辆、锂离子电池、太阳能电池等新兴工业产品产量增速全部超过了 30%，呈现高速增长态势。更为可喜的是，在新兴工业中，我国也确实出现了一些令人不可小觑的具备龙头特点的优秀公司，如通信设备华为、国产芯片海思、视频安防海康威视、云计算产业阿里、无人机大疆、轨道交通中车集团、声学电子元件瑞声科技、显示面板京东方、动力电池宁德时代等。当然，这些公司有的还没有上市，但这至少说明，假以时日，中国制造业的崛起是必然的。

（4）科技互联网平台公司的崛起令人刮目相看。据统计，截至 2017 年年底，全球市值最高的公司前 7 位都已经被 ICT 公司（信息通信技术公司）占据：苹果（Apple Inc.）、谷歌（Google）、微软（Microsoft）、亚马逊、脸书（Facebook）、腾讯和阿里。市值第 8~20 位，有 7 家是金融机构（银行、投行、Visa 支付），1 家是能源公司埃克森美孚（XOM），1 家是零售公司沃尔玛，1 家是医疗产业公司强生（J&J），1 家是日化产品公司宝洁（P&G），剩下的两家也是

第二章 选择篇

ICT公司，即三星（Samsung）和台积电。市值代表了对未来发展的预期，我们可以很清楚地看到，全球市值20强，除去金融机构和零售公司，单看科技公司，12家公司有9家是ICT公司。对这种现象，我们又当如何看待呢？

我们已经知道，巴菲特等一些价值投资大师一向对科技类公司保持谨慎的投资态度，甚至在相当长的时期内从来不碰，即使巴菲特与比尔·盖茨（Bill Gates）是交往甚密的朋友，也从来没有买过微软的股票，用他的话说，他看不清楚科技类公司未来5年、10年的发展变化，不清楚它们是否还会保持行业内的竞争地位。巴菲特、芒格甚至对医药类公司也很少涉及，就是后来投资了强生这样的制药企业，收益似乎也不值得一提，因为在他们看来，这些化学、生物类医药公司同样具有科技类公司的特点，一个新药从研发到临床应用不仅研发投入巨大，而且成功率很低，具有很多不确定性。当然，巴菲特作为一个出生于1930年的睿智老人，最难能可贵的是，他的一生均在不断"进化"之中，他后来就投资了苹果公司。芒格的话更为直接，他坦承错过亚马逊等公司是个错误。

从长期投资的视角来看，巴菲特、芒格等投资大师对于快速易变的科技类公司保持谨慎的投资态度无疑是正确的，虽然一些科技创新类公司的股票在某些特定时间段成为耀眼的牛股，然而放到历史的长河中去衡量，它们常常各领"风骚"没几年，且竞争是常态，正是因为这种不确定性，不少价值投资大师均对它们保持了"敬而远之"的态度。

但是历史总是不断发展和向前的。苹果、谷歌、微软、亚马逊、腾讯、脸书、阿里巴巴这些科技类公司，实际上更具有一种平台生态型公司的特点。更准确地说，这些巨头是平台型公司里的"基础性平台"，在我们的生活、经济、社会的数字化转型中，它们扮演着近乎"基础设施"的角色，它们的"姿态"是建立"开放平台"，而且这种开放平台还能够不断衍生出新的商业模式和新的经济增长点。一旦这样的平台构筑成功，这些企业在相当长的时间内便可"独霸天下"。在互联网经济形势下，产品经济型公司向平台型公司转变，实际上是一种很好的商业模式。

历史虽然向我们提供了对未来研判的很好线索与参照，但事物向前发展是永恒的主题。投资永远在路上，我们要与时俱进，保持开放与上进的学习态度，这是投资中的应有之义。

选股的"第一思维"

股票投资从某种程度上说是选择的艺术。我们进行长期投资，更要在选股上高起点，严格选、谨慎选、反复选。

关于如何选股，股票市场上向来有两种流派：

一是选好价格派，坚持价格便宜第一，企业质地第二，即所谓的便宜就是王道。格雷厄姆的"拣烟蒂"策略就属于这种选好价格派。美国的著名投资大师霍华德·马克斯（Howard Marks）在其所著的《投资最重要的事》（*The Most Important Thing*）一书中也曾提出"最重要的不是买好的，而是买得好"。

二是选好企业派，坚持企业质地第一，价格便宜第二。成长股的投资大师费雪就特别强调要选择具有显著经济特征的优秀企业。芒格也是选好企业派，将企业质地放在第一位。而巴菲特后来在费雪和芒格的影响下，由早期的"拣烟蒂"策略转变为以合理的价格买入超级明星企业股票长期持有的策略，即巴菲特由原来的选好价格派转向了选好企业派。

那么，作为个人投资者，又当如何选择呢？

第二章 选择篇

在说这个问题之前，我们重复一下巴菲特、芒格的"重要教导"。巴菲特说，宁可以合理的价格买入超级明星企业的股票，也不要以便宜的价格买入平庸企业的股票，并且他说这是他走向成功的唯一道路。

芒格的三大投资训导是：

（1）股价公道的伟大企业比股价超低的普通企业好。
（2）股价公道的伟大企业比股价超低的普通企业好。
（3）股价公道的伟大企业比股价超低的普通企业好。

这样重复，实际上如何选择，我们就十分清楚了。

作为个人投资者，"第一思维"还是要放在选好企业上，然后等待一个合适的价格。甚至我们只让那些优秀企业的股票进入自己的股票池，最好的办法就是选择具有最好商业模式的、最赚钱的公司的股票。如此，我们便可以打造一个"梦幻组合""明星组合"，进而能够在变化莫测的股市中"坐看花开花落，笑看云卷云舒"，达到一种超然物外的投资境界，最终获得较好的投资回报。

这种"第一思维"，来自以下逻辑。

（1）市场经济的规律似丛林法则，强者恒强。我们已经提过，纵观中国的改革开放，我国早已经从"产品经济"时代过渡到"过剩经济"时代。很多行业兴起之初，众多的进入者是赚行业红利的钱，然而经过充分的市场竞争之后，大多数成为"陪练者"，最终剩下几个寡头和领军企业。当众多的陪练者销声匿迹之后，这些寡头和领军企业随着市场份额的不断提高或者挤压式增长，其毛利率、净利率呈现逐步增长之势。一些新兴行业，如互联网行业，经过百舸争流的竞争之后，也往往呈现"一将功成万骨枯"，甚至"老二非死不可"的竞争态势。

不能否认，一些优秀企业确实发展到一定阶段后便突然陨落，即打造百年老店对于很多企业来讲更是一种理论设想。然而，现实又一次告诉我们，市场经济条件下的竞争，其实更多是"马太效应"，特别是在8年、10年，甚至二三十年之内，行业内的领军企业或霸主企业，尽管不能保持每年"匀速直线式增长"，却也常常带给它们的长期投资者以惊喜。

（2）坚持好价格为"第一思维"的投资者，运用得好也能够取得较好的回报，但是对那些质地并不太好的企业，买卖点的把握就显得更加重要。且不要说有时我们会陷入低估值陷阱，就是"估值低了买入，估值高了卖出"这种策略，在理论上说容易，实际上操作很难。有一种投资方法叫"低估分散不深研"，比如买入几十种，甚至上百种股票，作为个人投资者、业余投资者不仅能力难以达到，就是时间、精力也是不能保证的。作为格雷厄姆派的忠实实践者，施洛斯就买入并持有很多种股票，巴菲特曾经开玩笑说他想将所有股票全部买入。这种投资方法，个人投资者、业余投资者能够效仿吗？显然是不能的。我们常常见投资者在市场上进行这种"理论试验"，比如，每年坚持买入市场上最低市盈率排名前10名的股票，这种类似"狗股策略"的投资方法长期来讲应该是有效的，然而在实际操作之中究竟又有多少投资者能够身体力行呢？我揣度，不会有多少人真正去践行这种策略的。

（3）投资是时间成本的选择。时间是优秀企业的朋友，是平庸企业的敌人。作为投资者，对"伟大的时间"有透彻的感悟与理解，投资境界才会更上一层楼。对于明显的"拣烟蒂"策略，我们虽然未必完全排斥，但是作为个人投资者，资金量再大，也是有限的，有时在一些平庸的企业身上虽然没有亏钱，甚至还有一定的盈利，然而，不用太长的时间周期，三五年下来，与投资优秀企业相比，收益的差距是很大的。这种时间成本往往容易被投资者所忽视。

所以，最为省劲的办法还是要优选那些具有明星企业质地的优秀企业的股票（至少投资的主流部分如此），等待合理或低估的价格买入，然后长期坚定持有。

当然，我们将"第一思维"放在优先选择质地好的企业上，并不是说不管价格高低就闭着眼睛买。相反，安全边际这根弦儿是永远需要绷紧的。既着眼于优秀，在买入价格上又落实到合理或低估，这样就有了"双层保护"，长期投资胜算的概率就会更大。

选股的"5性"标准

在长期的投资实践中，我独自摸索出了一套"5性"标准，并认为拿着这些标准，到上市公司中去寻找，一些平庸的企业、烂企业就会被过滤掉，一些具有长期投资价值的优秀公司便会被发现。如实相告，这是我这么多年来在股市长期制胜的一大法宝！

需要指出的是，在语言表达上，"5性"并不符合语言规范，然而为了方便记忆，我们暂且使用。

还要说明一下，这个"5性"标准是可以在选股时单独使用的，为了保持标准的完整性、系统性，有的观点可能会与其他章节有所重复。

那么，到底是哪"5性"标准呢？

长寿性

具有永续经营特点的长寿企业价值高，为什么呢？因为一家企业的内在价值就是其在存续期间现金流的折现值，不会多也不会少。很显然，长寿企业要比"短命"企业价值高，就如同欢蹦的兔子，远远比不过长寿的乌龟的寿命。

那么，在市场经济的海洋中，什么样的企业是长寿性的呢？事实证明，费雪、巴菲特、芒格说的具有显著经济特征的企业往往长寿。进一步而言，那些具有宽宽的护城河的企业更容易长寿，而其显著的特征是具有经济特许权，这个词儿，本书已经多次提到，足见其重要性。

稳定性

至今人类还没有好的方法解决市场经济的周期性波动，所以很多企业会随着经济周期的波动而波动，但也有一些企业因为行业特点、消费特点而保持相对稳定性。

什么样的人都需要吃饭、看病，所以那些与日常消费、看病有关的企业就呈现稳定性强的特点，就是有波动也是弱周期的，这些特点依靠常识就能够鉴别。投资者长期持有的就应该是这样的标的。进一步说，个人投资者如果没有特殊的行业背景，可能更适合在消费、医药健康这种弱周期性行业中掘金。

盈利性

在"赚钱机器与烧钱机器"部分已经谈论了"限制性盈余"观点，我们对那些限制性盈余多的"烧钱机器"自然要坚决回避。"盈利性"，就是指的这个意思。

如何识别呢？一个最为省劲的办法就是避开那些重资产公司，专门寻找那些轻资产、有较小资本开支和消费垄断特点，并具有品牌商誉等巨大无形资产的公司。

用哪些指标去衡量呢？最好用的指标就是巴菲特最为"钟情"

的净资产收益率，如长期保持在 15% 以上，再查看总资产收益率、投资资本回报率。通过这些指标，那些没有回报的企业就全被过滤掉了。

成长性

再没有比高成长性更令人兴奋的了。市场先生从不吝惜给那些成长性高的企业以较高的估值评价。然而，这种成长性，必须是建立在长寿性、稳定性、盈利性基础上的成长性，这样才是真正的成长性，才是具有护城河的成长性，也才是有长期投资价值的成长性。

道理很简单，如活跃兔子般的成长性，因为不稳定性，显然其长期投资价值不高。如前两年大赚，后两年大亏，"撑时又撑死、饿时又饿死"的企业显然不好把握。烧钱机器的成长是虚幻的成长，是给股东带来灾难的成长。所以，投资者必须能识别这种真假成长性。

虽然我们一再强调买股票就是买一家企业的股权，是买其生意的一部分，但是实体经营与股票投资还是有差别的，差别的表现之一就是市场的预期。一家企业如果有广阔的发展前景，哪怕是在"烧钱"时期，股票市场可能也会对它提前做出反应，给予其相对较高的估值；与之相反，同样是这家企业，当它的成长预期兑现之后，净利润等财务指标可能不错，但是其已是强弩之末，此时股票市场又往往做出提前反应，甚至表现出一定的悲观预期，给它较低的市场估值。应该说，这与实体经营有着很大的不同，也是股票投资最具有挑战性的地方。

从股市的资源优化配置与价值发现的功能来考量，无论中国股市还是国外股市，在某种程度上讲，更适合成长股投资（能否识别真假成长性、未来成长性是另一回事儿）。虽然我们并不提倡暴富，但是在可能的情况下，要努力提高自己的收益率，想要做到这一点，自然少不了对未来成长性强的企业进行深入研究与甄选,虽然这并不是一件轻而易举的事情,但是在指导思想上,我们当有这种"理论上的自觉"。

有德行(性)

有德行是对企业管理层而言的,只有有德行的管理层,企业才值得长期投资。

一个好企业应该流淌着道德的血液,具体表现为管理层对社会负责,对员工负责,对小股东同样负责。这不好掌握,也是不少上市公司管理层所缺乏的,比如有的管理层,从骨子里可能就没有将投资者当成股东。

作为企业的局外人,作为小股东、个人投资者的我们该怎么办呢?

我们经过长期观察,这也不是没有蛛丝马迹可寻的。比如,我们可以看管理层的年薪水平,如果业绩确实做得好,年薪高可以理解;但是如果没有做出什么业绩,年薪却又高得离谱,这样的企业可能就不是好的投资标的。

看企业上市的目的,其动机如果不纯,比如单纯为上市圈钱,大股东过了股份锁定期就迫不及待地套现,那我们可以直接将它"打入冷宫"。

看历史回报,我们可以将其融资总额与分红总额相比较,如果分红总额大于融资总额,说明其对小股东还是不错的,是一家重视投资回报、有良心的好企业。

生活中,我们知道"与好人打交道,才会有好报"的道理,投资也是如此。企业如果各个方面都好,但是管理者在德行上差些,那我们就可以直接"一票否决"。

综上所述，对长寿性、稳定性的考察偏重于定性（有时需要常识判断），而对盈利性、成长性的考察偏重于定量。定性与定量结合，再辅以对管理层是否有德行的考察，选股就不难了。

我这里补充一下：这"5性"标准是我的独创吗？它是否仍然具有巴菲特等投资大师的影子呢？回答是肯定的，就像孙猴子永远跳不出如来佛的手心一样，我们今天再聪明，在投资思想上也总是跳不出这些投资大师的"圈圈"！

这里，我们再次回忆、重复巴菲特眼里好公司的标准：

（1）具有较强的经济特许权。

（2）高于平均值的净资产收益率（如长期高于15%）。

（3）相对较小的资金投入。

（4）好的释放现金流的能力。

（5）诚实、能干的管理层。

有人说投资的道理早已经写在书上了，我们不过是重新"悟道"而已，这说到了点子上。"5性"标准，就是根据巴菲特思想，结合中国股市、中国企业的具体实际而总结提炼出来的。思想的深刻性当然远不如投资大师们，但是若论通俗易懂，若论可操作性，还是可以的，甚至你只要牢牢记住并运用这"5性"标准，很多企业就不会再进入你的"法眼"，与此相对应的，优秀企业自然就不断出现在你的眼前。

选股的"九把快刀"

2016年7月27日，我在雪球上分享了我的选股文章，即《九把快刀》。为什么是"快刀"呢？因为我发现，有些投资者关于投资的书确实读了不少，理念的东西也"装了一大筐"，但是具体到运用，就不行了。那么，有什么办法可以"快刀斩乱麻"呢？于是我将多年的选股体会总结成了这"九把快刀"。

说实话，我这些年如果抓住了一些大牛股、长牛股的话，一方面是利用前面谈到的"5性"标准，另一方面就是依靠这"九把快刀"。

其实，不要说学会运用这"九把快刀"，你只要熟练地运用其中"一把"，就像三国时期的关羽使惯了自己的青龙偃月刀、张飞使惯了自己的丈八点钢矛一样，没准就足以笑傲天下！

需要说明的是，在我写本书之时，我忽然想起，曾有不少网络上的朋友强烈建议我，将来如果出纸质书，一定要将《九把快刀》收录进去，足见朋友们对《九把快刀》的喜爱程度。这里我"得意"一下，这不是因为这篇文章点赞之多、打赏之多创了我所有文章的最高纪录，而是不少朋友告诉我，因受这篇文章的启发，而选到一些大牛股、长牛股获得了很大回报。网络时代是分享时代，你无私分享得越多，你得到的就越多，你的快乐就越多！

此外，有写作经验的人知道，以前写的东西，突然有一天翻出来，有时会感觉到幼稚可笑，甚至感到脸红；有时又纳闷，自己当时怎么会写出那么好的东西、说出那样有水平的话呢？甚至自己再写一遍，怕也难以达到当时的水平。可见，写作确实与当时的心境，或者说与当时的灵感有关。我说这话的意思就是，如果现在再写《九把快刀》的话，我还真就缺少当时的那种灵感。所以，这里我只好再偷懒一次，将当时我分享的《九把快刀》略加修饰地附上。其中，有些意思或者例证，不免与本书的前后有所重复，为保持叙述的完整性以及运用的独立性，也就姑且如此，敬请读者朋友们见谅。

九把快刀

（2016 年 7 月 27 日）

俗话说："快刀斩乱麻。"面对中国 A 股市场上 2 800 多只股票（当时中国 A 股市场的上市公司数量），我们是不是应该有几把"快刀"，将那些"乱麻"迅速地"斩"了，进而把一些有潜力的大牛股、长牛股找出来呢？

还别说，本人长期以来，还真就是拿着几把"快刀"去寻找的，我的"九把快刀"是：

比较优势

比较优势，并不是指企业与企业之间的比较优势，而是我们国家在全球化竞争中一些产业的比较优势。自从加入世界贸易组织（WTO）以后，中国已经广泛深入地加入了全球经济一体化的循环格局。开放的中国需要世界，而世界也需要开放的中国。所以，作为投资者，如果没有全球化的视野，那只能是"闭塞眼睛捉麻雀"，容易犯"盲人摸象"的错误。

有一个笑话，说一位大山里的孩子被问道："你长大了做什么？"他答放羊。问："放羊干什么？"答："卖钱。"问："卖钱干什么？"答："娶媳妇。"问："娶媳妇干什么？"答："生孩子。"那生孩子干什么？答："放羊。"……

显然，做投资不能有这种"大山思维"，必须从种种狭隘的思维中跳出来，善于站在珠穆朗玛峰的高度看问题，善于站在宇宙的高度看问题。这样，我们才能看出我们国家的比较优势究竟在哪儿。

今天我们在中国 A 股市场做投资，必会谈到美国股市。是的，美国历史上走出了一批消费类、医药类、科技类的大牛股、长牛股。但是，别忘记了，这些牛股恰恰反映了美国 20 世纪崛起的一些产业的比较优势。

正如世界上没有相同的两片树叶一样，中国将来的崛起，不可能复制美国的道路，但是有一点是肯定的，将来中国的伟大公司，也一定是具有国际化视野的公司。中国崛起，也必然会有一批优势产业崛起。而这种比较优势，是我们投资者的掘金之地。

曾有人问我，为什么我会挖掘出格力电器这只大牛股，并且一直持有8年之久。今天我告诉你，其实我就是用"比较优势"这把"快刀"发现的。

年长一些的投资者清楚，在20世纪八九十年代，许多有钱人家引以为豪的是家里有日本产的一两件家电。但是后来，中国家电，特别是白色家电，成为中国放开最早、竞争最充分的行业之一，还出现了几个寡头，相比之下，日本的家电行业这些年却呈节节败退之势。

当然，从全球看中国，令我们投资者担心的是，我们国家有比较优势的产业目前在全球还不多，但是毕竟有些产业或者有些公司已经开始走向全球化。在很多领域，这种"进口替代"必然是一种不可阻挡的大趋势。

较为典型的如华为，已经成为全球化的著名公司，就是老干妈也已经将自己的产品推向了国外，并且价格比国内高，可惜它不上市。在上市公司之中，毕竟已经有了这样的公司，比如安琪酵母早就在非洲建厂，双汇发展在美国进行了大手笔的收购，伊利股份也已经在国外有基地与分厂，福耀玻璃已将工厂建到了俄罗斯、美国。这些公司均开始了自己的全球化产业布局。

投资者可以沿着这个"国家比较优势"的思路去寻找、去布局。

经济特权

在中国A股市场有一个很有意思的现象，就是很多价值投资者都集中持有一只个股：贵州茅台。甚至有人极端地将中国A股分为两只股票：一只是贵州茅台，另一只是中国 A 股。为什么这些"价投"们这般"英雄所见略同"呢？因为贵州茅台是一家典型的符合巴菲特思想的具有经济特许权的优秀企业。

巴菲特思想的内容非常丰富，而其对我们投资最大的理论贡献之一，我认为便是这种经济特许权思想。有了这个理论工具，我们便可以去挖掘那些具有这种经济特许权的优秀企业。

特别需要指出的是，经济特许权中的核心是自由定价权。这种自由定价权，来自品牌、自然资源垄断，或者"独门绝技"。有商业常识的人都知道，凡是有自由定价权的东西，绝对是好东西。我们如果有幸挖掘并持有这样优秀企业的股票，那可真是要抱紧抱牢了！

注意，我们对经济特许权的理解，切记不可狭隘了。比如，有的投资者或许只看到贵州茅台、东阿阿胶、片仔癀这样传统的企业才具备经济特许权，其实，一些新兴的企业也创造出了自己的一种"经济特许权"。

比如，苹果公司就创造了一种经济特许权。

（1）被人需要。苹果手机在中国销售之时，曾经出现过排队现象，甚至还发生了流血事件。

（2）自由定价权。苹果公司因为具有独创性，领先于同行，自然有产品的定价权。

（3）不可替代。我们当然不使用苹果手机也可以，但是有些人宁可少吃少喝少穿，甚至卖肾也要买苹果手机，似乎有苹果手机才有面子，才能在别人面前显得"高大上"。

文化血脉

巴菲特对我们投资的另一大理论贡献，是人人皆知的"护城河"理论。什么样的产品或服务可以构筑起护城河呢？熟知这一理论的人知道，有的品牌依靠客户黏性，通过客户转移成本；有的依靠先发优势、规模优势、渠道优势、成本优势、网络优势等构筑自己的护城河。

  这里要说的是，文化血脉也可以构筑一家企业的护城河。但凡能够传承下来的百年品牌、百年老店，无论中外，几乎无一例外地流淌着自己民族的一种文化血脉（如可口可乐代表着美国的一种快乐文化）。作为一家企业，具有深厚的历史文化底蕴，并且让自己的文化血脉传承下来，便容易行稳致远。

平台生态

  正如动物界、自然界的不断进化，商业世界其实也在不断进化，新的商业模式在不断推出。近些年，随着互联网的兴起，一种依靠平台不断打造自己生态系统的公司正在不断吸引着人们的注意力。国外的如谷歌、亚马逊，国内的如腾讯、阿里巴巴、京东，这种公司究竟属于什么类型呢？我也拿捏不准，所以简称它们为"平台生态"。进一步而言，它们是依靠平台打造自己的生态系统。这种公司的最大特点是通过"烧钱"搭建一个竞争对手难以超越的、可以坐地收钱的平台之后，便不断推出投资项目，甚至究竟能够推出多少"子项目"，连它的创始人开始时也不敢想象，进而慢慢形成自己庞大的商业帝国。

  可惜，如腾讯、阿里巴巴这样的平台型、生态型公司均不在A股市场上市，这让只专注于A股的投资者"无福分享"。不过，沿着这种思路去寻找，我们在A股市场也可以寻找到类似的具有平台型、生态型特点的公司。我将它们归为两类。

  一类是线下与线上融合布局的。我们如果仔细观察，会发现，随着"互联网+"热的兴起，一小批上市公司正在开始构筑自己的线上与线下融合的平台。对于这种投资标的，我们当深入研究。

  另一类是公司本身就是投资平台。我读《滚雪球》（The

Snowball）这本关于巴菲特投资的书，有时越读越感觉进入了"迷魂阵"，因为在巴菲特投资的中后期，随着他收购企业的多元化，哪怕书中以图的形式将这些公司标出来，仍让我觉得云里雾里。其实想来，巴菲特的伯克希尔，就已经等同于他收购企业的平台，只要他心仪的投资企业均可以往这个平台里装。所以，我们将它称为平台型投资公司倒也恰当。在中国当下的上市公司中，复星医药目前具有这种投资型平台公司的特点，比如，它在构筑医药全产业链的同时，正在向医院、医养结合等方向拓展，甚至可以说，将来具有行业协同特点的相关医药公司，无论是国内的还是国外的，均可以往这个平台里装。郭广昌自称是在中国复制巴菲特的人，复星医药作为其富足、健康、快乐的一大板块，将来究竟能够做到多大呢？我们投资者拭目以待！

连锁服务

投资连锁店，是彼得·林奇钟爱的一种投资，因为在一个地方投资成功了，可以在其他地方进行复制。芒格也说，连锁是一个令人着迷的商业模式。可见，连锁服务公司成长性好，能走出大牛股。这一点，我们只要看一看医疗服务类的爱尔眼科、通策医疗就明白了。所以这一点不用多说，我们只要发现了这种公司，多关注多研究就是了。

不过，有一点需要提醒，并不是所有的连锁服务公司的股票都能成为大牛股。比如全聚德，2007年上市之初，公司志不在小，拟订了一个雄心勃勃的开店计划，当时市场普遍看好，然而9年过去了，这个"中国神鸭"的收入与净利水平增长似乎并不尽如人意，因为它虽然有金字招牌，但餐饮行业竞争过于激烈，客户黏性不高，除了北京的几家店赢利水平不错，其他地方的店似乎都有点儿"水土不服"。所以，什么事情不能一概而论，仔细甄别才是。较为稳妥的方法是，我们看到这种连锁服务公司，确实在别的地方复制成功了，确定性较高时再下手买入其股票也不迟。

知名品牌

首先申明，并不是所有的知名品牌都会成为大牛股、长牛股。因为品牌与品牌之间的差距，有时就像区域与区域之间、城市与乡村之间、人与人之间的差距那样令人惊讶。所以，要选品牌，我们还是要看透品牌背后"隐藏"的东西，我将其归结为"四个要"。

要买具有深厚历史文化底蕴的金字品牌。

要买具有垄断属性的独家或创新品牌。对于投资者来讲，"独此一家，别无分店"是最好的商业模式。这种品牌无疑具有垄断性、定价权，我们发现了就千万别轻易松手。

要买侵入人心智的品牌。根据定位理论，每个消费者头脑里都有一个"黑箱"，通俗地讲，这个黑箱会使消费者消费时不理性。一个品牌一旦侵入消费者的心智，消费者就会对它一往情深。所以，我们看到有的消费者，在消费某种产品或服务时，就偏爱某种牌子，甚至有的终身"不改"，重复消费、成瘾消费。所以，凡是那些牢牢侵入消费者心智的品牌，是投资的首选。

要买龙头品牌。某种产品或服务，一旦成为龙头，多是经过了惨烈的竞争。任何成功的企业均有别人无法复制、难以替代的系统优势。所以，这种无法复制、难以替代的龙头企业，也是投资的优选。

行业命相

"男怕入错行，女怕嫁错郎。"这句话用在投资上也十分贴切。行业与行业的"命相"还真是大不相同，所以，我们投资一家企业之前，无论是自上而下，还是自下而上地选择，一定要将它放到行业"命相"中去看一看，进而避开"命苦"的行业，在"命好"的行业中去投资，成功的概率自然会大些。

行业就"命相"来说，有以下几种。

第一种是行业的集中度虽然有不断提高的趋势，但由于消费的分层，有些行业内的企业可以过着"占山为王""诸侯割据"的滋润日子。这种竞争格局相对稳定的行业，为我们投资者从容选择投资标的，提供了很大的回旋余地。

第二种是行业兴起之初，可能"群雄混战"，或者"一拥而上"，然而由于产品或服务具有"一统天下"的宿命，其结果是"占山为王"的必然被消灭，一旦"诸侯割据"的局面结束，最后"剩者为王""赢家通吃"，形成"明月高悬，众星捧月"之势，或者几个寡头互为依靠，竞争相对缓和下来。我们常常说"大象也能起舞"，就是说这种发展阶段。

第三种是行业内一直"混战"，行业的属性决定了其中的企业既没有到"欲死"的境地，但是"欲强"的愿望也难以实现，似乎各企业始终就纠缠在一起，长期过着"饿不死"，但是也"不会撑"的日子。

仍以全聚德为例，它身处餐饮业，但是这个行业竞争门槛并不高，而且竞争充分、激烈，全聚德多年下来只有6%~8%的净利润率。当然，净利润率低并不可怕，只要周转快，能够做到"赢家通吃"也完全可以，然而行业的属性决定了那是不可能的事情。我们能观察到，很多饭店在开业之初，会红火一阵子，但是时间一长，菜品更新不及时，人们吃腻了，便门可罗雀了。美国的肯德基（KFC）、麦当劳（McDonald's）在中国的生意那么红火，中国的餐饮连锁店、地方名吃为什么就难以做到呢？这实在值得研究。总之，我认为这是一个"命苦"的行业。

相类似的还有传统的零售业，如今零售业面临着电商的冲击，而电商的兴起，恐怕连沃尔玛这样的零售巨头也是没有料到的。对于这种大家日子都不好过，而且也很难出现寡头的行业，投资者当尽量规避。所以，虽然全聚德有金字招牌，在我的自选股中待了不少年，但我也就有时"深情"地"注目"它一眼，至于买入，我实在是下不了决心。

央视广告

曾有朋友问我，怎样找到牛股。我说，你要天天看中央电视台黄金时段的广告，因为那是中国股市这些年大牛股、长牛股的集中营。中国股市这些年走出的很多大牛股、长牛股，都在天天被中央电视台广而告之。

当然，这里更深层次的意思是，投资者要善于从我们的日常生活中选股，特别是业余投资者。不过，一个显而易见的事实是，虽然现在互联网发达，各种新媒体、自媒体方兴未艾，但是央视的地位以及它的影响力、穿透力还是任何媒体替代不了的，而能够在中央电视台黄金时段做得起广告的，也不是实力弱的企业。所以，中央电视台黄金时段的广告（广告也往往反映了企业的定位及文化等内容），也不失为我们寻找牛股的一把"快刀"。

养老股票

养老股票本是持股期限问题，但我还是要将其作为选股的一把"快刀"。

照实说，每每选择一家企业的股票之前，我总是反反复复地思考，睁着眼睛思考，闭着眼睛也思考，真是"寤寐思服""辗转反侧"（当然我是"思牛股"，而不是思"窈窕淑女"），经过如此"折磨人"的反复思考之后，我如果确定它可以当成我的养老股，我便奉为极品，以收藏古董般的心态去持有。

许多网友、球友问我，为什么我持股的心态这么好，其实这就是我的"秘密"之一，因为我是将其作为自己养老股票来持有，短期的波动自然也就被我视为前进路上的"朵朵美丽浪花"了！

当你知道了我的这"九把快刀"之后，是不是感觉"刀刀见血"呢？有了这"九把快刀"，是不是面对中国A股市场上的股票，你就不再如"小猫吃皮球——无从下口"了呢？回答应该是肯定的。甚至可以说，你如果掌握了选股的"5性"标准，又会"操"这"九把快刀"（一定会减少你的搜索成本），关于选股的其他章节甚至可以不用再读了，而且你在选股上一定会游刃有余。

买龙头企业股票的策略

在选股的"九把快刀"中，"有一把刀"是买龙头企业股票的策略，这个问题对于选股十分重要，所以再专门谈谈。

投资并非是一项非要攀登珠穆朗玛峰的工作，反而是一项不断降低难度的工作。有的投资者可能善于挖掘黑马，如果有这个能力当然是好的，但是对于很多普通投资者来讲，这可能是一项具有挑战性的事情。有道是，擒贼先擒王，打蛇打七寸。与其如此，我们不如采取"捉"龙头企业的策略，比如，买酒必买贵州茅台，买空调必买格力电器，买肉制品必买双汇发展，买奶必买伊利股份，买榨菜必买涪陵榨菜，买保险必买中国平安，等等。跨不过七尺栏杆，我们就跨一尺栏杆；找不到黑马，我们就去找白马；分辨不出星星，我们就去摘月亮。这对于普通个人投资者来讲，不失为一种简单的投资策略。

那么，这种买龙头企业股票的策略是否有效呢？

2017年，中泰证券兼中泰资管首席经济学家李迅雷先生发表了一篇文章《究竟什么样的行业龙头才值得重仓》，这篇文章介绍，2002年，拥有当年最强行业研究阵容的国泰君安研究所，让每个行

慢慢变富

业的研究员推荐一只未来能够成为行业蓝筹股的股票，共推荐了30个行业的30只股票，并汇编成书《未来蓝筹——中国行业龙头研究》。这本书目前已经绝版，其价值是：15年行业龙头的沧桑巨变，给我们的投资以很大启发。

研究员推荐的30个行业对应的30家公司见表2.5，唯一没有上市的是华为，当年它的实力就已经超过中兴通讯，如今，它依然是电子通信行业当之无愧的龙头。2002年华为的营业收入为221亿元，到2016年就达到了5 216亿元，增长率为2 260%，年复合增长率为25.33%。

表2.5　30个行业对应的30家公司

未来蓝筹股	当前名称	区间股价涨幅
深圳华为：中国IT行业的翘楚	深圳华为	营业收入增长22.6倍
海螺水泥：成长中的中国水泥业巨人	海螺水泥	1 546%
五粮液：品牌经营的成功典范	五粮液	1 885%
招商银行：零售业务优势明显	招商银行	1 073%
稀土高科：稀土资源得天独厚龙头地位不可动摇	北方稀土	1 359%
友谊股份：中国连锁商业旗舰	百联股份	185%
海尔集团：走向世界的家电巨头	青岛海尔	884%
中集集团：世界最大的集装箱制造商	中集集团	516%
同仁堂：传统中药的象征	同仁堂	906%
首旅股份：演绎大型旅游企业主流发展模式	首旅酒店	298%
青岛啤酒：领导中国啤酒产业的整合	青岛啤酒	544%
晨鸣纸业：中国民族造纸业的脊梁	晨鸣纸业	567%
上海建工：构建辉煌	上海建工	360%
东方航空：国内航空运输领域三大巨头之一	东方航空	105%
振华港机：世界集装箱起重机械龙头	振华重工	354%
宝钢股份：中国钢铁业的中流砥柱	宝钢股份	331%
天威保变：稳步发展	保变电气	264%

续表

未来蓝筹股	当前名称	区间股价涨幅
沪杭甬高速：增长前景广阔	浙江沪杭甬	939%
鲁泰A/B：迅速成长的色织布大王	鲁泰A	347%
歌华有线：中国城域有线网企业龙头	歌华有线	140%
哈药集团：向世界制药50强挺进	哈药股份	143%
中石化：资源优势大改革路尚远	中国石化	372%
光明乳业：快速成长的中国乳业巨头	光明乳业	165%
联想集团：引领中国计算机产业的发展	联想集团	75%
天药股份：亚洲最大的糖皮质激素原料药生产商	天药股份	51%
中芯国际：中国IC产业的新希望	中芯国际	−49%
东风汽车：东风动力成长之源	东风汽车	92%
华能国际：亚洲最大的独立发电公司	华能国际	141%
广州日报报业集团：中国报业龙头	粤传媒	−51%
四川长虹：转型之中的彩电巨头	四川长虹	21%
南风化工：从传统日化行业向高科技转型	南风化工	8%

注：涨跌幅数据取自2002年年末至2017年第三季度末。

在已经上市的29家推荐公司中，缺少保险和房地产两个行业的龙头公司，通过大致统计，15年后成为行业龙头的上市公司有11家，分别为海螺水泥（建材业）、招商银行（银行业）、稀土高科（稀土业）、中集集团（金属制品业）、青岛啤酒（啤酒业）、振华港机（专用设备）、鲁泰A（纺织制造）、联想集团（电脑制造）、中芯国际（半导体）、晨鸣纸业（造纸业）和宝钢股份（钢铁业）。如果加上华为，则30个行业的研究员选对行业龙头的占比达到40%，这样的准确率虽不算高，但还是可以的。

之所以有60%的行业龙头被错判，原因在于企业未来的发展存在不确定性。以白酒为例，当年五粮液的销量远大于茅台，其管理层的战略布局也风生水起。从消费者的口味看，当时国内大部分消费者还很难接受酱香型白酒。但若干年以后，茅台的"国酒"地位得到确立之后，形势就逆转了。

此外，大部分研究员在寻找未来行业龙头企业的时候，都是基于当时这些公司在全行业中的发展势头，也就是说，这30家公司在2002年的时候是行业明星，如白色家电行业的青岛海尔，当时的发展势头非常猛；彩电巨头长虹虽然遇到了竞争对手，但研究员对其转型给予了很大期望，毕竟它过去的辉煌业绩给大家留下了深刻的印象，谁能料到格力、美的能一路过关斩将，成为国内家电业的两大巨头。

就此，我们可以做如下思考。

（1）买龙头的策略仍然是正确的。尽管国泰君安研究员们对行业龙头预测的错误率高达60%，但如果我们持有前述公司15年（2002—2017年），这些公司市值在15年中的算术平均增长了453%，年化收益率为12%左右，如果算上股息再投资，收益还要高一些。同期上证指数涨了150%。所以我们选择行业龙头，以合理价格适当分散买入并长期持有其股票，收益是可以跑赢指数的。

行业龙头一般都具有长期投资的高回报特性，因此，即便选中行业龙头的成功率不高，但被选中的行业龙头的高回报，可以拉高投资组合的平均回报率，这也是上述30家公司市值的算术平均回报率，超过上证指数对应涨幅200%以上的原因。

（2）15年后是行业龙头企业的股票仅有12只，但涨幅却大相径庭，如海螺水泥股价涨幅超过了15倍，招商银行的涨幅超过10倍，但中芯国际的价格下跌了49%，联想股价只上涨了75%。这说明，投资不同行业的龙头企业，回报率差异巨大（可以结合前面说的行业命相考虑）。

这里做延伸性比较，五粮液的15年涨幅为18.8倍，已经很可观。但五粮液毕竟不是白酒行业的龙头企业，茅台才是白酒行业的龙头企业,茅台在过去 15 年的累计涨幅为 115 倍,是五粮液涨幅的 6 倍多。又如,尽管青岛海尔的 15 年投资回报率非常不错,但家电行业的龙头企业是格力,其涨幅是海尔涨幅的 10 倍。因此,投资一定要敢于重配行业龙头,而不能退而求其次,因为它们的投资回报率存在巨大差异。

(3)从事后来看,国泰君安的研究员们当时的研究视角还是有些问题的。结合前面谈到的巴菲特思想中关于好的商业模式的分析,以及我投资中的"负面清单"、"5 性"标准以及"九把快刀",自然要剔除那些强周期的企业,剔除那些快速易变的行业与公司,剔除那些不好的商业模式,这样,我们选中更多大牛股、长牛股的概率要大得多。必须申明,这并不是显得我们今天有多么聪明,而是要说明巴菲特思想完全可以作为我们投资的思想武器与行动指南,甚至我们从中可以概括出一个非常鲜明的观点:对一家企业商业模式的分析,包括其所属行业命相的分析,才是投资研究中的核心环节。

(4)未来最大的确定性是事物一直处于不断变化之中,我们说"历史恒定",不过是针对历史的随机性而言的。变化,才是世间万物的永恒主题。当然,我们不能苛求当时国泰君安的研究员们都能预知未来,我们国家经过改革开放,很多行业的龙头公司、头部公司的垄断地位已进一步彰显,其竞争优势也进一步巩固。换句话说,今天的我们对行业龙头进行识别要容易得多。相比之下,15 年前的中国很多行业的龙头公司,其实它们的行业领军地位仍然不巩固,或者说,一些行业仍处于残酷的竞争阶段,如当时的空调业、奶业、汽车行业、医药业等,虽然国泰君安的研究员们似乎产生了线性外推和光环效应的认知心理偏差,但客观上讲,当时有关未来行业龙头的"迷雾"更浓厚,这也是他们误判率较高的一个客观原因。

(5)未来永远充满着不确定性,我们说要以年为时间单位长期持有标的，要在荒岛上生活10年，重要的是我们要培育出一种大的格局，一种更为长远的眼光，绝不是真的去荒岛上生活10年，对投资不闻不问。仍以前述龙头企业为例，当我们见到格力电器已经相对胜出，自然就不会再拥抱春兰了；看到伊利股份相对胜出，就不会拥抱光明了。这种"定期体检"，就如同猎鹰寻找猎物一样，本身就是商业洞察的重要一环。可以预期，今天我们一眼能够识别的行业龙头，再过10年，未必还能独领风骚，它们被新的竞争对手颠覆的可能性始终是存在的，这正是投资的难点之所在，也是投资的魅力之所在。

在长牛股中选择牛股

我们知道，选状元要到学习优秀的学生中去选，因为选中的概率才大。这个道理浅显，虽然并不是所有学习优秀的学生均可以考上清华、北大，但是考上清华、北大的一定是学习优秀的学生。在投资中，我一向主张要"三阅"，即阅读投资的经典书籍，"阅读"优秀企业，"阅读"长牛股的K线图，还要将股市中走出来的大牛股、长牛股的资料，挂到墙上天天看、反复地看，这样一定能看出点儿门道的。

这个门道在哪里呢？我们在长牛股中去选牛股，就是一种捷径，或者叫窍门。这其中的根本逻辑如下。

（1）长牛股的企业，多是行业惨烈竞争的胜出者、领跑者、成功者。它们的共同点是有着坚强的业绩支撑，较长时间内保持较高的净资产收益率和净利润增长率。那些靠炒作概念而成的牛股往往是红极一时，但不具有稳定性。

（2）长期而言，股价必将反映一家优秀企业的内在价值。正是由于市场先生具有这种聪明的一面,如果我们从众多的牛股图中去寻找,有时就会觅得一些长牛股的踪迹。当然,这些牛股图只是给我们提供了一些发现的线索,最终我们还需要对企业的基本面进行深入的研究论证。

(3)长牛股都具有连续性。罗马不是一天建成的,长牛股也不是一天能够涨成的,如果它是 10 倍、20 倍、30 倍,甚至将来是百倍、几百倍的大牛股,更需要很多年。从理论上讲,它永远只有一个"顶",即企业从兴盛转向衰败之时。我们打开一些长牛股图,如格力电器、贵州茅台、腾讯控股、伊利股份、海天味业、中国平安、云南白药、恒瑞医药、复星医药、海康威视等,近年来,这些长牛股屡创新高,似乎在过去什么时间节点买入都是对的。

当然,在这些长牛股中选择牛股,并不是不管价钱高低就盲目地买入,而是要讲究必要的定性与定量的分析,特别需要注意的是,我们要对一家企业的生命周期进行考量。

企业成熟后是否值得投资

一家企业从成立到发展壮大,理论上如人的一生一样,有不同的生命阶段。投资一家优秀企业的最佳时机,往往是在它的价值初创期、价值扩张期,但是,当企业进入相对成熟期,它是否仍具有投资价值呢?换句话说,它是不是会变成所谓的"蓝筹僵尸"呢?

首先,必须明确,企业的生命周期理论上如前所述,但具体到实体企业就非常复杂了,或者说是难以清晰判断的,而且市场还常常容易将一些处于成长期的优秀企业视为成熟企业,即"企业被成熟",聪明的投资者识别出这种错配就抓住了投资机会。但是,总体来讲,我们还是可以粗线条地界定企业的相对成熟特征,具体如下。

（1）行业的寡头地位已经奠定，原来的竞争者大多最终扮演了陪练或者牺牲者的角色。这些寡头除非自己打败自己（如官僚主义的大企业），新的进入者想撼动、颠覆它们的地位已经"难于上青天"了。

（2）行业内的市场份额大部分被几个寡头瓜分，有的龙头企业甚至可以达到市场份额的50%以上。当然有的行业中的企业，由于行业属性不可能"赢家通吃"，但是一些龙头企业各自"占山为王"，可以瓜分大部分市场份额。

（3）经过多年的"跑马圈地"以及惨烈的竞争，企业的收入已经下降，难以再现过去的高速增长，但是企业的净利率水平却相对提高（资本开支或许已没有"跑马圈地"时大），净利润往往也保持一定速度的增长。

（4）市值在行业内、市场上已经相对较大。在这个方面，我们可以对标国际上一些成熟公司的市值。

（5）虽然企业的利润仍保持一定速度的增长，但是股票市场考虑到其种种成熟特点，往往并不给它过高的估值，或者"杀掉"原来的高估值。那么，这样相对成熟的企业，是否还值得投资呢？回答是肯定的。但是，投资这样的企业必须有一个先决条件，即这些企业坚持大比例的分红。特别是其年股息率大于长期无风险利率之时，如果市场在估值上打压，那么投资这种类型的企业反而更容易获得较为稳定的长期收益，甚至可以将其视为类长期债券来对待。

这里需要指出的是，我们国家虽然已经成为世界第二大经济体，但是毕竟仍处于社会主义初级阶段，而且社会主义初级阶段大约要持续100年的时间。我们在考量任何一家优秀企业是否成熟之时，都要结合这个大背景去考量，甚至有时还要慎言成熟，慎言"蓝筹僵尸"。比如，中国当下的消费、医药、制造行业的一些龙头企业，在很多细分领域，仍然处于分散化的阶段，集中度并不高，有些龙头企业的市场占有率，还仅仅是百分之几个点，就是一些集中度相对较高的行业，市场的渗透率也远未饱和。仍以白色家电为例，近几年格力、美的、海尔等几家龙头企业的主导产品已占据了相当大的市场份额，然而它们的增长速度并不低，甚至还屡超预期。而且这几家企业都在进行转型，如格力向智能制造、新能源领域进军，美的收购了库卡（Kuka），海尔进行海外并购，它们均在进行国际化拓展。

如何看待企业是否分红

中外股市，对于上市公司分不分红一向有两种不同的观点，即重视与不重视。我在投资早期，对上市公司是否分红实际上属于"无所谓派"，因为一些公司多年来"铁公鸡一毛不拔"，就是一些分红相对较高的公司，其红利也是杯水车薪，所以我一向无所谓。经过长期的"悟道"，并随着资金量的不断加大，我对分红越来越重视，渐渐由"无所谓派"成了"重视派"和"赞成派"。

原因在于，中国股市长期以来的弊端之一就是股东文化的缺失，一些上市公司即便有钱也舍不得分红，这种情况下，衡量一家上市公司是否分红以及分红的比例是十分重要的：第一，我们可以检验公司的实际业绩，因为大比例分红的公司其业绩大抵是不会太差的，不然拿不出钱来分红；第二，我们可以检验公司管理层是否对我们小股东好，舍得大比例分红的公司无疑是将股东真正当成"合伙人"的（当然有的上市公司进行大比例分红也有自己的目的，但至少是大小股东利益一致的），这是检验其是否诚实可信的一块试金石；第三，我们小股东可以将分红所得再投资，若是遇到有投资价值的公司的股票价格低（特别在长期熊市），可以趁机多买入，这也是实现长期复利增长的方法之一。

美国的杰里米·西格尔在《投资者的未来》一书中说过,股利再投资是熊市保护伞和收益加速器。他经过研究得出结论,在熊市中,股利帮助投资者的方式有两种:通过再投资的股利积累更多的股份能够缓和投资者的投资组合价值的下降;再投资的股利在市场下跌时能够购买额外股份,所以被称为"熊市保护伞"。当市场恢复时,这些额外股份能够大幅提高未来收益率,所以一旦股价上涨,再投资的股利不仅是"熊市保护伞",还是"收益加速器",这就是支付股利的股票在股市周期中提高收益的原因。

西格尔以投资新泽西标准石油(Standard Oil of New Jersey)与美国国际商业机器公司为例证明了这一基本原理的作用。从1950—2003年,标准石油的股票价格大概上升了120倍,而美国国际商业机器公司的股价则上升到原来的近300倍(过去的50多年里,美国国际商业机器公司的每股收入每年的增长速度超过标准石油3%),直观地看,投资后者的收益水平应该显然高于前者,但事实上,标准石油的投资者每年可以获得14.42%的年收益率,这比美国国际商业机器公司的13.83%年收益率要高。这一差别看起来微不足道,当你在53年之后开启投资时,你会发现投资标准石油的最初1 000美元已经累积到126万美元,而投向美国国际商业机器公司的1 000美元为96.1万美元,比前者少了约24%。为什么会有这样的结果呢?原因就在于通过股利再投资标准石油可以积累股票的数量为最初购买的15倍,而美国国际商业机器公司的投资者采用相同的积累方法只能拥有最初购买的3倍股票。西格尔还以投资菲利普·莫里斯公司为例,说明了这一基本原理的重要作用。该公司为烟草公司,后来因烟草有害,不断遭受赔偿起诉,又由于其他原因,股价"像被炸弹炸过一样",但是公司一直坚持派发较高的股利。50多年的股利再投资，股份增加了100%，它长期下来给投资者带来了很大的回报。

读书不能尽信书，我们需要自己开动脑筋进行思考：西格尔的发现是不是正确的呢？他的这一理论在我们中国股市是不是也起作用呢？根据我长期的实践（比如长期持有格力电器这样优厚分红的公司股票，早期的投资甚至已经成为负成本），我认为他的这一发现在中国A股市场同样管用。而且可喜的是，随着国家对股市各项治理措施的到位，中国股市也涌现出如格力电器、福耀玻璃、双汇发展等一小批重视分红的公司。

当然，如果我们深入思考，那么运用西格尔这一基本原理其实要有两个前提条件。

一是投资者必须坚持长期投资。我们要知道西格尔统计的是50多年的时间周期，他通过数据分析还得出结论：如果一只股票拥有5%的股利收益率，而股价却跌落了50%，那么它将在14.9年时获得和股价没有下跌一样的收益（股利再投资）。当然，如果在14.9年时，这只下跌了50%的股票回到了它原来的价格，那么这只股票的年收益率将上升到15.24%，这样的收益率将比股价没有下跌所能取得的收益率高出50%（所谓的"放大器"）。

所以，问题是我们投资者是否有信心与耐力坚持这么久。需要指出的是，西格尔之说仅仅是一种理论上的假设，在具体的投资实践中，如果一家企业年股利收益率达到了5%，说明其估值水平已经比较低了，在这种情况下，如果基本面没有发生根本性变化，如此长期大幅度下跌的概率实际上是很小的。

二是公司必须存续期长，且不管成长性如何，稳定性、确定性要高，不然，如果有一天被竞争对手打败，或者大幅度亏损甚至倒闭，再谈股利再投资就没有实际意义了。

当然，正如前所述，股利发放并不是所有投资者均认同。费雪在

《怎样选择成长股》中总结出8条投资哲学，其中1条是：主要目标在于寻求资本最大幅度增值的投资者，应该降低对股利的重视程度。最有吸引力的投资公司很有可能是能获得利润，但是股利较低或者根本不发放股利的公司。在给股东发放的股利占利润的百分比很高的公司中，投资者找到非常出色的公司的可能性要小得多。

费雪为什么提出这一投资哲学呢？因为他的思考在于：要是不发放股利，公司把大部分资金保留下来投资在更多的新产品、新项目上，这对股东来说会更好一些。而且发放股利还要缴纳相当高的所得税，相反，公司如果不发放股利，为了未来的利润增长而把资金拿去进行再投资，那么无须缴税，这样的做法对投资者来说是不是更好一些？其实费雪的投资哲学有深刻的道理。

有关"不主张分红"投资哲学的经典例子首推巴菲特的伯克希尔公司，它就有过一次少得可怜的分红。

为什么巴菲特不重视分红呢？我们可以从历年他写给股东的信中洞悉其思想：

（1）他如果将保留的盈余再投资，会给公司带来更大的内在价值，他认为是最好的策略。所谓1美元原则，即保留1美元是要赚取至少大于1美元的投资收益。

（2）他的投资业绩始终与指数相比较，因为他的公司收益如果长期跑不过市场平均水平，合伙人直接购买指数基金会更好。

（3）如果股价长期低于公司的内在价值，那么保留的盈余可用于对自家公司股票进行回购，进而提升股票的价格。

在巴菲特看来，如果以上3点均达不到，那就不如将盈余全部分给股东。其实，巴菲特就是这样做的，正是由于其将盈余不断地用于再投资，进而不断提高了伯克希尔公司的内在价值，创造了令世人瞠目的财富神话。

巴菲特关于股利是否分配的思想，其实给了我们解决上市公司是否分红问题的钥匙。问题的关键是巴菲特将自己的股东看作合伙人的诚信态度。而相比之下，中国股市的一些上市公司损害小股东利益的事件频频发生。作为小股东，我们并不否认公司上市的目的之一是融资，进而做大做强公司，这也是股市繁荣发展的根本之所在。国内许多企业利用上市融资这个渠道，不断将企业做大做强，比较典型的有房地产行业的万科、医药行业的康美药业等，它们均是通过上市获得大量融资，进而成为行业的领跑者和产业领袖。但是股市在具备融资功能的同时，还有另一功能，即对投资者进行回报。否则，作为小股东的我们只好"用脚投票"了。

上市公司是否分配股利，其实本身并不是问题。巴菲特的3点想法已经做出了很好的回答，问题的关键还是在于公司对于我们小股东诚信与否。作为个人投资者，最为现实的选择就是去寻找那些对我们小股东好的公司去投资（好在诚信的公司有越来越多之势），而衡量的标准之一就是看管理层对我们小股东是吝啬还是慷慨，是兑现承诺还是总给我们玩"画饼充饥"的游戏。

价值股与成长股

国内外投资圈一直在讨论一个问题，即关于价值与成长的问题。其实对这一问题，巴菲特早就表明，成长本身就是价值的一部分。巴菲特的这个说法是值得点赞的，因为根本就不该将这两者割裂开来，它们在实际的商业世界也并未分开。

为了称呼的方便，我们将两者分开来进行论述。而且从具体操作层面来讲，价值股与成长股确实在评估发展空间、估算价值、自由现金流、分红等方面，有不同的衡量标准与投资要求。比如，处于相对成熟期的价值股，就要求有丰富的自由现金流以及较高的股息率，而我们对处于快速成长期的企业在这方面则可以放宽要求，所以，分开来谈也未必不恰当。

那么，什么是价值股？什么是成长股？教科书上没有一个明晰的界定，所以我们只能从投资的操作层面进行大致分类。

价值股有以下特征（与前面谈到的相对成熟的企业类似）：

（1）企业在行业内经过了剧烈的竞争而成为行业中的"王者"。

（2）行业发展已经进入平缓期，或者只进行存量调整。寡头们的产品或服务在行业内的市场占有率已经较高，比如有的市场占有率已达40%，有的甚至已经超过60%。具体的数据指标当依照行业属性的不同而定，比如有的市场占有率达到20%或30%就是饱和程度了。

（3）它们的净利率曲线是越来越向上的。这个好理解，"天下武功，唯快不破。"在"战国混乱"期间，为了抢占市场份额，企业自然要加大投入，扩大再生产，甚至经过激烈的价格战才能"杀出条血路、生路来"，所以在先期其净利率往往是不高的，甚至"草创之初"还是亏钱的。经过充分的竞争之后，剩下的王者开始"瓜分天下"，加之不断采取现代化的科学技术手段使生产效率大幅度提升，之后，企业会进入利润收割期。

（4）企业的财务报表上已经体现出丰富的自由现金流，它们甚至钱多得没处花。

（5）企业派发较为优厚的红利。对于企业是否分红，我们已经讨论过，这里强调的是，企业分红与否当与其所处历史阶段结合来考察，如果企业已进入相对成熟期，就必须要加大分红比例。

为什么说"必须"呢？因为企业家并非寻常人，他们一般多有豪情壮志，因此企业不断扩张是他们的追求，但是人是有能力边际的，因此，他们中有的可能将钱投在了不该投的地方。所谓一鸟在手，胜过两鸟在林。作为小小的投资者，还是先"一鸟在手"比较踏实。所以，能够提供优厚的红利，是衡量企业是否具备投资价值的一个硬指标。

（6）长期净资产收益率，如5年以上的，保持在15%以上，这也是一个硬指标。

（7）市值相对较大，比如2 000亿元、3 000亿元、5 000亿元，或者更大。但这只是1个参照指标，因为一家优秀企业最终做到多大市值，归根到底取决于其行业整体容量。比如，有的市值做到2 000亿元可能还远不是"天花板"，有的再往上努力就十分困难了，具体要根据不同的行业来斟酌。

（8）市场普遍的看法是企业已经相对成熟，那么市场先生会一直给予它们较低的市盈率估值。

具备以上8个特征的股票，大抵就可以被归为价值股了，如格力电器、双汇发展、福耀玻璃、伊利股份等。

特别需要说明的是，这种价值股的显著经济特质是容易被识别的，对其估值的考量也相对容易。比如，依照其较高的股息率，再辅以必要的财务数据，我们就差不多能够判断。当然，长期持有这种股票，取得稳定的长期收益是可以预期的，但不要幻想在短期内取得爆发性收益。

相对于价值股的容易识别与判断，成长股则相对复杂。那么，对于成长股，我们又当如何理解呢？

（1）企业总体上处于行业的增量阶段，在行业的集中度并不太高。它们多处于新兴行业，或者与国家经济发展具体历史阶段相契合，如与经济结构的转型升级相一致，且至少在行业内还没有经过充分竞争，甚至还处于"百舸争流""跑马圈地"的竞争生态。

（2）企业的增长速度相对较快，比如收入与净利润增速在30%以上，或者虽然收入增长很快，但净利润增长动能仍未完全释放。

（3）市值相对较小，但未来的行业发展空间相对较大。

（4）由于它们仍然处于价值扩张时期，所以自由现金流有时并不被看好。

（5）它们的分红标准可以放宽，甚至可以不分红。

（6）由于这类企业仍然处于快速增长时期，市场多数情况下不会给予它们太低的市盈率估值。

（7）单纯概念股、故事股除外。

相对于价值股，成长股的投资难度显然较大。如果说价值股投资的最大痛点是容易掉入低市盈率的估值陷阱的话，那么成长股投资的最大痛点便是企业快速增长不再，市场立马给出"估值杀"。但是，我们一旦选对成长股，并坚定持有，有时也容易在较短的投资周期之内取得较高收益，甚至会取得爆发性收益。典型的成长股有通策医疗、爱尔眼科、乐普医疗、迪安诊断、宋城演艺等。

这里需要说明，以上的划分并不科学，仅仅是粗线条经验的总结，而且这种界定也仅仅是在消费类、医药类的弱周期企业中更有效。中国股市中一些优秀投资标的并不容易被划分，如果我们硬要对其分类的话，将它们归为价值兼具成长股，或许更为恰当。

我们投资组合的多样化不仅表现在行业上，有时也表现在不同类型的股票上，即因股施策。两者所占比例，取决于投资者的投资偏好、投资风格和投资预期。

如果选择恰当，长期投资价值股的收益反而高于投资成长股的收益，原因是市场对价值股的预期悲观，而对成长股的预期常常偏乐观，"祸根"在于"预期"。当然，任何事情也不是绝对的。比如，在某一时间周期之内，市场似乎更倾向于价值股，但是市场的一大特点是容易矫枉过正,当市场走向极端之时,或许投资成长股的机会又渐行渐近。总之,成长与价值并非"死敌",我们投资关注的仍是"价值"二字。

"四招儿"读财报选牛股

如果投资定性是"道",那么定量就是"术"。在"道"的指导下研究"术",才不会迷失方向;而通过对"术"的具体研究分析,"道"的问题才能得到更为有力的支持。所以,投资者对于财务报表的分析,也是投资的一种基本功。

有些投资者,在投资的早期由于不具备财务方面的专业知识,所以对阅读分析企业的财务报表不知如何着手,那么,有没有好的办法能使我们尽快读懂企业的财务报表呢?

当然是有的,这必须要下笨功夫。比如,我们可以找财务分析方面的书来看,找上市公司年报看,且要连它的每一个注释都要弄明白,因为看多了自然就懂了。这里如实相告,我也没有有关财务的专业知识,就曾将一家上市公司的年报打印出来,一点儿一点儿地看,不懂的就通过网络或书查询,结果笨功夫下了,慢慢也就懂了读财报的关键点。当然,若说读得多精还谈不上,不过,投资没有必要做到会计师的地步,只要抓住关键的指标就可以了。

那么,如何才能算是真正读懂了一家企业的财务报表呢?

投资者要假装自己是董事长去读,把这家企业当成自己的企业去读,想象着会计师将财务报表交给你审阅,如此一来,你就能真的读懂企业财务报表了。

总体来讲,上市公司的3张财务报表是必须要看的,对有些指标,如净资产收益率、收入与净利润的增长、扣非净利润的增长、经营活动产生的现金流量净额、净利润含金量（经营活动产生的现金流量净额与净利润的比值）、销售费用率、管理费用率、存货和应收账款（有些企业要对存货和应收账款进行重点分析，看一看经营层面是否明显有产品积压或应收款过多的问题）、预收账款、毛利率、净利率、负债率、净资产、总资产等常规财务指标自然要分析的。如果是金融类、保险类公司，它们的报表有特殊性，投资者要弄明白一些专业术语，要在一些特殊的财务指标方面多下功夫。

　　为了对一家公司的财务全貌有清晰的了解，我们还可以自己动手做一个财务全景表。当然，现在互联网发达，为了提高效率，我们还可以看看一些财经类网站，上面会有一些公司的财务全景表，只要我们动动手指，一家公司连续8年、10年的财务状况就清晰可见了。

　　我在这里并不想对这些指标全面分析，主要是想教给大家一些"关键招数"，通过掌握它们，我们就能够"逮住"大牛股、长牛股，具体来讲，有以下4招儿。

第一招儿：ROE是选择长牛股的金标准

　　长期净资产收益率保持在15%以上，是我们选择长期投资标的的金标准。"金标准"是医学界的一个术语，该标准是金标准，不是银标准，更不是铜标准，足见这个指标的重要性。

　　那么，这个金标准如何理解呢？

　　某种程度上，股市玩的是追逐"成长"的游戏，但这种成长往往被市场先生简单地理解为每股收益的增长，如果每股收益有一两个季度超出所谓的预期，市场先生可能就要用大涨表现一下，相反，如果一两个季度的增长不及预期，那他就可能要以大跌来发泄一下。这造成有的投资者在公司财报发布之前，心里紧张的小鼓就一直敲个不停。

第二章 选择篇

那么,巴菲特怎么看待这个问题呢?

他在1979年致股东的信中说:① "我们不认为应该对每股收益过于关注,虽然这一年我们可运用的资金又增加了不少,但运用的绩效却反而不如前一个季度。即使是利率固定的定期存款账户,只要摆着不动,将分得的利息滚入本金,每年盈余还是能够达到稳定增长的效果。一个静止不动的时钟,只要不注意,看起来也像是运作正常的时钟。所以,我们判断一家公司经营好坏的主要依据,是股东权益报酬率(排除不当的财务杠杆或会计做账),而非每股盈余的增长与否。"巴菲特说的股东权益报酬率,就是净资产收益率。

他在1985年致股东的信中说:② "当资本报酬率平平时,这种累加式的赚钱方式实在没有什么了不起,你坐在摇椅上也能轻松达到这样的成绩。只要你把存在银行户头里的钱放着不动,一样可以赚到加倍的利息,没有人会对这样的成果报以掌声。但通常我们在某位资深主管的退休仪式上歌颂他在任将公司的盈余提高数倍时,却一点儿也不会去看看事实是否只是因为公司每年所累积的盈余及其复利所产生的效果。"

我们对巴菲特以上两段话如何理解呢?

每股收益=净资产收益率×每股资产净值,这个公式告诉我们,当一家企业的净资产收益率较低时,可以通过每股资产净值的不断累积,如频频增发新股增加每股净资产,少分红、不分红增加每股净资产,进而使得每股收益持续增长。

巴菲特的话总是能够直达商业的本质,他对于每股收益不过于关注,而且他认为企业收益的增长,"不可能与地球绕太阳一圈的时间

---

① 任俊杰,朱晓芸. 奥马哈之雾 [M]. 北京:机械工业出版社.
② 同上。

/ 133

正好吻合"，那么，他最关心的是什么呢？其实他已经给了答案，他最念念不忘的是净资产收益率这个指标。

为什么净资产收益率这个指标如此重要呢？

（1）它类似股东的资产回报率指标，这其实是商业上的常识。比如，我们投资1 000万元（可视为自己的净资产）成立一家企业，1年之后，净利润达到100万元，表明我们一年净资产收益率达到10%；净利润达到150万元，表明我们一年净资产收益率达到15%，回报率自然越高越好。

（2）它可以衡量企业利润再投资的回报水平。巴菲特认为，一家优秀的企业净资产收益率当长期保持在15%以上。它的重要性在于，可以让我们预估企业将盈余再投资的成效。例如净资产收益率20%的企业，不但可以提供高于一般股票或者债券的收益，也可以再投资，让我们有机会得到源源不断的20%的回报。

巴菲特是从企业经营者或者企业股东的角度，进行思考的。净资产收益率才是我们识别一家企业是真成长还是假成长、是烧钱机器还是赚钱机器的最有力的财务武器。

所以，在投资标的选择中，我们要把净资产收益率这个指标当作"压倒一切"的指标。说得绝对一点儿，我们可以不精通，甚至可以不看其他的财务指标，但是对一家企业的长期净资产收益率水平不能不查。

我们可以看看穿越牛熊市的长期大牛股，如贵州茅台、恒瑞医药、云南白药、东阿阿胶、华东医药、洋河股份、伊利股份、双汇发展、福耀玻璃、海天味业、宇通客车等众多的明星股，它们无一例外地告诉我们这个"奥秘"，即它们的净资产收益率长期保持在15%以上，甚至20%以上，而贵州茅台、格力电器等多年保持在30%以上，它们甚至被称为"超级印钞机"。

第二章 选择篇

据统计，截至 2017 年，净资产收益率连续 10 年超过 20% 的公司，中国 A 股市场有 9 家，分别为贵州茅台、洋河股份、恒瑞医药、信立泰、华东医药、东阿阿胶、格力电器、宇通客车、海康威视。如果按照净资产收益率连续 10 年超过 20%、投资年复合回报率超过 20% 的标准进行选择，这样的公司有 6 家，分别是贵州茅台、恒瑞医药、东阿阿胶、华东医药、格力电器、宇通客车，其中格力电器、贵州茅台、恒瑞医药的年复合回报率超过 30%。无一例外，它们长期给投资者带来了巨大回报。

短期被炒上去的、被戏称为"水牛股"的公司当然不在上述之列，这也是单纯炒作概念，股价一时超过茅台，最后仍被茅台超越的原因（这种现象被称为"茅台魔咒"）。一家公司的净资产收益率多年较低，比如仅仅是百分之几个点，它就如同一个"照妖镜"，可以真实地"照"出"烧钱机器"的真实嘴脸。

净资产收益率有加权扣非后的净资产收益率、摊薄净资产收益率和加权资产收益率。净利润直接与年初的净资产相除，得到净资产收益率，其反映一年的净资产回报情况。我本人更倾向于用加权扣非后的净资产收益率。

此外，我们还可以利用杜邦公式来加深对净资产收益率的理解：

净资产收益率＝净利润/净资产，净资产收益率＝销售净利率×资产周转率×权益乘数。

销售净利率＝净利润/收入，资产周转率＝收入/总资产，权益乘数＝总资产/净资产。

理解了公式，一家公司若想提高净资产收益率，无非是通过 3 个渠道：要么提高净利率，要么加快资产周转，要么用更高的杠杆。

公式还告诉我们，世界上所有的生意无非是 3 种模式：第一种是厚利少销，如茅台这样的企业保持 90% 左右的毛利率、50% 左右的净利率；第二种是薄利多销，如伊利股份、双汇发展等类型的企业达不到茅台的高毛利率、净利率水平，但可以提高资产周转率；第三种是依靠杠杆经营，如金融类公司。

1977年5月，巴菲特在美国著名的《财富》(Fortune)杂志上发表了一篇文章，题目是《通货膨胀如何欺诈股票投资者》(How does Inflation fraud Equity Investors)，其中就提到了企业若想提高净资产收益率，至少需要做到以下中的一点：

（1）提高资产周转率。

（2）有更便宜的杠杆。

（3）有更高的杠杆率。

（4）降低企业所得税。

（5）有更高的营业利润率。

除此之外，没有其他途径能提高净资产收益率。

显然，巴菲特的分析，就运用了杜邦公式。

总之，抓住净资产收益率这个关键性指标，并明白它的来源，就清楚了一家企业是如何为我们赚钱的。我们有了这个金标准，就容易将股市中的牛股收入囊中。如果说长期投资有"财务密码"的话，这就是其中的一个。

第二招儿：看企业的市场占有率

收入是利润之源，一家企业的成长表现在其收入的不断增长上，而只有对一家企业年收入总量进行分析，我们才能够知道这家企业在行业内究竟具有多大的市场占有率。这个道理简单，无须进行太多的讨论。当然，一个行业内的龙头企业的成长，有时可能并不表现在收入总量上，因为企业的毛利率、净利率不同，会造成净利润不同，但是一般规律是收入领先的企业，常常被视为行业的领军企业。

需要说明的是，一家上市公司在本行业的市场占有率情况，有的年报或半年报会进行披露，有的则语焉不详，对于后者，我们自己要下功夫，通过其他渠道进行搜集。

第三招儿：看毛利率、净利率

投资圈内有一种观点很流行，说投资要投资毛利率在30%以上的企业，言下之意是毛利率在30%以下的，就不用看了。这个观点对不对呢？我只能说对了一半。确实，高毛利率企业在通货膨胀情况下，更容易抵抗各种成本不断升高的侵蚀，然而毛利率在30%以下的企业就不值得投资了吗？这个观点显然是片面的。

在谈净资产收益率这个指标时，我们已经提到了以下两种赚钱模式：

一种是如贵州茅台式的，毛利率在90%左右，净利率在50%左右，数据是不是令人惊讶？但是它的赚钱模式是"厚利少销"。

另一种是薄利多销，如格力电器，2017年的毛利率为32.86%，净利率为15.18%。类似的例子，还有双汇发展，2017年的毛利率为18.91%，净利率为8.94%；伊利股份2017年的毛利率为37.29%，净利率为8.89%。

我们可以想象：假如贵州茅台像伊利股份、双汇发展那样保持如此低的毛利率、净利率，那么它还是"赚钱机器"吗？如果伊利股份、双汇发展有贵州茅台那样高的毛利率、净利率、周转率和销售量，岂不是令人可怕？世界上的钱岂不都让它们赚去了？

不过，别急，商业的世界不会让任何企业如此夸张的，一家企业的赚钱模式其实说到底还是与它所处的行业的"行业命相"，及它自身的努力密切相关。

进一步讲，就像拿西红柿与黄瓜相比没有任何意义一样，单纯地看一家公司的毛利率与净利率，并无多大意义，有意义的是将它的毛利率、净利率与其竞争对手的进行对比，进而发现强弱。

仍以格力电器为例，2017年其毛利率是32.86%，净利率是15.18%。美的集团的暖通空调毛利率为29.04%，与格力相差3.82个百分点，净利率无从可考（年报并未披露），但可以得知，单纯就空调生产来讲，多年以来，格力电器的毛利率始终"压着"美的几个点。可别小看这几个点，竞争实力就不道自明了。

类似的例子，还有海天味业，2017年其产品综合毛利率高达46.85%，而其竞争对手如中炬高新（2017年其调味品毛利率为39.94%）等，则始终难以望其项背。这样一比较，哪个是强中之强，自然就清楚了。

此外，这种对标还可以放眼全球。比如，我们可以将格力与日本的大金比较，将海天味业与日本的调味品巨头龟甲万等企业进行比较，这样比较，我们投资的视野就更开阔，甚至可从中判断出一家企业未来的毛利率、净利率还有多大的提升空间等信息。

所以，对于毛利率、净利率，我们纵向看，要看这家企业历年毛利率、净利率的走势，若是向上的，说明公司的经营效率、赢利能力在不断提升，或者这个行业的集中度在不断提高，同时，竞争的格局在进一步趋向缓和。更为重要的是，我们还要横向比较，即与同行业内的竞争对手乃至国外的同行业标杆企业进行比较，一直领先者，自然是行业内的龙头企业。

那么，我们对毛利率、净利率的理解是不是就此可以停止了呢？

如果这样肤浅地理解一些财务数据，那对财务报表是没有"读活"的。一个苹果突然砸在牛顿的脑袋上，他问了"为什么"，于是发现了万有引力。我们虽然成不了牛顿，但是这种追问的精神还是需要的。顺着这个思路，我们不妨反弹琵琶，问一下：为什么一家企业会长期保持高于同行的毛利率、净利率呢？这些数据的背后究竟说明了什么？这么一追问，其实一家企业隐藏在数据背后的商业模式就跃然纸上了。

比如，企业的产品和服务具有经济特许权吗？它的产品和服务又为什么可以获得品牌溢价权、定价权呢？它的产品和服务具有同行业竞争对手难以模仿和复制的规模优势、成本优势、网络优势、客户转换成本优势吗？它的管理层，或者它的企业管理系统、管理文化是竞争对手难以复制的吗？总之，我们要找出企业长期保持高于同行的水平的真正原因，这样我们可以从定量回到定性，一家企业优秀的商业模式便在我们的头脑中显现出来。其实，我们读财报，真正要找的"要害"就在这里。

第四招儿：看自由现金流

一家企业想经营下去，什么是最重要的呢？是现金流，因为一家公司拥有充沛的现金流，就可以持续经营，或者能够应对企业经营中遇到的麻烦和困难。有些企业之所以走到破产边缘或者被收购的境地，有时并不是因为产品卖不出去，或者消费者不买账，而是资金链断裂、财务状况恶化，走到了山穷水尽的境地。因此，我们投资者要像实业经营者那样，对一家企业的现金流足够重视。其中，有两个指标要引起注意。

一是净利润含金量，即经营活动产生的现金流量净额与净利润的比值。一般来讲，这个比值较理想的是大于100%，达到70%左右属于比较健康，否则，如果多年保持较低水平，我们应当思考，这家企业究竟是否赚到了真金白银，应收账款是否按期收回，企业是否依靠不断融资才能应对日常经营。对于这种异常情况，投资者当足够警惕。

二是自由现金流。由于我们是投资者，而不是会计师，所以对有些财务指标只要了解大概即可。比如，在自由现金流的计算上，我们可以将经营活动产生的现金流量净额与投资活动产生的现金流量净额相加，即可得到一家企业的自由现金流。一家公司经营多年，是否会产生丰富的自由现金流，如同一个"照妖镜"，可以"照"出一家企业多年的经营成果，即企业是不是真的收获了真实利润。当然，我们要注意观察其连续多年的自由现金流，一两个年度的异常说明不了什么。而且，周期越长，这个"照妖镜"的作用发挥得就越好。

我们小读书人有时最容易犯的毛病就是将书读呆了，关于如何理解一家企业的自由现金流，我就读呆过。

巴菲特在2000年写给股东的信上，曾经引用过著名的古希腊伊索寓言《一鸟在手，胜过两鸟在林》中的内容。"一鸟在手"，可以理解为"到手的现金"，说明一家企业产生自由现金流的重要性，道理很浅显，到手的现金显然要比"画饼充饥"强得多。

带着这种机械的理解，我越来越发现，中国上市公司中的一些长牛股常常与此不相符合。比如，云南白药、天士力等都是中国上市公司中著名的长牛股，但是很长时间内它们的自由现金流并不丰富，类似的例子还有很多。

经过多年的观察、感悟，我后来终于明白一家公司的自由现金流其实还与它的生命周期有关，特别是在价值初创期、价值扩张期，它们处于"跑马圈地"阶段，其自由现金流有时并不丰富（具体表现为投资现金流量净额负值较大，有心者当仔细研究这些钱究竟投资到了哪里），所以，在这方面，我们千万不可拘泥，应结合具体的行业与企业的生命周期来进行研判。

与上述情况相反，正如我们在讨论成熟企业特征时所谈及的，当一家企业的自由现金流相当丰富之后（特别是管理层面对剩余的现金不知道如何花或者乱花之时），我们反而要警觉这家公司是否已进入成熟期或衰退期。

这里，我们重温一下巴菲特的话，或许对于这个问题就有了更深刻的理解。

巴菲特说："在伯克希尔，我们从不试图从未经证实的企业海洋中挑选出几个赢家。我们还没有聪明到这样做，而且我们深知这一点。相反，对灌木丛中有多少只鸟以及它们何时会出现有合理的信心时，我们努力运用伊索2 600岁的方程式来计算。显然，我们永远不能精确预测一家企业现金流入流出的时机或它们的确切数量。因此，我们尽量保守估计，而且专注于那些不太可能对所有者造成灾难的企业。"

从这段话，我们可以认为，巴菲特并不是不对"林中的鸟"进行预测与评估，相反，他只是在那些不易被快速颠覆的企业中，在自己的能力圈内保守地进行评估，并且自己对这种评估有合理的信心之时，才做出投资决策。

由此，我们可以延伸思考，那些自由现金流并不丰富，仍处于价值初创期、价值扩张期的企业，不仅不是不可以投资，有时反而可能更具有投资价值，关键是它们的竞争地位确实不容易被颠覆，而且投资者自己能够理解判断。

"3个假想"读财报

关于读财报的关键四招儿，总体而言，是从财务角度出发的，若是想充分理解一家企业，仅从财务角度分析还是不够的，至少还没有达到读财报的高境界。有些投资者可能对一家公司的财务数据抠得很细，甚至对每一个小细节、小数点也不放过，当然，这种细致钻研的精神是投资者应具备的，然而单纯地细抠这些财务数据，甚至让自己掉进烦琐的财务数据中不能自拔，有时就阻碍了自己对一家企业本质的把握。因此，我们在读一家上市公司的财报之时，不能把自己当成稀里糊涂的小会计，当以股东的思维、经营者的身份去思考。换句话说，如果一个投资者从交易思维转换成股东思维是投资的"第一次飞跃"的话。那么从股东思维转换成管理者思维（以管理者身份去思考），则是投资的"第二次飞跃"，实现了第二次飞跃，投资才能达到高境界。

具体来讲，我们可以做到"3个假想"。

假想自己要开办一家公司

不要说我们计划创办一家大的上市公司，就是计划开办一家小的服装店或者小餐馆，也需要先进行一番辛苦的调查研究。比如，我们要先对这个行业的特性、发展趋势进行大致了解，要对自己的竞争对手进行必要的研究。其实，我们计划投资一家上市公司，与我们准备开办一家小的服装店或者小餐馆一样，需要做这些功课。

比如，我们计划创办一家白酒企业，就需要对全国白酒行业的生产形势进行大致了解，同时，还要对各个白酒企业进行一番研究。而这些行业信息、企业信息，其实上市公司的财报里都清清楚楚地写了。我们如果想创办一家茅台这样的企业，当然需要将茅台公司近些年的财报拿来阅读，这是纵向方面；横向方面，我们还应该将所有酒企的财报全部拿来阅读，这样，对这个行业的发展形势、竞争格局等情况就有"一览众山小"的感觉了。

同样，我们如果计划创办一家空调企业，需要将格力、美的、海尔等各个上市公司的财报拿来阅读；如果要创办一家中医药公司，需要将同仁堂、云南白药、天士力、东阿阿胶、片仔癀、白云山、马应龙、广誉远等知名中医药上市公司的财报拿来阅读。

我们在读一家上市公司的财报时，常常发现，大多数公司总是不遗余力地想表达清楚某方面的内容，诸如对行业发展趋势的判断、公司本身的发展战略与经营策略、公司下一步的发展重点、所处行业的风险，以及企业本身的风险等。想一想也是，哪有一家上市公司在这个方面明明可以说得明明白白，却非要故意不说清楚呢？我们可以猜想，任何一家公司的财报都应该能反映公司高管，特别是一把手的意图，虽然公司一把手未必亲力亲为，但财报至少应该需要他把关，经过其审定之后才会公开发布。因此，我们获取上市公司信息最好的渠道是老老实实地读财报。

当然，有些公司的财报也难免有溢美之词，或者不会披露一些商业秘密；有些公司的财报常常让人感觉"不解渴"，但是，这些不完全的信息足以让我们做出初步的分析判断。股市投资，本身就是在信息不对称、信息不全面的情况下，投资者自己分析判断之后做出投资决策，想全部搞清楚、弄明白其实是一件不可能企及的事情。

假想自己是这家公司的合伙人

股市中的人都知道巴菲特是世界上"最聪明"的投资大师，但是比巴菲特更"聪明"的是包括他的一些老邻旧友、亲戚在内的长期"合伙人"，因为他们只要将钱交给巴菲特，不用荒废自己的主业，还不耽误自己的吃喝玩乐，就轻轻松松地成了财务自由的人，成了亿万富翁。想一想，这是多么美妙的事情啊！我们普通的投资者如何去做这样的聪明人呢？办法就是找对那个公司，找对那个人，并把自己当成这家公司的合伙人，还要做到持而不疑，疑而不持，这才是合伙人的正确态度。

当然，中国股市中的一些上市公司可能会瞒和骗，有的尽管主观上很努力，但因为种种原因还是会变"坏"。所以，我们没有必要非得成为从一而终的"死忠"，可以退而求其次，先将自己假想成一个合伙人。

不管你是真把自己当成合伙人，还是把自己假想成合伙人，只要站在这个角度去思考问题，我们看待一家公司、解读一家公司财报的眼光其实就已经不一样了，此时，我们的立足点是经营层面，不会因为股价的一时波动，而产生恐惧与质疑，甚至会忘记自己持有它的一小部分股权这一事实。这个道理其实很浅显，如果在实体经济之中，我们以合伙人的身份与他人合办一家公司，还会因为一时的经营波动，或者一时的报价，而轻易卖出自己一笔有价值的投资吗？一定是不会的。

假想自己是这家公司的老板

在现实生活中，有些专业人士，一谈起自己专业领域的事情就滔滔不绝，很有见地，然而谈起别的领域的事情，不仅见解平庸，甚至会闹出笑话。然而，一些从事高级管理工作的人士，他们对很多领域都不专不精，然而看问题却容易抓住要害和主要矛盾，为什么呢？因为"站位"不同。

我们经常看到，有些投资者一看企业的3张财务报表里出现一些"异常"数字，比如现金流减少了、存货增加了，或者应收账款突然多了，便疑神疑鬼，开始质疑公司财务造假，质疑企业缺乏诚信（当然不排除一些公司确实如此瞒和骗）。其实，有时我们之所以感觉"异常"，恰恰是没有站在老板的高度看问题。

当一家企业的老板，是什么感觉呢？

自己坐在办公室里，让财务人员将报表拿来给你审阅，并且向你汇报有关企业的问题。当然你不是要这种"君临天下"的感觉，而是要设身处地去思考一些全局性、战略性、长远性的问题，不局限于细枝末节。

作为一家企业的老板，要考虑什么问题呢？有人说过，领导就是出主意、用干部。套用这句话，老板其实也是出主意、用干部。出主意，就是要提出企业的发展战略和经营策略等；用干部，是要管好、用好自己的团队，当然包括建设良好的企业制度、构建企业的特色文化等。

这里举例来说明，我们如何以管理者的身份进行高站位思考。

东阿阿胶自2006年秦玉峰接任总裁后，就力主走文化营销、价值回归的策略，而其核心产品阿胶块10多年价格上涨了惊人的40多倍，近些年市场也始终不乏质疑的声音。

但是，假如我们是东阿阿胶的总裁，近些年应该考虑什么问题呢？我们要考虑两大问题。

一是阿胶这个品类被边缘化，或者会消失的问题。

尽管阿胶这个品类在中国已经传承了2 000多年，实际上，对这个行业略有研究的人应该知道，阿胶这个品类在秦玉峰上任之初，面临着被边缘化，甚至消亡的危机。以前的东阿阿胶的经营策略是"堵"，即作为品牌老大，凭着市场占有率的绝对统治地位（市场占有率曾一度达70%以上），不让新的竞争对手进来，然而结果是这个品类越来越小众化（据说当时全国不过300万的消费者），甚至东阿阿胶这家企业在整个行业快成"孤家寡人"了，因为其他的阿胶企业几乎都倒闭了。如果这个品类最终消失，那么再谈杨贵妃"暗服阿胶不肯道"、讲究孝道的曾国藩用阿胶孝敬母亲等故事，还有什么意义呢？

所以，我们看到秦玉峰的战略是由以前的"堵"改变为"疏"，即放一些竞争对手进来，然后共同做大、繁荣这个品类，甚至在宣传上一度将东阿阿胶改为阿胶，隐去品牌做品类。经过这些年的努力，秦玉峰对整个行业的繁荣还是做出了相当大的贡献的。有关数据统计，截至目前，阿胶企业全国已经有100多家左右，整个行业呈现出一派欣欣向荣的景象。某报道说，秦玉峰的功劳不仅表现在公司内部，还拯救了阿胶这个行业、这个品类。现在看，此言不谬。

当然，放竞争对手进来不要紧，但是自己"老大"的位置不能丢，这是需要秦玉峰平衡的一个问题。

二是驴皮资源紧缺的问题。

我们不局限于毛驴年存栏量的具体数字，一个显而易见的事实是：就全国来讲，驴皮资源越来越少。所以，对于阿胶生产企业来讲，"得驴皮者得天下"。东阿阿胶这几年为什么一直提价，名曰价值回归，让阿胶回到主流人群，其目的之一就是涵养上游的驴皮资源。东阿阿胶作为阿胶品类的领军企业，这些年在这方面积极实施。同时，公司还利用进口资质的优势，进口驴皮资源，并使其成本与国内的持平，甚至更低。从目前来看，驴皮资源问题有望缓解，据公开报道，秦玉峰说2020年驴皮上游资源紧张问题有望解决。若这个关键问题得以解决，阿胶这个品类就有希望进一步发展壮大。

我们如果站在秦玉峰的高度去想，是不是对公司近些年采取的文化营销、价值回归战略有了更为清晰的认识与理解呢？回答应该是肯定的。

当然，我们并不是秦玉峰，也终究不会达到企业一把手的高度，但是投资要尽量抬起自己的脚后跟，尽自己最大努力站在董事长的角度去想，有这样的视角，就容易让自己更好地把握企业发展的整体脉搏，而不至于"一叶障目，不见泰山"。

当然，我们虽然尽可能地以经营者的身份去思考公司的发展问题，但毕竟只是"假想"，我们还是企业的局外人，因此，关键的一点是要定期检视公司管理层的执行力。其实这一点，2 000 多年前的孔子就已经告诉我们，不仅要听其言，还要观其行，即需要我们定期考察管理层的执行情况。而对于一家企业来讲，其最好的执行力当然体现在 3 张财报上。认真详细地对财务数据进行分析、验证，实际上是在检验这家公司发展战略与经营策略的落地情况，这样，我们就把一家企业的财报真正"读活"了。

选股中的纠结

在长期投资探索中，一些问题常常围绕着我，我思考多年以后才想明白了，而且我发现许多投资者也存在同样的问题。

突出的问题有两个。

第一，关于市值大小的问题。中国股市在 2015 年股灾之前，是患有小盘宠爱症的。以创业板为首的小盘股成长行情，演绎到了登峰造极的地步（创业板市场平均市盈率 140 倍以上）。然而股灾之后，随着港股通、沪股通的开通，外来资金似乎更青睐大盘蓝筹股，加之监管层各项监管措施的落地，以及对价值投资不遗余力地引导，中国股市与国际成熟市场接轨成为必然之势。在种种因素叠加的影响之下，我国 A 股市场又演绎了所谓的"漂亮 50"与"要命 3 000"的行情，特别是 2017 年，这种结构性牛市与结构性熊市行情更是演绎到极致，以贵州茅台、五粮液、中国平安、美的集团、格力电器等为代表的市值相对较大的绩优股价格上涨幅度又大大超出预期。于是，究竟是买大盘股，还是买小盘股，成为很多投资者纠结的一个问题。

应该承认，按照一般规律，一些小市值的优秀企业，在成长之初确实容易给它早期的投资者带来更高的回报，因为一家企业的市值从 50 亿元达到 200 亿元容易，而从 1 000 亿元上涨到 4 000 亿元，就要艰难得多。所以，同等条件下，优先选择市值相对小的投资标的，也不失为一个良好的投资策略。

但是，中国经过改革开放，很多行业已经产生寡头，甚至一些行业是外国的跨国公司占据着更多的市场份额，不要说在这些行业里的体量较小的企业"逆袭"不易，就是在一些相对分散、集中度不高的行业，如医药行业，这种"逆袭"也是不容易成功的。更何况，有些小企业天生就是做不大，比如有的仅是知名企业的小小生产商，这种"傍虎吃食"的企业很难想象它会做得有多大。我们从中国香港、美国等相对较为成熟和有效的股票市场观察得知，真正的绩优蓝筹股更容易获得相对溢价，这或许是很多投资者眼中的"大象也能起舞"，而一些小市值的股票被边缘化，甚至沦落成港股式的"老千股"。

上述现象并不奇怪，因为股票市场毕竟是实体经济的反映，而且股票市场发展得越有效，市场的资源优化配置效应体现得就更明显。所以，中国A股市场将来会不会港股化，我们并不好类比或预判，但是中国股市不断与国际成熟市场接轨必然是大势所趋。这一点，我们当引起重视。

当然，任何事物的发展不应走极端。正像中国A股市场曾经很长时间患有小盘宠爱症一样，如果将来大盘蓝筹股行情的演绎同样达到登峰造极的地步，我们对那些真正的小盘成长股多加研究，或许又不失为一个聪明的选择。其中的关键，就是投资者不该产生某种锚定心理，比如中国股市长时间患有"凡小必炒"的顽疾，曾令不少投资者产生了锚定心理，即只专注于小市值股进行投资，哪怕它只是讲故事、炒作概念的小市值股也在所不惜，结果在后来的投资中吃了不少苦头。同样，我们也不能看到大盘蓝筹股行情好了，就只专注于大盘股投资，如此偏执，迟早有一天会受到市场的惩罚。

第二章 选择篇

其实,如果回归到投资的原点,我们从企业所有人的角度思考问题,自然要的是"价值"二字。而这个价值,最为直接的体现是:我们今天投入了1元钱,明天会得到多大的回报。从这个角度考虑,所谓的市值大小问题,其实已经不再是问题。更何况,市值大小也只是相对的概念,而且企业未来的成长性从根本上讲并非是由市值来决定的,而完全由企业本身的经济特性和成长性决定。

第二,关于新兴与传统的问题。股票市场一个最大的特点是,投资者对一些新东西纷纷关注,中国股市在相当长的时间内甚至到了"凡新必炒"的地步。2015年股灾之前,市场上普遍有一种言论,即将创业板作为新兴产业的代表,而将主板作为传统行业的代表。有的基金经理当时甚至说,只看创业板,结果在股灾之后,特别是在2017年大盘蓝筹股行情中迅速被"打脸"。现在来看,当时这种对新兴与传统的划分是多么僵化,对新兴产业的追逐又是多么狂热。

历史的经验不止一次告诉我们:你如果是一个"炒家",追逐这些带"新"字的东西倒也无妨,只是你要懂得如何收场。若从价值投资、长期投资的角度来讲,投资者对市场上被关注的新东西,更要持一种谨慎态度。

其实股市里这种新兴与传统之辩,并不是中国股市所独有。美国股市200多年的发展历史,这种博弈是交替上演的。华尔街没有什么新鲜事,中国股市也没有新鲜事,因为人性是相通的,人性永不变,除非科学发达到可以改变人类基因的地步。

我们不妨重温一下当年美国科技网络股风生水起之时,巴菲特1999年在太阳谷的演讲。这篇演讲,曾被彼尔·盖茨认为"很了不起,这是关于股票市场的基础教学,一节课就蕴涵了一切"[①]。

---

① 艾里斯·施罗德. 滚雪球 [M]. 中信出版集团。

演讲中，巴菲特仍然引用了他的老师格雷厄姆的一段话：短期内，市场是投票机；而长期内，市场是称重器；重量最终是有价值的，但是短期内，数量很重要。

巴菲特讲到了人类的很多发明，如铁路、电报、电话、汽车、飞机、电视等，所有这些"革命性方式"历史上并没有让投资者赚得盆满钵满。

他以他那一贯的巴式幽默风格说："当我回到小鹰号（莱特兄弟发明的飞机的名字）时代，我会有足够的远见和'见义勇为'的精神，把奥维尔·莱特给打下来。但我没做到，我有愧于未来的资本投资人。"

巴菲特还引用了凯恩斯的话："用历史的眼光对未来进行预测，这是非常危险的事。"他还说，"人们不能因为前几年股票价格的加速上涨就以此类推。"

巴菲特还十分幽默地说过："有些事儿没法对一名处女说清楚，无论是说给她听还是拿图片给她看。"

是的，其实巴菲特在台上演讲之时，下面的听众有的就未必认同他说的，甚至认为他是"正在往他们的香槟里吐口水"。

巴菲特 1999 年演讲之时，美国股市正处于"网络繁荣"时期，而巴菲特被金融圈嘲笑是"明日黄花"，是过去式。在新千年到来之际，巴菲特还成为《巴伦周刊》（*Barron's*）的封面人物，配的大标题是"沃伦，你怎么了"（Warren, What's Wrong with You），封面文章写到，巴菲特狠狠地摔了一个跟头。

在当时的背景下，到 1999 年年底的时候，众多追随巴菲特的长期价值投资者要么结束了自己的公司或业务，要么放弃了"价值投资"，买了 IT 类股票。

当然，后来随着网络泡沫的破灭，历史证明：巴菲特就是巴菲特!

我们作为长期投资者,当永远牢记巴菲特的"谆谆告诫":[①]"投资的要旨不在于评估这个产业对社会能有多大的影响,或是它有多大的发展空间,而应该是某家公司有多大的竞争优势,更为重要的一点是,这种优势能维持多久。拥有广阔而持久护城河的产品或服务才能真正为投资者带来甜美的果实。"

在大健康产业中淘金

"大江东去,浪淘尽,千古风流人物。"今天快速变化的企业世界更是如此,不要说那些生产马靴子的企业早已经成为历史,就是曾经被人们追捧的朵朵"金花",也在历史的长河之中转瞬即逝,成为明日黄花。如果说,在所有的行业之中有一个行业可以被称为永远的朝阳行业,那当属大健康产业。因此,在大健康产业中淘金,是投资者不可忽视的课题。鉴于这个话题的重要性,我们应专门来谈谈。

大健康产业的投资逻辑:

(1) 健康中国已经上升为国家发展战略。国家一系列促进健康产业发展的政策、措施逐步出台并落地。

与发达国家相比较,我国医疗卫生的支出占GDP的比重仍然不大,但未来发展和增长空间非常巨大。公开数据显示:2014年美国卫生总费用达到2.98万亿美元,占GDP比重达17.1%,居世界第一;而我国2016年医疗卫生支出占GDP的比重为6.2%。从人均医疗卫生支出来看,2014年美国人均医疗卫生支出为9 403美元,而中国2016年人均医疗卫生支出只有505美元。随着中国全面决胜小康

---

① 卡萝尔·卢米斯. 跳着踢踏舞去上班[M]. 张敏译. 北京:北京联合出版公司.

社会，以及将来实现社会主义现代化和社会主义强国的目标，这个差距将会越来越小。

（2）中国进入老龄化社会。

随着20世纪60年代"婴儿潮"时期出生的人口集体步入中老年阶段，各种健康需求大大提升。我国到2000年，60岁及以上人口占总人口的比例达到7%，标志着我国进入了老龄化社会。预计我国60岁及以上人口将会在2020年达到2.45亿人，随着年龄的增长和患病率的提升，医疗、药品、医疗器械整体需求将会持续增长。

我国进入老龄化社会的时间非常短，发达国家老龄化进程长达几十年至100多年，如法国用了115年，瑞士用了85年，英国用了80年，美国用了60年，而我国只用了18年就进入了老龄化社会，预计到2050年，中国老龄人口比例将超过30%。截至2016年，过去10年我国医疗费用复合增长率在18%左右，若该趋势持续，到2020年卫生支出将超过9.5万亿元。

（3）中国慢性非传染性疾病呈井喷之势。

这突出表现在各种肿瘤病、心脑血管病、糖尿病、高血压病等呈井喷之势，而且据国家权威的数据，有的病种患者，如糖尿病、高血压病患者以及潜在患者均在2亿人以上。

（4）人们对健康生活的需求不断提高。

《黄帝内经》中提出的"上工治未病"的健康理念，越来越被现代医学所认可。人们生活条件好了，自然对提高生活质量、健康长寿的需求就更加迫切，这给预防医学的发展带来更大机会，而中国的中医药学在预防保健方面更是发挥着不可替代的独特优势与作用。

（5）中外股市的历史已经证明，大健康产业向来是产生长期大牛股的土壤。

（6）大健康产业更具有弱周期特点。

以上几条根本性逻辑，决定了我们不能忽视在大健康领域的研究与投资。

大健康产业具有细分领域多、专业性强，且受国家政策影响较大等特点。比如，大健康产业的主体是在医药行业，从运营情况来看，医药行业可以分为医药工业和医药商业两个部分。医药工业又可分为七大子行业，分别为化学原料药制造业、化学制剂制造业、生物制剂制造业、医疗器械制造业、卫生材料制造业、中成药制造业、中药饮片制造业。此外，国家积极鼓励社会资本进入医疗行业，可以说，实业资本不是已经进入医疗行业，就是正在进入医疗行业的路上，这又意味着以公立医院为主体的医疗服务体系将越来越面临社会资本的竞争与挑战，进而产生新的竞争格局。面对众多的子行业和竞争复杂的情况，缺少专业背景的投资者在投资选择上确实容易一头雾水，不好选择。那么，有没有好的办法或者捷径让我们进行分析呢？按照选股"9把快刀"的思路，我再给你"7把快刀"：

定价权

截至2017年年底，全国共有原料药和制剂生产企业4 300多家，不仅数量多，规模小，行业集中度低，而且同质化严重，而最大的软肋是很多药企缺少定价权。面向普通大众的OTC药品，有些类似消费品，除了个别响当当的品牌之外，多面临残酷竞争。而处方药的话语权掌握在谁手里呢？自然是掌握在医院和医生手里。随着医改的推进，许多药品要想进入医院，还要通过政府招标平台。单是这个竞争门槛，许多药企就挤破了头。

与其他很多行业已经充分竞争不同，包括医药企业在内的大健康产业是受国家政策影响与制约的大行业。政府首先考虑的是普通群众的利益，要通过招标平台切断医药流通领域与医院、医生之间的利益链条，并通过实施药品零差率、医保控费、医保支付方式改革等政策、措施，将医院收入中的药费占比降低到合理位置。在这种形势下，对于各类药企来讲，可能降价是一个永恒的主题。在这种情况下，那些没有优质药、创新药，没有品牌优势、研发优势、规模优势、成本优势的药企的日子之艰难可想而知。

所以，在这种实际形势下，要投资医药股，我们就要优先选择那些具有独家创新品种的医药企业，因为这样的企业在与政府、与医保谈判时具有一定的话语权，其定价也常常有高于市场平均水平的溢价。此外，一些拥有传统中医药品种的企业，如片仔癀、东阿阿胶等也有很强的定价权。片仔癀是国家绝密品种之一，企业的主要产品多年以来一直在不断提价。东阿阿胶从严格意义上来讲，实际上已经不再是医药企业，因阿胶滋补的定位，更多是向保健品方向发展。前几年，东阿阿胶的复方阿胶浆主动退出医保（不退出只是赔本赚吆喝），主要目的还是在于谋求定价权。总之，拥有定价权的医药企业，是投资的首选标的之一。

知名品牌

在大健康领域，知名企业，除了非处方药药企外，更多是一些中医药企业。同仁堂、云南白药、片仔癀、东阿阿胶、马应龙、白云山、广誉远等中医药知名品牌，可谓是耳熟能详。

投资中医药企业，有以下几条根本逻辑：

一是它们具有我们中华民族传统文化的血脉。云南白药、片仔癀具有国家绝密配方，更具有独特性、稀缺性、不可复制性等特点。

二是相对于化学药、生物医药的研究，中药品种的研发投入要小。据有关资料，一种创新药物从最初的实验室研究到最终摆放到药柜销售，平均花费12年左右的时间，需要投入约66亿元，然而成功率低于10%，相比较之下，中药品种有的依靠祖传下来的遗产如家传配方或者秘方工艺技术，便得以传承。当然中医药品种也需要研发创新投入，但是相比之下，药品研发占收入的比例要低得多。据同仁堂年报，2017年同仁堂研发投入为2.19亿元（占收入比1.64%），从绝对额方面比较，与恒瑞医药、复星医药动辄10亿元以上的研发投入就相差很大。

三是有些中药品种因为其长久以来独特的疗效，已经侵入了一些病患的心智。而侵入病患心智的知名品牌，从某种意义上讲，更具有牢固的护城河。

四是受外来的冲击小。无论是化学药，还是生物医药，国内药企均面临着跨国药企强大的竞争压力，相比之下，这些知名的中医药企业本身就具有天然的护城河。

五是比较优势。站在全球化的视野来审视，中国的中医药文化，就如同瑞士的手表、德国的啤酒、法国的葡萄酒一样，是我们中华民族通过历史积淀而形成的一个比较优势。按照定位理论来理解，这种比较优势是一种定位上的优势。总体而言，我们国家在中医药上的这种国际定位优势，过去不是开发得多了，反而是开发得不够，将来随着"中医药法"的实施，随着国家各项鼓励中医药发展的利好落地，随着人们对健康养生、康复医疗等需求越来越迫切，这种优势必将进一步扩大，甚至会走向世界。实际上，有些中医药企业，如同仁堂等，已经开启国际化发展步伐。

回顾历史，中国股市走过了近30年，上市的很多中医药企业都走成了长期大牛股，应与上述因素有关。

研发驱动

医药行业总体来讲是做慢生意，当然这个生意成功了，进入的门槛就相对较高。如新药一旦获得批准上市,品牌药通常能够享受10~20年的专利保护期,扣除临床试验与审批时间,大多数新药能享受8~10年的保护期。在此期间,该药品可以享受较高的利润率。虽然从投资的确定性来看,较大的研发投入会给未来带来很大的不确定性风险,但是作为医药企业,特别是化学、生物医药企业,研发驱动将是在未来竞争中赢得优势的不二法门。

据2015年的数据,世界50强医药企业,从研发投入的前10名情况看,诺华制药(NVS)与罗氏(Roche)研发投入84.65亿美元、84.52亿美元,稳居前两名。辉瑞(PFE)研发投入76.78亿美元,排名第三。强生、默沙东(MSD)超过60亿美元,位居第四、第五位。赛诺菲(SNY)、阿斯利康(AZN)均超过50亿美元,葛兰素史克(GSK)、礼来(Eli Lilly)、百时美-施贵宝(BMS)均超过40亿美元。从研发费用占收入比看,世界前50强医药企业的研发费用占比较高,大部分在15%以上。罗氏、强生、阿斯利康、百时美-施贵宝等药企都超过20%,最高的是再生云(Regeneron),2015年研发投入16.2亿美元,占比高达60%。

相比之下,我国医药类企业的研发无论是从投入总量,还是从研发费用占收入比上看,均与其有着相当大的差距。从上市公司年报看,被称为"研发一哥"的恒瑞医药,2017年研发投入17.59亿元,占制药业务收入的比例为12.71%;以医药全产业链优势著称的复星医药,2017年药品研发投入12.75亿元,占制药业务收入的比例为9.7%。两相比较,中国药企的研发投入就太"小儿科"了。当然,差距有时也意味着机会,且中国的一些优秀药企从研发投入上,正呈逐年加大之势。

投资医药股,投资者还要密切关注世界医药研发新方向。近年来,随着生物技术的革新,各类生物大分子药物,特别是抗体类药物的研发已经成为全球新药研发的热点，抗体偶联物、双特异性抗体、纳米抗体等新型抗体已经成为抗体药物研发的新趋势。单抗药物具有靶向性强、特异性高和毒副作用低等特点，在抗肿瘤病、提高自身免疫力、治疗心血管和神经系统疾病等方面有着广阔的应用前景。据有关数据，目前抗体药物占整个生物技术药物市场份额40%左右，并且市场份额还在继续增长，预计2022年全球抗体药物的销售额将达到1 700多亿美元，在生物技术药中的比例将上升至50%左右。

2017年8月31日，全球第一个CAR-T（嵌合抗原受体T细胞免疫疗法）药物上市：美国食品药品监督管理局（FDA）批准了诺华的Kymriah用于治疗25岁以下青少年难治性或复发性急性淋巴细胞白血病。2017年10月18日，FDA批准的第二个CAR-T药物是吉利德科学公司的Yescarta，用于治疗难治性或复发性大B细胞淋巴瘤，这是全球首个治疗非霍奇金氏淋巴瘤的CAR-T药物。

2017年12月11日，南京传奇生物公司的"LCAR-B38M CAR-T细胞自体回输制剂"成为国内首个以1类新药递交临床试验申请的CAR-T项目，南京传奇生物公司成为国内CAR-T项目按新药审批路径进行监管后，第一家递交临床申请的公司。复星医药携手全球领先的T细胞免疫治疗产品研发及制造企业凯德药业公司在上海设立合营企业，共同打造免疫治疗产业平台，同时全面推进凯德药业公司获FDA批准的第一个产品Yescarta的技术转移、制备验证等工作，致力于将全球领先的治疗产品、技术尽快落户中国。

机会总是留给有准备的人，唯有对以上这些新的动态给予足够的关注与研究，做足研究功课，我们才有可能抓住未来医药股投资的大机会。

重复消费

烟酒消费成瘾是消费者个人造成的，所以，重复消费、成瘾消费怨不得别人，谁让自己成为烟酒依赖者呢？然而，患者到医院去看病，却都是不情愿消费药品，这种不情愿消费又多具有重复消费的特点。

改革开放以来，富裕起来的中国人腰包确实鼓了，然而很多人或许连最起码的预防保健知识都没有，结果是各种慢性非传染性疾病井喷。在中国当下的死亡疾病中，除了肿瘤病之外，就是心脑血管病。许多人是"吃"出了病，是生活方式不健康导致了病。得了这些病怎么办？许多人就得天天服药、依赖服药、终生服药。如天士力的复方丹参滴丸、通化东宝的胰岛素、华东医药的阿卡波糖等，有些患者得天天服（使）用，这就需要重复消费。所以，那些已经具备竞争优势的优秀医药企业，所谓的"赛道"就宽，其股票往往容易成为长期大牛股。

平台生态

我在选股的"9把快刀"部分已经做了介绍，我们按照这种模型，依此去寻找就可以。

需要提示的是，今天在互联网＋、大数据、云计算、人工智能等现代科技化手段支持下，一些具备实力的医药企业、药品流通企业相较于行业外的互联网企业，更具有自己的专业资源、行业背景，更加容易构筑线上与线下的平台生态系统，这种平台生态系统一旦构筑成功，在业内便具有某种消费独占式的垄断性护城河。具有这种护城河优势的优秀药企，其股票容易成为股市中的长跑冠军。

连锁服务

连锁服务最为典型的代表是爱尔眼科、通策医疗、美年健康等。

需要说明的是，连锁服务的特点在一些进入医疗服务领域的上市公司中表现得较为明显。据不完全统计，现在上市公司之中，进入医疗服务领域的已经达几十家，如北大医药、华润三九、绿景控股、人福医药、双鹭药业、恒康医疗等，它们通过各种形式进入医疗服务领域。其中，无论是综合医院建设，还是专科特色的医院建设，多具有一定的连锁服务特点。进入第三方独立的诊断中心、影像中心、血液透析中心建设领域的上市公司，如迪安诊断等，其服务也具有这种连锁性质。

医疗领域更讲究服务的可及性，更需要较长时间的人才积累、技术积累、口碑积累，但是一旦在一个地方建立起良好的信誉度、美誉度，又容易成为一种好生意，且这种生意往往现金流充沛，具有永续经营的特点。相对于综合医院建设，社会资本进入医疗服务领域，特别是那些具备专科特色的医疗服务，如眼科、口腔、医学美容等，更容易在公立医院相对强势的竞争格局下成功"逆袭"，这些具有很强专科特色的连锁式医疗服务集团的股票更容易成为大牛股、长牛股。

细分龙头

投资者如果受大健康产业的细分领域的专业背景的限制，而感觉难以入手，其实还有一个投资的捷径可走，那就是"抓龙头"。这样的龙头有：被称为"研发一哥"的医药龙头恒瑞医药、具备全产业链优势的龙头复星医药、围绕心脑血管疾病领域不断布局的医疗器械龙头乐普医疗、专注于精神卫生领域的龙头恩华药业和专注于脱敏领域的龙头我武生物等。

　　需要指出的是，投资者对于医药、医疗器械、医疗服务等领域的公司进行投资，切忌小盘宠爱症，特别要对那些具有单一病种、单一业务服务优势的公司适度谨慎，因为单一性，一旦市场竞争优势地位不保，就容易增加不确定风险。相比之下，具备研发优势、规模优势、技术优势、品种优势，市值相对较大的优秀医药类企业，反而抵抗市场竞争的风险能力要强，甚至在未来的行业竞争中更容易形成强者恒强的格局。更何况，中国药企市值过1 000亿元、2 000亿元在今天算得上"大"了，而与国外优秀药企的市值比较起来，真是有点儿让我们"羞于启齿"。

第三章　估值篇

科学的估值公式是什么

从本章开始，我们要进入投资的另一个关键环节，即估值。估值既是一门科学，又是一门艺术。问题出在"艺术"这两个字上，因为许多投资者可能在股市里多年，一谈到估值就眉头不展，觉得它是一个难以解决的问题，甚至是一个"世界性的难题"。

事实上，如果我们对一家上市公司估值，马上就能够清楚是高是低、是合理还是不合理，那在股市赚钱不就太简单轻松了吗？老实说，我对这个问题也曾糊涂了很多年，经过整个投资过程，我觉得这实在是一个富有挑战性的话题。

科学估值的定义已经很清楚：一家企业的内在价值是其未来现金流的折现值。然而，一家企业的内在价值如何计算呢？

芒格曾说，他从来没有看见巴菲特计算过。巴菲特曾幽默地说："这么一个赚钱的秘密，我哪能公开示人呢？"

巴菲特在1992年致股东的信中说："尽管用来评估股权的数学公式并不复杂，但是分析师——甚至是老练、聪明的分析师——在估计未来的'息票'时也很容易出错。在伯克希尔，我们试图通过两种途径来解决这个问题。第一，我们努力固守那些我们相信我们可以了解的公司，这意味着它们必须符合相对简单而且稳定的要求。如果一家公司非常复杂或者容易受到连续性变化的影响，那么我们还没有聪明地去预计它未来的现金流。顺便提一句，这个缺点不会烦扰我们，对于大多数在投资的人来说，重要的不是他们懂多少，而是他们如何现实地明确他们不知道的东西。第二，也是同等重要的，我们强调在买入价格上有安全的余地。我们如果计算出一只普通股的价值仅仅略高于它的价格，那么不会对买入产生兴趣。我们相信这种安全余地原则——本杰明·格雷厄姆尤其强调这一点——是成功投资的基石。"

由此可见，巴菲特的做法是：固守在自己的能力圈中，保持足够的安全边际，即以内在价值的较大折扣价买入。

然而，巴菲特这样的商业奇才，可以一眼就看出是胖子还是瘦子，几分钟的时间里千万、上亿美元的大收购就能拍板成交，我们这样的凡夫俗子，哪具有如此"慧眼"呢？在很长时间里，我本人像《糊涂的爱》那首歌中唱的："这就是爱/说也说不清楚/这就是爱/糊里又糊涂！"

贵州茅台这家具有价值投资标杆意义的公司，它的内在价值究竟是多少呢？按照"只要模糊的正确，不要精确的错误"这个理论，它的内在价值是400元、500元，还是600元或者更多呢？似乎没有人能够说清楚，真是1 000个人眼中就有1 000个哈姆雷特，10 000个人眼中就有10 000个林黛玉！

估值真是难倒英雄汉啊！不过，凡事就怕认真，怕专注于研究。在我糊涂了很多年，刻苦研究了很多年之后，我对这个问题终于有所

第三章　估值篇

了解，所以，如果看了我以下的内容，估值这个世界性难题说不定就能够迎刃而解了！

我们先看一看教科书里估值的工具有哪些。

美国帕特·多尔西所著的《股市真规则》(*The Five Stock Investing Rules for Successful*) 一书中，对估值的工具列举得比较全，下面就相关内容做了个人的分析。

市销率

市销率（PS）是现在的每股价格与每股销售收入的比。市销率反映的销售收入比财务报表中的盈利更真实，因为公司通常是想方设法推高利润的（公司可能使用会计手段推高销售收入，但如果使用频繁就容易被发现）。另外，销售收入不像利润那样不稳定，一次性的费用可能临时压低利润，对于处于经济周期底线的公司，一年到另一年的利润变化可能非常显著。当前市销率与历史市销率比较，变化较小的销售收入使市销率在相对利润变化较大的公司中进行快速估值方面更有价值。

但是，市销率有一个大的缺陷，即销售收入的价值可能很小，也可能很大，这取决于公司的赢利能力。如果一家公司披露了数十亿元的销售收入，但每一笔交易都亏损，我们只看股票的市销率就比较困难，因为我们对公司将产生什么水平的收益没有概念。

所以，书中评价道：尽管市销率在你研究一家利润变化较大的公司时可能是有用的，你可以比较当前的市销率和历史市销率，但它不是你能够依赖的指标。尤其不要比较不同行业公司的市销率，除非这两个行业有水平非常相似的赢利能力。

那么，市销率对于我们估值究竟有多大帮助呢？可以说，多数情况下，它是没有多大帮助的，我们只是将它作为一种知识进行学习，并且在必要之时作为参考。

市净率

市净率是把股票的市值价值和当期的资产负债表的账面价值（也就是所有者权益或净资产）比较。这种投资理念认为固定的盈利或者现金流是短暂的，我们真正指望的是公司当前有形资产的价值。格雷厄姆就是用账面价值和市净率对股票进行估值的著名倡导者。

但是，正如书中指出的："尽管市净率在今天还有某些效用，但从本杰明·格雷厄姆那个时代以来，世界已经发生了很多变化。在市场受制于拥有工厂、土地、铁路和存货的资本密集型公司的时候，所有这些资产的确有某些确实的价值，评估公司价值基于它们的账面价值是行得通的，毕竟这些有形的资产不仅有清算价值，而且它们是很多企业的现金流的来源。但是现在，很多公司能通过无形资产创造价值，比如程序、品牌和数据库，这些资产的大部分不是计入账面价值的。"

书中的这段评价是公允的。比如，市净率不仅对于亚马逊、腾讯这样的公司估值"失灵"，就是对于具有较高品牌商誉的公司，如贵州茅台、片仔癀、云南白药、同仁堂这样的公司，"胆小"的投资者或者运用格雷厄姆倡导的估值方法进行投资的价值投资者，也永远不敢买入。

此外，一家公司的净资产究竟包含什么，我们还是需要辨析的。比如，一家生产服装的公司就与生产白酒的公司大大不同。生产白酒的公司库存的基酒未来是可以增值的，但是生产服装的公司净资产里的很多库存商品可能是过了时的服装，这种公司表面上看市净率很低，然而净资产已大大贬值。

运用市净率估值，对于金融类公司可能是很好用的。或者说，市净率可能是一个筛选价值被低估的金融股的可靠路径,但前提是你确信公司的资产负债表上没有巨额的不良贷款。

正如书中所指出的:"要牢牢记住金融类公司股票以低于账面价值交易(市净率低于1.0)常常预示公司正在经历某种麻烦,所以在你投资之前要仔细研究这家公司的账面价值有多可靠。"

市盈率

市盈率是市场普遍运用的估值工具。我们经常说的这家公司估值高,那家公司估值低,大多数情况下是指市盈率估值。

市盈率分静态市盈率、动态市盈率,以及滚动市盈率。

静态市盈率,就是用当前的股票价格除以上一年度的每股净利润,或者用当前一家公司的总市值除以上一年度的净利润(当然最好是运用扣非净利润)所得的比值。

动态市盈率,就是一家公司正在经营的年度年底的净利润(每股收益),与当前的总市值(或当前股价)相除所得的比值。

滚动市盈率,则是指过去4个季度的净利润总和与当前的总市值(或过去4个季度的每股利润与当前的股票价格)相除所得的比值。

这里说明一下,你如果对这些基本的概念仍然不懂,可以借助一下网络,或者找有关的基础书籍,了解学习相关的基础知识。

那么,市盈率在估值中究竟如何使用呢?

市盈率是我们需要经常想起,有时又需要忘记的。它是有用的,甚至是有大用的,可有时它又是失灵的,是无用的。这里先卖个关子,在后面会专门来谈相关内容。

市盈率相对盈利成长比率

市盈率相对盈利成长比率(PEG)是市盈率的一个分支,它是由市盈率除以盈利增长率所得的比值。这个指标，彼得·林奇在他的《彼得·林奇的成功投资》这本书里也曾经提及，有观点认为这是彼得·林奇发明的一个指标〔有观点认为，市盈率相对盈利成长比率选股法是祖鲁法则的提出者、英国金融家和作家吉姆·斯莱特（Jim Slater）首先提出的，后来因被彼得·林奇引用而知名〕。

应该说，这个指标对于一些稳定成长的公司进行估值是大有用武之地的，如市盈率相对盈利成长比率小于1，就意味着这家公司有投资价值。我们如果发现了一家公司年净利润增长率达到30%以上，然而市场却给予它20倍市盈率的估值，那么我们可能就发现了一座金矿，但是问题的关键是如何确定以后年度这家公司一定会增长30%以上，而不会突然仅增长15%，甚至10%呢？运用这个估值工具最大的困难，即关键之处是对于未来增长的预判是否准确。

书中这样说："市盈率相对盈利成长比率已经被某些投资者广泛应用，因为它反映的是市盈率与公司基本面信息——公司的盈利增长率的相对关系。从表面上看，这是有意义的，因为一家高速成长的公司在未来应当更有价值，这是互相匹配的。问题是风险和成长性常常亲密地走到一起，高速成长的公司其风险也高于平均水平。这种风险和成长性的并存就是市盈率相对盈利成长比率被频频误用的原因。当你使用市盈率相对盈利成长比率的时候，你正在假定全部的增长率是相等的，同时与增长率相伴的是同样数量的资金和同等大小的风险。"

这是就一家公司成长性突然不再持续的风险而言的，问题的另一面是运用这个估值工具有时还很"尴尬"。

美国的威廉·欧奈尔（William O'Neil）在《笑傲股市》（How to Make Money in Stocks）一书中曾指出，美国历史上的一些大牛股市盈率多数在20~50倍之间。

第三章 估值篇

杰里米·西格尔在《投资者的未来》一书中对1957—2003年回报率前20的旗舰企业进行分析，他写道："有趣的是，所列举的旗舰企业大多并不在市盈率最低的股票之列。"同时，他又说："旗舰企业拥有20倍或30倍的市盈率并不过分。"他还特别指出，如果根据林奇市盈率相对盈利成长比率的规则（即市盈率相对盈利成长比率小于1），这20家公司没有1家的股票值得购买，甚至只有菲利普·莫里斯这只股票的市盈率相对盈利成长比率的值小于1。然而事实上，这些公司却让投资者感到满意，秘诀在于：较高的利润增长率如果能维持很长一段时间，那么相对于平均水平，它只需要拥有微弱的优势就可以长期创造巨大的超额收益。

其实，中国A股市场上的一些长期大牛股也如西格尔说的这么"有趣"。

贵州茅台上市当年（2001）年底的市盈率为28.14倍，云南白药上市当年（1993）年底的市盈率为55.63倍，天士力上市当年（2002）年底的市盈率为23.58倍，格力电器上市当年（1996）年底的市盈率为31.04倍。同样，这些长期大牛股也没有较低的市盈率水平。换句话说，如果当年这些公司一上市，无论多高的市盈率，你就买入并持有至今，那么回报都是惊人的。

不仅如此，我还曾对2008年大熊市最底部时（当时可谓是历史上的大熊市）的贵州茅台、云南白药、东阿阿胶、片仔癀、同仁堂、天士力、恒瑞医药等后来创出历史新高的消费医药品牌类的大牛股进行过数据回溯，当时它们的市盈率也大多在27~37倍之间，即便是按照后来的业绩推算，其当年的动态市盈率也没有低于20倍的。然而时过境迁，现在看来当时是多么绝佳的买入机会。

投资者是不是经常在股市上面临这种"尴尬"呢？应该说是的，有很多投资者可能正是因为这一估值上的"尴尬"，在心里掂量来掂量去却始终下不了决心买入，所以错失了一次次的投资良机。如何破解这种"尴尬"问题呢？我们后面再解决。

综上，我们主要介绍了4种估值工具。那么，掌握了这些工具，就能够对一家公司进行估值了吗？如果你的估值水平仅仅停留在简单地使用这些工具上，那说明你还有很大的提升空间。

巴菲特说：[1]"无论是否合适，价值投资这个术语都被广泛使用着。通常，它会与一些典型的特征联系在一起，例如低市净率、低市盈率或高分红等。不幸的是，这些特征，即便它们合在一起，也不能表明一个投资者的确就买到了物有所值的东西，并且在他的投资中正确运用了获得价值的原则。相应地，与此相反的一些特征，例如高市净率、高市盈率或低分红等，这些并不与'价值'购买相矛盾。"

他还说："普通的标准，如红利率、市盈率或者市净率，甚至增长率都与估价无关。除非它们到了给进出企业的现金流量或流动时刻提供线索的程度。"

明白了吧，巴菲特甚至说这些估值工具，除了在一个前提下，否则均与估价无关。

巴菲特又说："内在价值是一个非常重要的概念，它为评估投资和企业的相对吸引力提供了唯一的逻辑手段。内在价值的定义很简单，它是一家企业在其余下的寿命中可以产生的现金流量的贴现值。"

我们要注意巴菲特所说的关键词"唯一的逻辑手段"，当然，今天我们知道，巴菲特所说的"唯一的逻辑手段"，即现金流量贴现模型（DCF），并不是巴菲特的发明，而是1938年约翰·伯尔·威廉姆斯（John Burr Williams）在其著作《投资价值理论》（*The Theory of*

---

[1] 劳伦斯·坎宁安. 巴菲特致股东的信[M]. 杨天南译. 北京：机械工业出版社.

Investment Value）中提出来的。

国内著名的投资人段永平说："投资就是买入一家企业未来现金流的折现值（与贴现值是同一个意思）。"同时，他还说，投资就一种，即投资一家企业未来现金流的折现值，而投机则有多种多样的玩法。

今天，我们又一次站在巨人的肩膀上！

如果说估值有"核秘密"的话，那么，这个现金流量贴现模型就是，如果你真的对估值的相关科学公式理解透了，那么估值就不再能难倒英雄汉了，你的投资从此就顺风顺水了。

接下来，我们将揭开这个"核秘密"。

怎样理解估值的"核秘密"

芒格说他从未看见过巴菲特计算未来现金流的折现值，这应该是说的大实话。当然，研究巴菲特的书的作者可能对于他是否计算有着不同的揣测，有的甚至还煞有介事地告诉我们巴菲特是如何去进行计算的。但是，我们如果真的沉湎于这种具体的计算之中，那可真就是太书生气了。

我们先来看一下影响一家企业未来内在价值的4个关键因素：

- 时间周期；
- 自由现金流；
- 折现率；
- 管理层（管理层也影响着息票）。

可以说，哪一个关键因素稍微变化，哪怕仅是几个小数点的变化，在相当长的时间周期内最后的结果都大大不同，真是差之毫厘，谬以千里。

巴菲特在1992年的致股东的信中说：①

"在写于50多年前的《投资价值理论》中，约翰·伯尔·威廉姆斯提出了价值计算的数学公式，这里我们将其精炼为：今天任何股票、债券或公司的价值，取决于在资产的整个剩余使用寿命期间预期能够产生的、以适当的利率贴现的现金流的流入和流出。请注意这个公式对股票和债券来说完全相同。尽管如此，两者之间还是有一个非常重要的，也是很难对付的差别：债券有息票和到期日，从而可以确定未来现金流。而对于股票投资，投资分析师则必须自己估计未来的'息票'。另外，管理人员的能力和水平对于债券息票的影响甚少，主要是在管理人员无能或不诚实以至于暂停支付债券利息的时候才有影响，与债券相反，股份公司管理人员的能力对股权的'息票'有巨大的影响。"

是的，就算时间周期、自由现金流、贴现率我们可以进行估算，但是管理层的能力又如何估算呢？

所以，我们对于这个科学的估值公式进一步研究后，往往容易"卡"在这里，甚至感叹原来这只是个好看不好用的东西。

但是，如果你的理解仅到这个层面就停止了，那就太可惜了，因为这个科学的估值公式其"科学"之处，或者说它的"核秘密"其实给我们提供了一种很好的思维方式。

对，重要的事情说三遍：思维方式，思维方式，思维方式！

（1）时间周期。

什么样的企业价值高呢？长寿的企业价值高，永续经营的企业价

---

① 德群. 巴菲特投资思想·方法·实录［M］. 北京：中国华侨出版社.

值高。这个道理很浅显，你开办公司，经营几年就倒闭了，而别人经营的企业是百年老店，永续经营，自然后者的价值就高得多。

格雷厄姆在《聪明的投资者》第 11 章写给业余投资者的证券分析方法中，有关成长股有一个估值公式，即价值 = 当期（正常）利润 × （8.5 + 两倍的预期增长率），增长率应该是随后 7～10 年的预期增长率（但这个公式我从来没有用过，可以作为参考）。他还写道，事实上，按照算术，假设一个企业将来可以按 8% 或更高的速度无限期增长的话，那么其价值将趋于无穷大，且其股价无论多高也不过分。

请注意，这是以"拣烟蒂"著称的价值投资开山鼻祖说的话！当然，我们是没有办法预测出一家企业可以永续按照 8% 或者更高速度无限增长的，但这至少告诉我们一个道理：长寿型的企业价值高。

回到我们的 A 股市场，许多人可能不明白同仁堂、片仔癀这样的企业为什么长时间享有高市盈率，甚至很少有市盈率低于 30 倍的时候（当然也与其成长性有关），但长期下来，它们却走成了长期大牛股，主要的因素之一，是它们具有永续经营的特点，类似于一个长生不老的企业。自然，这样的企业，市场长时间给予了较高的估值溢价。

所以，对于企业估值，我们不看市盈率、市净率不行，只看这些也不行，毕竟这些只是技术工具，需要我们在定性方面综合考虑企业的内在价值。

（2）自由现金流。

一家企业为了维持竞争地位或扩大再生产是不得不将利润中的一部分再投入生产的（"限制性盈余"思想），除了这些投入之外，剩下的才是自由现金流，才是自己真正赚来的真金白银。这并不难以理解，比如自己开一个小店，除去各种税费、人工费等开支，剩下的才是自己赚的自由现金流。

什么样的企业能赚取更多的自由现金流呢？是那些具有费雪、巴菲特、芒格论述的显著经济特征的优秀企业，即赚钱机器，那些烧钱机器自然赚不到多少自由现金流。所以，这个公式告诉我们，要投资那些具有成长性、有优秀商业模式的企业。或者说，具有成长性的有优秀商业模式的企业，价值才高。

关于自由现金流的理解，有一个关键问题，就是我们不仅要考虑它过去产生的自由现金流，还要考虑它未来产生的自由现金流，或者说它未来能够释放自由现金流的能力。这里面就涉及"一鸟在手"与"两鸟在林"的关系，直白地说，就是钱今天到手还是明天到手的关系。我们已经讨论过，分析一家企业的自由现金流不能太拘泥，比如一个发展已相对成熟的企业的自由现金流就好些，而一个正处于价值扩张期的企业的自由现金流有时可能并不好看，因为"天下武功唯快不破"，特别是在行业内要占位、卡位的企业，需要通过最大可能的投资赢得市场份额。所以，近些年，中外股市中一些互联网线下线上的平台型生态公司，如亚马逊、腾讯等，虽然在早期相当长的时间内是不赢利的，甚至是烧钱的，但是因为其"一家独大、赢家通吃、老二非死不可"的商业模式，市场同样给予了它们很高的市盈率估值。在互联网时代，这种商业模式是优秀的，甚至优秀得让人羡慕！

（3）折现率。

为什么一家企业未来产生的自由现金流要折现呢？因为货币是有时间价值的，比如我们今天收到的钱可能被投资出去赚某种利润，而我们在收到未来现金流之前不能把它用于投资。此外，我们可能永远收不到未来的现金流，因为任何投资都是有风险的，而且我们需要为风险做出补偿，这就是风险溢价。

第三章 估值篇

货币的时间价值本质上是未来收到的现金相对于今天收到的现金的机会成本，它常常用政府的长期国债支付的利息来表示。即政府债券利息+风险溢价就是我们所说的折现率。

明白了这个基本概念，我们对于什么样的企业价值高就容易理解了。什么样的企业风险溢价要高呢？显然是那些商业模式不优秀的企业，是那些经营上确定性不强的企业，是今年可以赚不少钱而明年就可能亏不少钱的企业。对于那些长寿的企业，对于稳定性、确定性高的企业，其风险溢价或者折现率是低的。别看折现率只差几个小数点，用时间尺度来衡量，企业未来的内在价值就有天壤之别了。所以，那些长寿型、稳定型且确定性强的企业，价值就高。

（4）管理层。

好马要配好骑手，好船要有好船长。我们讨论过，虽然巴菲特喜欢傻瓜也能够经营的企业，但那仅仅是一个比喻，意在说明好的商业模式的重要性。实际上，他十分看重管理层，而且越到后期越看重。所以，诚实、能干的管理层，特别是一把手的作用，我们是不能小觑的，因为他们能力大小、诚实与否直接关系未来的"息票"多少。

综合以上4个关键因素，再重复一下前面巴菲特眼中的好企业标准，估计我们就能够明白很多投资的奥秘了。

- 具有较强的特许经营权。
- 高于平均值的净资产收益率。
- 相对较小的资金投入（有资金投入也要符合"1美元原则"）。
- 释放现金流的能力（未来自由现金流越多越好）。
- 诚实、能干的管理层。

说到这里，你还记得投资选择的"5性"标准吗？即长寿性、稳定性、盈利性、成长性、有德行，这"5性"标准就是从这个科学的公式里提炼出来的。

进一步而言，如果非要用一句话来概括价值投资的精髓，那就是：投资一家企业就是买入其未来现金流的折现值，或者说，衡量一家企业内在价值的唯一标准（注意："唯一"就是不再有其他标准）就是其未来现金流的折现值。

如果说在估值上真有什么"核秘密"的话，这就是！

让估值不再难倒英雄汉

下面，我就要给读者朋友们介绍几种我在具体估值时的几种"土洋结合"的办法。说它"土"，是因为有时我用的方法实际上是自己私下用的，登不上大雅之堂，更不要说写出来；说它"洋"，是因为这些方法归根到底没有脱离投资大师们的商业思想。

整体估值法

当我们接触一家公司时，先看它的总市值是多少，依照它目前的商业模式与赢利水平，并考虑它所处的行业空间等因素，大致估算它将来能够做到多大市值。如果它现在仅500亿元市值，我们判断它将来能够做到1 000亿元市值、2 000亿元市值，那你要按照整体买下这个公司的思路来买。在做这种"目测"工作时，我们还可以对标国内外市场上一些相同类型的企业，当然，有的企业有这种参照，有的没有，这要依靠自己的商业洞察力、判断力。

巴菲特在2002年、2003年买入中石油，就是运用了这种整体估值法。《跳着踢踏舞去上班》这本书披露：当时中石油生产中国2/3的石油和天然气，这家庞大的公司蒸蒸日上。中国每天消耗超过500

万桶的石油，需求明显，2002年的汽车销量激增将近60%。然而中石油大约7倍的市盈率和埃克森美孚公司的15倍市盈率相比，就显得便宜了。巴菲特2002年、2003年买入，于2007年卖出，他整整赚了7倍。

他在当年的年报中分析了这笔投资："在2002年和2003年，伯克希尔－哈撒韦公司用4.88亿美元买入中石油1.3%的股权。按照均价推算，中石油市值大约为370亿美元。芒格和我那时觉得公司的内在价值应该为1 000亿美元。到了2007年，两个因素使它的内在价值提高：第一，油价显著攀升；第二，中石油管理层在石油和天然气储备上下了很大功夫。去年下半年，该公司市值增长至2 750亿美元。因此，我们以40亿美元的价格出售了自己持有的中石油的股票。"

说到这里，有读者朋友会"不满意"了，因为我们作为普普通通的小投资者，怎么能与投资大师相提并论呢？比如巴菲特不去一家公司实地调查，通过阅读公司的年报（他对韩国股市的投资就是如此），就可以判断股票是否值得买入。是的，这种整体估值的能力，确实非一般人所能及。而且，这种能力是经过长期的商业训练，或者具备一定的实业经验才能达到的。但这毕竟是一种估值的思路，甚至说是最高境界，我们既然在股市上投资，也当从各个方面去训练自己的能力。经过持续不断的学习与训练，我们或许会慢慢地达到这种高境界。

简单推算法

投资是一个"看山是山，看水是水；看山不是山，看水不是水；看山还是山，看水还是水"的过程。在深刻理解、洞悉了一家企业内在价值的"核秘密"之后，我们再使用前面提到的一些估值工具，估计就得心应手了。说老实话，在价值投资的估值工具箱里，我曾经翻来覆去地找，在"山山水水"中转悠了很多年，才突然发现原来还是它——市盈率最好用。

关于市盈率，我们至少应该从以下5个方面进行理解：

（1）理论上，市盈率是我们投资年限的回报率。如10倍市盈率，意味着投资一家公司理论上10年收回成本；20倍市盈率，意味着投资一家公司理论上20年收回成本。

（2）理论上，市盈率的倒数是我们的年收益率或盈利收益率。如10倍市盈率，意味着年收益率达到10%，20倍市盈率，意味着年收益率达到5%，以此类推。不过，这仅是理论上的假设，它的作用是权衡估值高低。

（3）市盈率，等同于股市的一种游戏规则。股市是上市公司股权进行自由拍卖的交易平台，既然是拍卖交易，自然需要游戏规则，而这个游戏规则就是以市盈率来衡量的。一家企业为什么要上市呢？直接的好处是可以向社会融资，但同时也意味着这家企业被"社会化"了，换句话说，这家企业就不能被视为"自家的"了，而这种"让渡"与"交换"需要一种溢价，这种溢价就是用市盈率来衡量的。

不过，这只是我本人的一个"发明"，我从未在教科书上见过如此论述，不过，我是做投资的，并不是搞学问的，所以，在遣词造句上就不拘泥了。

（4）市盈率是一种市场普遍预期的直白表达。市场为什么对有的企业给予30倍、40倍、50倍的市盈率，而对有的企业给予10倍、20倍的市盈率？这实际上是市场普遍预期的一种直白表达。说到预期，自然有感性、情绪性的成分，换句话说，有时预期的表达可能是正确的，有时可能是错误的，这需要对"预期"进行研究，进而做出自己的理性判断。

这里如实相告，理解了"市盈率是一种市场普遍预期的直白表达"这层含义，我甚至有巴菲特说的从大猩猩向人类进化的感觉。

（5）市盈率，归根到底是与一家企业的内在价值有关，或者说它其实是现金流量贴现模型的简化形式。

我们已经知道，一家企业未来自由现金流的折现值是不好计算的。那么，我们不妨先进行理论假设，假设一家企业的内在价值用其市值来代替。那么，一家企业的内在价值（市值假设为内在价值）=净利润×市盈率。显然，一家企业的内在价值取决于两个因素：一是净利润，二是市盈率。财务报表上的净利润仅仅是会计上的净利润，它与真实的自由现金流越接近（如不做假账的净利润、限制性盈余少的净利润更接近），利用这个净利润计算出的企业市值就与内在价值越接近。同理，这个市盈率数值取用得越合理，它与净利润相乘得出的市值，就越接近于一家企业的内在价值。

通过这种理论假设，我们不难得出，合理的市盈率是与一家企业的内在价值高度相关的，或者说它就是现金流量贴现模型的一种简化形式，也决定了运用市盈率进行估值，在特定条件下的合理性和有效性。而这个特定条件又是什么呢？就是我们前面说的："市盈率是我们需要经常想起，有时又需要忘记的。它是有用的，甚至是有大用的，可有时它又是失灵的，是无用的。"

（1）它的"有用"。

"有用"是指对于大盘的判断，它总体是"有用"的。也就是说，我们可以将中国所有上市公司视为一个中华大家族的企业，运用市盈率对它进行估值，是有效的。

例如，自中国股市诞生以来，上证指数市盈率的波动区间大致在10~40倍之间，当然有时整体市盈率水平还要高。将来市场进一步成熟了，与国际成熟市场接轨，估值中枢有可能进一步下移，如美国股市长期估值中枢为15倍市盈率（其倒数为6.67%，与西格尔的研究成果，即美国股市的长期收益率基本一致）。虽然具体的数字有区别，但这一"规律"在不同国家的股市多表现为同样的"游戏"特征。由此，根据市盈率，市场整体是处于高估区、低估区还是处于混沌区，我们心中会有大概的了解。所以，在判断市场整体是牛是熊、是高估是低估方面，市盈率是大有用武之地的。

符合"5性"标准的企业，估值就"有用"，或者说，对于那些弱周期的、具有核心竞争力的、稳定成长的公司，估值就好用。想一想前面提到的"理论假设"就不难理解，凡符合"5性"标准的企业，完全可以运用市盈率这种简化的现金流量贴现模型形式进行估值。

市盈率可以作为理智的缰绳，时时拴住我们情绪化的野马。彼得·林奇说，不太会估值的投资者要记住一点，即千万别买市盈率过高的股票。我"篡改"一下，千万别买市盈率高得离谱的股票。这一点，要作为一条纪律来遵守。

（2）它的"没用"（或失灵）。

创业初期在"烧钱"，还见不到丰富自由现金流的公司，市盈率是不好用的，或者是失灵的。因为我们没有办法证明究竟给予它30倍市盈率合适，还是给予它50倍市盈率合适。

市盈率对于强周期性的企业不好用。相反，按照彼得·林奇的说法，市盈率高了或许正是行业出现买点之时，而市盈率低了恰恰是卖出之机。

市盈率对于困境反转的企业往往"失灵"。

市盈率对于一般普通的商业性企业不好用，或者说投资者容易陷入市盈率估值陷阱。这种企业往往没有护城河保护，即使是高成长性也往往依靠向好的宏观经济环境或者一时的行业红利，但在出现众多

第三章 估值篇

新的竞争对手之时,其高成长性便不在。

明白了以上"特定条件",再运用市盈率这一估值工具进行估值就好办了。我们就专门拣它"好用"的地方用,这也可以视为我们估值的能力圈。

我们进一步分析:一家公司的市值＝企业年净利润×市盈率。

这个公式告诉我们:一家公司的总市值,仅仅取决于两个因素,一个是净利润的增长,另一个是市盈率的放大。如果净利润的增长不好预测,市盈率则可直观地看到。那么,假设净利润"固定"了,只要市盈率上升,便可以保证市值的放大。

那么,不同的行业、不同的公司,市场要给予它多少倍的市盈率合适呢?这实际上可以视为"我们这一行的秘密"。

在短期内,股票市场的价格是随机的,但长期而言,在不同的行业与不同的公司之间,市场又常常会给出不同的市盈率区间这一"游戏规则"。进一步说,就像同在蓝天下,人与人之间不可能绝对公平一样,不同的行业之间、不同的公司之间,市场给予它们市盈率的估值常常是不同的。我本人也很长时间想不明白这个道理,曾一度"愤愤不平"地质问道:"难道生产空调赚的钱,就与生产白酒、药品赚的钱不一样吗?"在股票市场上还真是"待遇"不同,对于市场的这种"游戏规则",我们只要做到深谙其道即可,不要较真儿(如果深刻剖析这种"待遇",其根本原因在于商业模式不同,在于科学估值的那个"核秘密")。

行业属性不同,市盈率估值常常不同。如市场对制造业、品牌消费类与医疗类股票的市盈率"待遇"就有很大差异:对于格力电器这样的企业给予15倍、20倍、25倍市盈率,但对于一些快消类消费企业、医药类企业则长期给予20倍、30倍、40倍,甚至更高的市盈率。

/ 181

说到医药股，要特别提醒一点，很多国家股市，包括我们中国A股市场，长时间对它们有估值溢价（英国和日本是全民免费医疗卫生体制，政府价格管制严厉，从而导致企业盈利降低，医药板块估值溢价相对较低）。分析原因，当与市场普遍的预期有关，同时也与医药类企业本身具备的弱周期、稳定性、成长性、永续经营等特点有关。

此外，医药类企业研发支出费用化与研发费用资本化也是造成市盈率差距的原因之一。最为典型的案例如恒瑞医药，在很少保持40倍以下市盈率的情况下，走成了长期大牛股（与其成长性有关），这可能让很多投资者大惑不解。我们知道，一家医药类企业每年需要很大的研发投入，如恒瑞医药这种把研发支出费用化的企业与其他把研发费用资本化的企业相比，财务报表上体现出的是当期利润相对较低，在这种情况下，它的市盈率自然要比研发费用资本化的企业的市盈率高。这一点，我们在对医药股进行估值时，是需要注意的。

另外，市盈率不同的原因有：商业模式的优劣，如具有经济特许权的企业市盈率估值就相对较高；企业寿命不同，如长寿的企业，市盈率估值就相对较高；企业所处生命周期不同，如处于朝气蓬勃时期的企业，市盈率估值就相对较高；市值大小不同，如市值相对大，市盈率估值重心可能会逐步下移；等等。当你明白了"我们这一行的秘密"，你也同样会有从大猩猩向人类进化的感觉，也就可以运用我这种简单推算法进行估值了。

为了让你能明白这种简单推算法的"妙处"，我在这里分享3个投资案例：

贵州茅台

2013年年底，受国家强力反腐影响，茅台走下神坛，股价跌至140元之下，此时的市盈率已"压缩"至10倍左右（注意是"压缩"，我们等待的就是市场将它"压缩"到极致，这才是大好机会），于是我发表了一篇文章，"大声疾呼"优秀企业的股价跌便宜了，你会买吗？意思就是，贵州茅台这家企业已经"跌出"了很大的投资价值。为什么在当时那种"恐怖"形势下，我会认为它有投资价值呢？实际上就是用了我这个"真经"：简单推算法。

我们可以设想：假如10倍市盈率买入，5年、10年之后，市场仍然给予它10倍市盈率，那么它的增长率就是自己的收益率。根据当时的判断，贵州茅台这种"高大上"的企业长期保持高于国家GDP的增长率是大概率事件，所以当市场给予它10倍市盈率之时，无论如何不能说它是"胖子"了。如果将来它的增长率又超预期（市盈率有时是市场预期的一种直观表达），那么我们就乐得享受便是了（向上双击）。当然，后来有目共睹，市场的这一"双击"效果确实了得，它至今仍然是傲视中国整个A股市场的第一高价股。

当然，在当时那种"恐怖"形势下，你可能会说："难道它就不会跌至5倍市盈率吗？"这其实就是"我们这一行的秘密"，即市场对这种消费类企业有一定的市盈率"游戏规则"，如若不信，我们还可以与国际成熟市场类似标的进行对标。

东阿阿胶

当2015年因为股灾的拖累，东阿阿胶股价被打压至36~40元时，我就撰文（分享到新浪博客与雪球）说它有很大的投资价值，为什么呢？我通过估算，那时它的市盈率已下跌至18倍以下，结合其基本面和成长性，按照"游戏规则"，对于一家类消费品牌的药企来讲，市场给予20倍以下市盈率，无论如何不能说它是"胖子"了。而且假若5年以后，市场仍然给予它18倍左右的市盈率，那么显然它5年的增长率就是自己的收益率。既然是"瘦子"，那买入即是。现在回头看，当时是一次很好的低价买入的机会，后来股价上涨接近翻倍。同样，在2018年这个深度熊市之中，公司业绩增长一时放缓，市场的估值又低至40元以下，而此时对应的市盈率更是创了历史新低，跌至13倍。按照简单推算法，假如我以这个价格买入，坚定持有5年或者更长的时间，届时市场仍然给予其13倍市盈率，那么未来几年的公司业绩增长率则可以视为自己的收益率了。实际上，我们可以预期，随着市场行情的反转和公司收入与利润的增长，达到向上"双击"的效果也是有可能的。

复星医药

受郭广昌协查事件影响，2016年上半年集团控股93%的奥鸿药业旗下核心产品奥德金（学名"小牛血清去蛋白注射液"）停产整顿（以上两个事件当时均在媒体上被炒得沸沸扬扬），熔断机制又被废，事件叠加影响，复星医药的股价被打压到20元以下3个多月。当时，我同样在博客和雪球上撰文分析说复星医药大有投资价值了。

理由很简单：2015年每股收益1.07元，股价20元，则对应市盈率20倍。这个价位按照市场对医药企业的估值"游戏规则"，并考虑其当时近500亿元的市值（运用整体估值法），复星医药绝对不能算是"胖子"了（在16~18元这个价位区间，我就买了不少）。到2017年，复星医药就有了一个夸张性上涨，全年涨幅几近翻倍。同样吊诡的是，2018年这个深度熊市又将复星医药的股价打压至21~23元之间，对应市盈率为18倍。我们可以预期，此时的市场给长期投资者提供了进一步买入的机会。

有了这个简单推算法作为武器，是不是估值就不再难倒英雄汉了？

不过，这里还要调强一下，这种简单推算法只适合符合"5性"标准的投资标的，千万不能乱"套"。此外，利用简单推算法，我们如果估算到未来5年的投资收益能达到年复合增长率15%，即发现了5年翻倍股，那自然是一个很好的投资机会，可以"扣动扳机"。

如果将选股与选择职业进行类比，这种方法更适合对公务员这种稳定的职业进行估值。公务员虽然赚得并不多，但毕竟有稳定的现金流入，而且在现行体制下退休了还有保障，相比之下，那些体制外的自由工作者，可能会突然发了一大笔财，又突然陷入入不敷出的境地。所以，我们对自由工作者就不好估值。

在此，爆料我儿时的一点儿趣事。投资，不能总是那么严肃，偶尔来一点"旧闻"，也是一件饶有趣味的事情。

我小时候，特别喜欢逮鸟（那时少不更事，有点儿顽皮，没有一点儿环保意识，而且当时自然环境还没有遭到破坏，鸟的种类还是很多的）。我生活的地方，有一种鸟名叫"傻瞪眼"，特别好逮（一旦逮住鸟儿，那种兴奋劲一点儿不亚于现在"逮住"一只长牛股），你只要在土堆上放一个带着虫子的铁夹子，根本用不着用土埋（绝大多数的鸟很精明，没有土埋夹子做隐藏，绝对会十分警觉，不去吃虫子），这种鸟见了，就飞扑下来吃小虫子，于是它就被逮个正着！

这事到今天还给我的投资以深刻启发，即我们投资只逮这种"傻鸟"即好。好在股市的"可爱"之处在于，它常常给我们提供这种能够让投资者看得明白、"逮得住"的机会，这就足够了。

透支一年买入法

在长期思考之后，我还"憋"出了另一个"土办法"，我名之曰"先结婚后恋爱"买入法。这是什么意思呢？我们看好某家上市公司，如果价格不是贵得离谱，则可以先买入一部分，这样便将自己"拴"住了，不会三心二意，还增加了自己研究的动力。这个道理好理解，因为投入与没有投入的区别，就像你谈恋爱时"带电"与

"不带电"的区别一样。

然而，在股市中待久的人有一个问题：好公司，有时是不难被发现的，但好公司本身就是稀缺资源，股市中又有太多精明人，这导致这种好公司的估值就像中年人的腰部脂肪很难减下来，有些长期大牛股就被永久错失了。

怎么办呢？我们可以"笨鸟先飞"，"透支"它一年的估值买入（这个办法与"先结婚后恋爱"办法共用，即先"透支"，买入一小部分进行研究，认可了继续买入）。要知道，我们对于一家公司几年之后的成长确实难以把握，但是对于它一年的增长，因为有季报、半年报的参考，加之企业增长的惯性，还是相对容易判断的。这样，我们"透支"一年的持有时间成本（把握好了也未必形成事实上的透支），再进行估值，有时反而容易等到买入机会。

"透支一年买入法"似乎颠覆了价值投资理论中安全边际的概念，然而，在我的投资实践中，利用它反而更容易逮住一些长期大牛股。

当然，使用这种方法要把握一个平衡点，需要自己掌握。但是有一点是值得肯定的，即由于我们本来就计划"透支"一年的，所以，一旦买入，短时间内心态上就可以视涨跌如"浮云"。

我重申一下：使用这种方法进行估值，还是要建立在"5性"标准之上，切不可乱"透支"。

股息率估值法

对于股息，很多投资者可能并不在意，或者在资金量较小的情况下并不重视。殊不知，股息率的高低对于我们对一家企业进行估值是很有帮助的。

西格尔教授列举的新泽西标准石油与美国国际商业机器公司对比的例子，就是很好的说明。从理论上讲，我们投资一家企业，终极目标是分红。西格尔教授在其《股市长线法宝》一书中，对美国标普500指数从1871—2012年的数据做过回溯研究，发现股票实际收益率为6.48%，其中股息分红收益占4.4%，资本利得收益率为1.99%。可见，股息分红是整个时期内股东收益的最重要来源。当然西格尔计算的约140年的时间周期有点儿长，我们无论如何也活不过这么长的历史周期，但是，这至少说明了一个道理，即对于长期投资者来讲，实际上股息率是很重要的。几乎所有的投资者都希望自己买入心仪的标的之后股价能上涨，其实，在市场低迷期，或者在市场长期对于一家优秀企业的股价压制时，利用股息再投资，这本身就是一种复利。在这种情况下，我们其实不该希望股价上涨过快。

那么我们怎么运用股息率对一家企业进行估值呢？很简单，衡量的标准就是一家企业的股息率高过长期国债收益水平，再结合企业品质、历史分红水平、未来成长空间等基本面因素评估，就能够得出结论。

寻找市盈率对优秀企业的"错配"

读约翰·聂夫的书，我们知道他最擅长的是低市盈率选股法；读邓普顿的书，我们知道他利用的最简单方法是市盈率与市盈率相对盈利成长比率。看来，十八般武艺未必样样精通，只要找到自己擅长的一两种估值方法就足以笑傲天下。

对于估值这一"世界性难题"，我们已经化解了，即以科学的估值公式作为思维指导，找到"特定条件""适用范围"，运用市盈率进行简单推算即可。其中还有一个窍门，我们要善于寻找到市盈率与企业不同发展阶段之间的"错配"，或者因为市场长期偏见、情绪普遍影响而造成的"错配"，进而挖掘出有投资价值的品种。

第一种"错配"是在优秀企业的价值扩张时期。

一些优秀企业在初创、扩张时期，单看市盈率有些高，比如30倍、40倍不等，这在一些新兴行业中表现得更为明显。这个时期，单纯讨论30倍或40倍的市盈率没有多大意义，因为一家现在市值50亿元或100亿元的企业，将来几年大概率能做到500亿元或更高的市值，此时市场给出的市盈率往往是"错配"的。

我们提到的贵州茅台、格力电器、云南白药这样的长期大牛股，在它们上市的最初几年，不论你是以多高的市盈率买入，坚定持有至今，实际上都是对的。同样，一些在早期阶段"烧钱"的公司，如当年的亚马逊、腾讯、阿里巴巴，我们又如何给予它市盈率估值呢？可以说，我们对这样的公司，是无法简单运用市盈率进行估值的。投资这类标的难度较高，重要的是对于其未来的洞察。

第二种"错配"是一些优秀企业"被成熟"。

与股市常常对一些新东西，如新技术、新发明、新创造等表现出不理性的狂热冲动相反，对一些传统行业和企业往往产生"审美疲劳"和持久的偏见，表现在市盈率估值上，就是一些优秀企业"被成熟"。白酒企业在2012年之前的很长时间，一直"被传统""被成熟"，结果它却带来了"黄金十年"，从而让一些投资白酒企业的长期投资者赚得盆满钵满。白色家电行业被市场的长期偏见左右，其市盈率的"错配"更是持续了很多年，结果却走出了格力电器、美的集团、青岛海尔这样的长期大牛股。类似的例子还常常出现在一些竞争格局相对稳定、寡头稳定的行业。2017年，中国股市演绎了一场轰轰烈烈的绩优蓝筹行情，但是在2015年股灾之前，很多绩优龙头企业被市场认为"太传统"，甚至有的被当成"蓝筹僵尸"。

羚羊总是成群地聚集在一起，以避免天敌的捕杀。这一刻还无所事事，一副风平浪静的模样，下一刻它们就可能飞奔起来。羚羊总是睁大眼睛，观察其他羚羊在做什么，因为它不想被甩在后面。在股市上，作为大众投资群体，投资行为是不是与羚羊并无二致呢？当一些"羚羊"全往东边跑去，作为一个理性的投资者还要往西边看一看，或许就能够发现投资的金矿，这就是所谓的逆向投资。

第三种"错配"是市场情绪的"错配"。

一家企业，股价今天上涨几个点，明天又跌几个点，企业的经营状况会变化如此剧烈吗？显然不会，这完全是市场情绪的直白表现。特别在牛市与熊市状态下，市场常常把这种贪婪与恐惧的人性弱点发挥到淋漓尽致，甚至可以说，市场对于同一家企业的估值在牛市有"牛眼"，在熊市有"熊眼"。当然，这恰好给理性的投资者提供了发现这种"错配"的机会。

我们先看一个公式：市盈率 = 常态下的合理市盈率水平（Normal PE）+ 情绪扰动项（e）。这个公式告诉我们，一家上市企业当下的市盈率包括常态下的合理市盈率水平和情绪扰动项两个部分。前面部分，即企业在市场常态下的合理估值水平，是由其内在价值决定的，而情绪扰动项则是市场情绪和其他因素扰动而带来的变化。

在交易时间，市盈率每分每秒都在发生变化，这主要是情绪等因素在起作用，但是无论短期市盈率如何波动，它都会围绕一个轴线上下波动，而这个轴线就是企业在常态下的合理估值水平，即它的内在价值。

明白了这个道理，我们就可以寻找这种"错配"。那么，市场又有哪些机遇会给我们提供这种"错配"呢？接下来，我们就以此为"重头戏"来谈。

抢抓"三大机遇"

在现实社会，人人都知道抢抓机遇的重要性，特别是在重大转折点时更是如此。其实股市常常给我们提供这种能够改变财富命运的大机遇，这种大机遇有3种：

一是整体大熊市、大股灾期间。

此时，你如果有钱就勇敢地往股市里"扔"，因为你根本用不着拿计算器、皱着眉头估值，这个时候无论是好企业、坏企业，其股价往往是"飞流直下三千尺"。当然，按照选股的"第一思维"，我们要往好的企业身上"扔"，往具有优秀商业模式的企业身上"扔"。

我们不是要立志改变自己的财富命运吗？这可以说是你一生中难以遇到的绝佳投资机会，也是保证你以后能够取得超额收益的绝佳机会，此时不抓，更待何时？如果说我近10年的投资取得了超额收益的话，那主要原因是抓住了2008年大熊市、2015年大股灾提供的绝佳买入机会。当然，这种机会是可遇不可求的，不过，如果你运气好，一生总能碰上几次这样的机会。

二是个别优秀企业遭遇"黑天鹅"事件，即"王子"一时"遇难"。

最为经典的案例是2008年伊利股份遭遇三聚氰胺事件，贵州茅台2012年、2013年因国家强力反腐而股价受到打压，现在看来均是绝佳的买入机会。

这种"王子"企业的一时"遇难"，也包括优秀企业增长的一时放缓，市场先生会给予大幅度的"估值杀"。投资如做人，与其锦上添花，不如雪中送炭。在股市投资上，我们当善于做这种"送炭人"，善于扮演"白衣骑士"的角色，这样，才容易在将来获得更为丰厚的回报。

三是长期牛股阶段性调整之时，比如调整30%左右时。

在"在长牛股中选择牛股"部分，我已经谈过这个问题，即长期大牛股并不是一天"练"成的，甚至很多长牛股"浅唱低吟"多少年才能够练成，但它总会给你"上车"的机会。

如果说，前两种是"绝佳"机遇的话，那么阶段性调整时就是"次佳"机遇了。至于是调整30%，还是调整20%，或者是15%，只是一个大致的概念，在合理估值区间即可，不可做机械理解，因为具体的买入区间，是要结合对企业的定性与定量分析才能决定的。

在《不折腾》那篇文章中我曾经披露，我一度痴迷于技术研究，那么技术研究对于我们做价值投资的究竟有用还是没用呢？基本上没用。如果非说有一点儿用的话，那么我可以告诉你，利用长期牛股调整到重要均线，如30日、60日、120日均线位置（极端情况下可以深度调整至250日均线以下），成交量多极度萎缩之时（被"吓"到的差不多全跑了），我们可以结合定性、定量的分析择机买入。如果说，我的"技术研究"，还有点儿"硕果"，这就是了。

谈完了"三大机遇"，下面是我于2013年12月7日发表的一篇文章（曾分享于新浪博客与雪球），相信你读完这篇旧文之后，一定会有种余音绕梁之感，说不定还有点儿启发呢！

投资观察：优秀企业的股票价格跌便宜了你会买吗？

股市投资是一个令人纠结的活儿。

许多投资者（包括本人）可能在面对优秀企业的股票走成长期大牛股时就后悔不迭地说："如果我当初……"

然而，我要说的是，如果这只大牛股当初真的很便宜，如正处于整体大熊之时，此时泥沙俱下，优质股票容易被一律"错杀"，如优秀企业突遇"黑天鹅"事件的利空打击之时，如优秀企业一时增长放缓、下滑之时，股票往往遭遇大幅度的估值杀，你会买吗？此3个时间节点，我向来认为是买入长期大牛股的最佳机遇。

据我观察，很多人是不会买的，原因有4个：

（1）不敢买。

人就是这么奇怪，股价上涨反而让人追，感觉踏实；而股价跌便宜了，反而让人缩手缩脚，感觉心里没底儿，更不要说整体大熊市，个股突遇"黑天鹅"利空打击，优秀企业一时增长放缓、下滑之时。

这是人性，亘古不变。

（2）图更便宜的。

分析来分析去，感觉"瘦子"确实是"瘦子"，便宜是便宜，可是还想着再"瘦"点儿，再便宜点儿。

我向来主张：见便宜便买，分段买。但是没有办法，不少投资者还是见便宜仍然想着更便宜，下跌了仍然寄希望于进一步下跌。理由很充分：不要接天上下落的刀子。

然而我要说，想抄在最底部，想等到最便宜的价钱，其实是贪婪的一种。

这是人性，亘古不变。

（3）拿捏不准。

股价上涨之时，利好往往不断，让人容易信心满满；而股价下跌之时，坏消息往往满天飞，容易让人踌躇不前，忧虑重重。总是有令人忧虑的事情发生，市场或许是对的？还记得那个地狱里有石油的故事吗？既然大家都往地狱去了，那个编出地狱有石油故事的人也跟随去看究竟：真有石油也未可知呢？

"旅鼠般地跟随",这又是人性,亘古不变。

(4) 受不了一时的损失。

许多投资者最高兴的莫过于买入股票后股价就涨,这证明自己判断准确,有眼光,有成就感。但是,他如果一时受损,哪怕一时受损10%也受不了,因为自己有很大的挫败感。有时理智告诉我们,买入股票,过三五年赚钱是大概率事件,但是对于下跌的损失,在情感上一时是承受不了的。这种在理智上明知将来要赚钱,可是投资者仍然下不了手的现象究竟是何种原因,真值得心理学家好好研究。

其实,不要说我们普通投资者,就是投资大师们买入股票也常常下跌百分之二三十甚至50%,谁敢保证我们买入后不会经受进一步下跌的煎熬呢?

这也是人性,亘古不变。

看来,股市投资确实是需要"众人皆醉而我独醒"的理性与独立思考,而这往往很难做到,所以尽管知易行难,但我们要想在股市投资上有所成就,还需要不断修行、悟道,知难而前行。

空谈没用,我们不妨以贵州茅台为例进一步分析。

众所周知,因受治理"三公"、狠刹"四风"影响,贵州茅台走下神坛,自2012年7月股价从高点259.66元下跌以来,一直跌到2013年12月6日的138.75元,下跌了46.56%。那么,它现在究竟是不是便宜了、"瘦"了呢?

综合判断,它的股价应该是便宜了,而且如果我们真耐心持有它5年,赚钱应该是大概率事件。

我为什么有此判断呢?不要说一些行业数据(有时行业数据代表不了优秀企业个体的发展),也不考虑其市盈率、股息率究竟有多低多高,其19万吨基酒值多少钱等问题(当时茅台库存基酒19万吨的价值已超出股票总市值），我们依靠常识判断，茅台的股价就应该已进入合理、底部区域。因为经过 1 年多的反腐，力度不可谓不空前，2013 年茅台的销量尽管还额外增长 3 000~4 000 吨，但是它的销售数据应该差不多是"榨"干"腐败用酒"（姑妄称之）后的"干货数据"（刚需），至少 2014 年上半年，它的数据应该是"货真价实"的了。茅台销量见底，体现真正的刚需要求（干货数据），其股价见底，可能是提前见底，也就是再正常不过的逻辑了。

当然，有投资者会说，中国白酒行业的黄金十年已经结束，长期看，白酒的消费将是萎缩的。对这个问题大家见仁见智，但是一个基本的逻辑是：中国人是离不开白酒的。且不要说中国的酒文化源远流长，贵州茅台酒的不可复制性与独特品质，单就中国的面子文化、人情文化、社交文化来讲，中国人就离不开白酒。更何况，以茅台当下的"至尊"地位，偌大的中国难道还"养"不起一家高端白酒企业？

且不要说市场上关于茅台的各种争论，就是当前假设我们真的判断茅台的股价已经跌便宜了，作为投资者，你会买入吗？

据我观察，许多投资者是不会买的。为什么呢？原因不外乎上面提到的 4 点：

（1）不敢买。

"谁知道茅台的股价将来会跌到什么样儿？看现在这形势，反腐力度不会减弱，茅台这种酒的好日子一去不复返了。"投资者在思想认知上，是将茅台与腐败联系在一起了，所谓喝茅台的不买，买茅台的不喝，他们对于市场上真实的需要（刚需）视而不见。更何况，股价一直处于下跌趋势，不是说，不要买入下跌趋势的股票吗？或许股价跌到了"地狱"，下面还有"地下室"等着呢！

（2）图更便宜的。

有人说，等茅台跌至150多元时就下手，但是等它真跌至这个价位，可能又下不了手。为什么呢？或许茅台还会下跌20%呢！市场上不是早就有人预言茅台将来会跌至70元吗？不过，我说，如果将来有一天茅台真的跌至70元，那些发誓想在70元买入的投资者多数情况下是不会下手的，因为跌至70元，也可能跌至50元、30元，总之他们想要的是真正的"地板价"！

（3）拿捏不准。

谁说市场是无效的？其实多数情况下市场是有效的。1年多来股价不就很"有效"地反映了白酒行业面临的经营形势吗？在这方面，或许有的投资者理性地认为，当下茅台的股价实际上已经对悲观预期做出了反应，大多数人似乎是对的（不少机构投资者早已卖出或者减持），包括茅台在内的白酒业的好日子或许真的一去不复返了，可这又有谁能够判断得准呢？

（4）受不了一时的损失。

有投资者认为，如果现在买入茅台，就坚定地持有它5年，赚钱是一定的。但是想归想，分析归分析，你真会下重手吗？根据我的经验，这样想、这样分析的投资者当中，有许多人是下不了手的，更不要说下重手了。我们明明知道市场已经疯狂，而真让投资者全身而退却很艰难；理智明明告诉我们买入之后持有5年赚钱是大概率事件，可仍然有许多投资者不会买入，市场常常就是这么有意思！

关于安全边际的认知

安全边际，是价值投资的4个伟大思想之一（其他3个为买入股权、利用市场、能力圈），是我们在谈估值时绕不过去的话题。

（1）安全边际的概念。

安全边际通俗的解释是，用4角钱的价格去买1元钱的东西。这个比喻很浅显，就是买入价格要有一定的折扣，然而如果仅仅满足于这种理解，那说明我们对安全边际的认识还是比较肤浅的。比如，我们用1元钱去买入现在价值1元钱的东西，是不是也具有投资意义上的安全边际呢？

我们还是从巴菲特的话中去寻找答案。巴菲特在2007年股东大会上说："尽管我们希望花4角钱，买1元钱的东西，但是真碰上好生意，我们愿意出接近1元钱的价格买下来。"

巴菲特的话如何理解呢？我们从安全边际的含义上来分析。

何谓安全边际？是用市场上人们惯用的市盈率、市净率和股息率等指标来衡量吗？通过对科学估值公式的论述，我们已经明白，如果这样理解，实际上仅仅触及安全边际的皮毛。

真正的安全边际，是以低于企业内在价值的价格买入股票。我们已经知道通过内在价值的科学公式并不好精确计算，它只是给我们提供一种很好的思维方式，而且在具体运用时，我们还是要固守在自己的能力圈之内，专注于自己能够看得懂的生意。恰如巴菲特说的："我们看到一个大胖子，不知道他到底是270斤，还是290斤，没有关系，反正是个大胖子。我们要找的好生意就是一眼就能看出来的大胖子。"

明白了这些道理，我们才能够说对价值投资的安全边际有了较为全面、正确的理解。

（2）安全边际的衡量标准。

明白了安全边际的含义，有没有一个标准能衡量我们的投资是不是具有安全边际呢？标准是有的，但是，要从投资风险上去寻找答案。

第三章　估值篇

股市上的任何投资均有风险,然而真正的投资风险是什么呢?我们已经讨论过了,投资的风险就两点:本金的永久损失、回报不足。

所以,衡量我们在股市上的投资究竟是否具备安全边际,根本标准就是这两点,即是否造成了本金的永久损失,是否在整个投资生命周期之内回报不足。

(3)安全边际的分类。

安全边际能够分类吗?我们从价值投资大师的话中搜寻,似乎没有人说过安全边际可以分类,然而,从具体操作层面讲,如果对安全边际进行分类,或许对于我们的投资实践更有帮助,毕竟学习的目的在于运用。

在具体的操作层面,安全边际可分为两类:

一类是静态的安全边际。这类安全边际,是可以运用市盈率、市净率以及股息率等估值工具进行衡量的。对于这种安全边际,我们运用简单的数学知识就能够计算出来。通过这种简单的计算,我们发现可以用4角钱去买1元钱的东西时,一定要快快下注。从个人偏好来讲,我更喜欢这种美妙的机会。

另一类是动态的安全边际。所谓动态,就是发展着的、成长着的,是能够在自己可以预期的未来看出大概的。有时,这种动态甚至是"近的迷茫,远的清楚"。

动态的安全边际,不容易识别,还容易引起争议。但是投资,重要的是行,并非言,更不是争议。

我们如果在贵州茅台上市之初便买入,一直坚定持有至今,已经有100多倍的收益,然而,在当时那种情况下或者在某个时间节点上,买入的价格并不具备静态的安全边际,投资者又当如何选择呢?而运用静态的安全边际去衡量,可能会错失。

同样的情况，也发生在腾讯控股等众多大牛股身上。甚至可以说，很多大牛股、长牛股，除了身处大熊市，或者碰到"黑天鹅"那样的利空事件外，大多数情况下，可能并不符合静态的安全边际标准，这恐怕才是困惑我们投资者最大的实际问题。

下面是一组数据回溯，见表3.1。

表 3.1 相关数据回溯

品种	2007年牛市高点	2017年10月	10年复合收益率（%）
贵州茅台	988.11	3 678.67	14.05
格力电器	1 205.35	6 417.68	18.20
云南白药	355.69	1 948.62	18.54
片仔癀	62.30	379.06	19.79
伊利股份	488.44	2907.49	19.53
恒瑞医药	247.40	1 774.42	21.78
复星医药	139.46	474.12	13.02
天士力	81.41	256.95	12.18
通策医疗	19.73	70.78	13.63
同仁堂	174.56	405.98	8.81

注：股价为后复权。我之所以选取10年的数据，是因为以10年为周期衡量一家公司的股价，起决定作用的往往是其ROE，而估值修复的作用越来越小，且时间越长，越体现这一规律。

数据回溯是什么概念呢？就是说，如果我们在2007年那轮牛市的最高点买入表3.1中的企业股票（当时它们的市盈率多达60倍、70倍，甚至超过100倍），那么10年下来，年复合收益率是相当不错的。我通过不完全统计，截至2018年10月（熊市中），400多只股票上涨超过2007年10月的牛市高点，其中近60只股票上涨超过10倍。

第三章　估值篇

芒格说："长远来看，股票的回报率很难比发行该股票的企业的平均利润高很多。如果某家企业 40 年来的资本回报率是 6%，你在这 40 年里持有它的股票，那么你得到的回报率不会跟 6% 有太大的区别——即便你最早购买时该股票的价格比账面价值低很多。相反地，如果一家企业在过去二三十年的资本回报率是 18%，那么即使你当时花了很大的价钱去买它的股票，你最终的回报也将会非常可观。

所以窍门就在于买进那些优质企业，也就买进了你可以设想其惯性成长效应的规模优势。"

在这个问题上，芒格这位智慧老人看得明白、透彻。

当然，这种动态的安全边际也不能随便"动态"，关键之处，在于如何把握一个合理度。其实稍稍有点儿价值投资理论修养的投资者，也不会那么"不幸"地在 2007 年那轮疯牛市的顶点花大价钱买入表 3.1 中的股票，哪怕企业再优秀。但是，这至少说明，有时我们碰到好生意，用 1 元钱的价格买入当下价值 1 元钱的标的（哪怕有时有估值上的溢价），也未必脱离了安全边际这一重要指导思想。进一步说，安全边际的思想从某种程度上讲，是要求我们价值投资者有一种保守主义思想，而不是紧盯着具体标的的几个百分点的折扣，否则就犯了教条主义的错误。

以上我们从定性方面谈具体到操作层面呢？

根据我个人的经验，在安全边际的把握上可以有 10%~20% 的"容错空间"，道理很浅显，如果坚持以年为时间单位持有，我们预测其未来的成长空间很大，在买入时哪怕"容错"20%，从一个较长的历史周期去衡量，也未必不是一项划算的投资。

仍以贵州茅台为例，今天回过头看，当时 140 元、160 元买入，与后来 200 多元买入有多大区别吗？如果非要说区别的话，是当时是否抓住机会买入,并买入了多大的仓位。

当然,我们预留10%左右还是20%左右的容错空间,需要根据一家企业商业模式的优劣,以及个人的投资承受能力、投资持有期限等因素进行个性化选择,这里主要介绍这样一个实用的操作方法。

总之,一家企业的内在价值和安全边际,并不是简单计算就能得出的。哪怕人工智能有一天发展到极致,我们也不可能在电脑中输入一个程序,一按键就能得到的。芒格说过,估值必须利用多个模型,而要学会利用多个模型,就像我们不可能一口吃成胖子一样,需要一个长期训练与积累的过程,这才是对投资者具有挑战意义的事情。

如何防范成长股的"估值杀"

前面谈的动态的安全边际思想,可能又"颠覆"了一些价值投资者的传统认识,但这并不是说,一家优秀企业,不管它的"卖价"多高,我们都可以闭着眼睛买入,毕竟投资是有很大风险的,而这个风险有时就来自成长股的"估值杀"。

我在投资中,就有过这样的情况。2008年大熊市时,我在贵州茅台与张裕A这"哥俩"之间比来比去,最终选择了张裕A投资(现在回想起来,我那时年轻又有点"小资",总感觉红酒似乎更时尚,真是后悔),开始的几年还真是浮盈多多,有时做梦都乐醒了,觉得自己"逮住"了一头"现金奶牛"。那时张裕A的市盈率水平长期是50倍、60倍以上,足见市场对张裕葡萄酒的看好。

然而,进入2012年,张裕开始"运交华盖",先是农药残留风波,接着是中央强力反腐,更为可怕的是进口葡萄酒的冲击。结果,张裕增长放缓,甚至出现负增长,股价"一落千丈",而我也差不多

"坐了电梯"，几年的所谓"成果"毁于一旦！

这个投资的教训终于让我明白了什么叫成长股的"估值杀"，即成长股或者市盈率高的股票，一旦市场普遍预期的高速成长不再，哪怕是普遍预期增长40%，结果年度仅有20%的增长，市场先生便立马拉下脸来，给你一个大大的"下马威"。

除了这种"估值杀"以外，还有一种"估值杀"是需要注意的，即随着一家企业的市值不断增长，其基数越来越大，其享受的市盈率较高估值也要慢慢下降，这似乎是一种定律。这种"估值杀"，虽然不如前述的"估值杀"来得迅速、猛烈，但是几年下来，"收益"会变得较为平庸，或者是"猫吃尿泡空欢喜"的结局。

这种"估值杀"，我们如何去理解与防范呢？

我们不妨建立一个"情景模型"（其实是简单的计算题），如此便可以时时提醒自己别掉进这种"估值杀"的陷阱中。

这个情景模型是：

市值1 000亿元，市场给予它15倍市盈率，多少利润才能支撑呢？

市值500亿元，市场给予它20倍市盈，多少利润才能支撑呢？

根据市盈率计算公式，1 000亿元市值、15倍市盈率，需要年净利润66.67亿元支撑；500亿元市值、20倍市盈率，需要年净利润25亿元支撑。

市场为什么要给予1 000亿元市值的企业15倍市盈率估值呢？因为在行情低迷的情况下，这种体量的企业被给予15倍市盈率完全是有可能的，甚至10倍市盈率也是有可能的。同样地，500亿元市值的企业，市场给予它20倍市盈率也是很有可能的，甚至有时市场会给予它15倍以下的市盈率。

关于此情景模型，我们做以下说明：

（1）这个情景模型并不科学，更不能代表一种规律，因为市场给予多高的市盈率，根本上取决于企业的成长性、行业"天花板"以及市场的悲观或乐观情绪，同时不同行业中的企业也是有差别的。

（2）这种情景模型更适合于消费、医药领域的一些企业，对于强周期性股票、超大盘股并不适用。

（3）这个情景模型是可以有变量的，比如，可以根据不同行业的估值水平进行调节。如1 000亿元市值、10倍市盈率，企业需要年净利润100亿元支撑；20倍市盈率，企业需要年净利润50亿元支撑；30倍市盈率，企业需要年净利润33.33亿元支撑。500亿元市值，15倍市盈率，企业需要年净利润33.33亿来支撑；20倍市盈率，企业需要年净利润25亿元支撑；30倍市盈率，企业需要年净利润16.67亿元支撑，依此类推。

（4）1 000亿元市值、500亿元市值仅就某个阶段而言，因为随着发展，今天的1 000亿元市值，在将来会成为相对小的市值。

这个情景模型究竟有什么作用呢？

通过这种"倒推法"，并结合企业的基本面，我们可以大致明晰在一个什么样的市盈率区间买入是具有一定安全边际的，防止自己被眼前过度的市场热情"烧伤"，进而对未来的"估值杀"缺少防范。

下面，我以宋城演艺这一案例进行说明，时间截至2016年2月11日。当时以此案例为样本，我曾发表了文章《投资思考：再谈如何防范成长股的"估值杀"》（分享于新浪博客与雪球），这种"回头看"的分析方法很有说服力。

从基本面来讲，该公司是我十分看好的一家公司。公司属于旅游娱乐行业，符合中国人消费升级的方向与需求，更为重要的是公司的商业模式很清晰，并且从不断扩张来看，其管理层具有进攻的"狼性"。我还曾实地体验，观看那令人震撼的千古情演出。它的商业模式,由杭州的成功不断向三亚、九寨沟、丽江等地复制,同时,由旅游景点演艺向城市演艺转变,如"进军"上海,与迪士尼乐园形成协同效应。2015年,公司又成功完成了对北京六间房科技有限公司的26亿元并购,力图以知识产权(IP)为原动力,着力构建现场娱乐、互联网娱乐和旅游休闲三大平台,全面开启宋城生态之旅。在国际化战略上,公司致力于实现两个目标:在规模第一基础上实现世界演艺品牌第一,跻身全国第一、世界前三的旅游休闲集团。

截至2016年2月5日(春节前收盘),它的市值387.14亿元。2014年净利润3.61亿元,2015年当时公司预告净利润同比增长60%~90%,净利润在5.78亿~6.86亿元之间。按照其预告的最高净利润6.86亿元计算,对应的市盈率为56.43倍。

宋城演艺的目标是市值超1 000亿元。假设以5年为期,从387.14亿元市值上涨至1 000亿元,需要上涨1.58倍(若投资5年实现这个收益,即年复合增长率20.90%,是很理想的,若是10年就有些平庸了)。那么,其净利润需要增加多少才能支撑1 000亿元的市值呢?

我们进行情景假设:

(1)10倍市盈,公司需要年净利润100亿元,即由年净利润6.86亿元,增长13.58倍,5年复合增长率为70.90%。

(2)20倍市盈率,公司需要年净利润50亿元,即由年净利润6.86亿元,增长6.29倍,5年复合增长率为48.77%。

(3)30倍市盈率,公司需要年净利润33.33亿元,即由年净利润6.86亿元,增长3.86倍,5年复合增长率为37.18%。

按照常识判断,第1种与第2种,从净利润增长速度来看,是不大可能的,唯有第3种接近事实(实际上这种增长速度是相当不容易的),即需要公司5年内年净利润复合增长率为37.18%,且市场给予30倍市盈率，才能支撑1 000亿元市值。

　　这样的情景假设，判断宋城演艺的估值显然很高了，这个价位已经不适合买入，只能进行"观赏"。结果，它后来遇到了大幅度的"估值杀"，从2016年2月11日股价26.48元，下跌至2017年12月7日的低点17.68元，下跌调整幅度33.23%，而且下跌调整近两年仍处于低谷。

　　当然，当市场将其股价打压至合理或低估水平之时，我们再择机买入是另一个问题。从长远看，它实际上是一家很有发展潜力的优秀公司。

　　需要说明的是，这里只是提供一种预防"估值杀"的思路，因为一家企业若商业模式优秀，且成长性很好，从超长时间周期来衡量，哪怕一时被套住，只要熬得住，将来也未必没有投资回报，甚至在优秀的企业身上，我们还会获得很大的回报，这其中的关键是要结合定性与定量分析来综合研究判断。

第四章　持有篇

长期持有的定力从何而来

作为投资者,如果不具备必要的"抗震"能力,经受不住百分之二三十的向下波动,在极端情况下经受不住50%左右的向下波动,在今天的中国股市就难言长期投资。我们对一些长期大牛股的K线图做技术回放,就不难发现,历史上没有哪一只长期大牛股不是在剧烈波动的环境下产生的。被称为股神的巴菲特怎么样呢?要知道他的伯克希尔公司历史上的股价也曾4次被"腰斩"或接近于被"腰斩"(见表4.1),更何况中国股市一向波动较大。

表4.1 伯克希尔股价4次被"腰斩"或接近被腰斩

时间	高点	低点	跌幅(%)
1973年3月—1975年1月	93	38	-59.10
1987年10月2日—1987年10月27日	4 250	2 675	-37.10
1998年6月19日—2000年3月10日	80 900	41 300	-48.90
2008年9月19日—2009年3月5日	147 000	72 400	-50.70

资料来源:巴菲特2018致股东的信。

在具体的投资实践中，许多投资者并不是找不到牛股，恰恰相反，他们在长期大牛股之中"来回穿梭"，以至于几年之后，不幸"被斩"于"牛"下！

借助于网络的便利，近些年我在网上结识了不少投资朋友（尽管大多数并未谋面），有的还在线下进行过面对面的交流，我甚至就某些投资标的告诉他们如何持有。结果怎么样呢？有的朋友后来还是"一声叹息"，原来他将一只长期大牛股过早地卖掉，并且感叹自己有这种"劣根性"；有的"友友"（我对网友亲切的昵称）从我网上分享的实盘账户上"抄作业"（虽然我也友情提示过，抄作业容易，抄心情难，不建议如此），然而又常有"友友"私信我说："闲大（网上很多人习惯如此称呼我），我又将你的某某公司股票给卖出了！"似乎那家上市公司是我家的一样！

从他们的"真情告白"之中，我能够深切地感觉到这些朋友难以长期持有的无奈与痛苦。

那么，投资者的长期持有定力究竟从何而来呢？

（1）来自对我们国家长远发展的信心。

巴菲特在谈自己的成功时，说他很庆幸出生于美国。这话是很有道理的，假如巴菲特生活在某个贫穷落后或战乱频仍的国家，他还会成为巴菲特吗？显然不能。所以，投资从某种程度上是投国运。

今天，我们庆幸生活在一个伟大的时代，生活在正在崛起的中国。有数据显示，从 GDP 来讲，我们国家将于 2025 年左右由世界第二大经济体上升为世界第一大经济体，至 21 世纪中叶中国经济的规模至少两倍于美国。与此相适应，我们相信中国资本市场监管层的智慧，相信中国的资本市场的发展必将走向健全，未来的发展空间甚至可能超越我们今天的想象。长期价值投资者，从某种程度上讲是乐观

第四章　持有篇

主义者，我们对国家长远发展有足够的信心，这是我们在中国股市坚持长期投资的根本立足点。

（2）来自对股市根本规律的把握。

在市场经济条件下，经济虽然有周期性波动，但总体发展趋势是曲折向上的。股市的根本规律终究是经济根本规律的反映，虽然某一时期的反映并不一致，然而从更长的历史视角去观察，这种反映还是具有一致性的，即股市从长期来讲是螺旋上升的，这一点中外股市都不例外。

美国的投资家查尔斯·埃利斯（Charles Ellis）在其《赢得输家的游戏》（*Winning the Loser's Game*）一书中提出了一个令人震惊的观点，他说："你的投资框架要远长于你的寿命框架，如果你现在40岁，那么现实的投资框架或许不该是45年（你自己预期的寿命），而该更接近你后代可能活到的80年，尤其是针对那些你打算要留给他的资金。"他还说："你如果买得起画，肯定不会简单地因为自己要退休或者要庆祝70岁或80岁生日，就不买最喜欢的画了。投资也是一样的，为什么不坚持你为自己设定的长期策略呢？"

个人投资者作为个人家庭金融资产的管理人，肩负着个人家庭金融资产保值、增值的重要责任，甚至肩负着将金融资产传承给下一代的重要责任。能够看清股市长远发展规律的投资者，承担着管理个人家庭金融资产的责任，更应该将自己变成优秀企业股权资产的长期拥有者。

（3）来自坚定的投资哲学、投资信仰。

有些投资者虽然口口声声说买入优秀企业的股权，要与优秀企业风雨兼程，然而一旦市场上有点儿风吹草动，就很快忘记了自己曾经的"信誓旦旦"。对价值投资如此不坚定的人，很难想象他们能够做好长期投资。

价值投资从某种程度上讲，是你的投资哲学、投资信仰已经渗透到骨髓里，长期投资的胜利从某种程度上讲，是你投资世界观、价值观的胜利，是你投资思想体系的胜利。表面上看，这些是虚的，然而你投资的时间越长，你就越会发现这些虚的东西却是实的东西，正从骨子里支配你的投资行为。

（4）来自对企业的深刻理解。

有朋友可能会问，他们在投资哲学、投资理念、投资信仰上是没有问题的，也十分相信买股票就是买入股权的思想，但是在研究企业时，缺少商业洞察力，该怎么办呢？

这确实又是投资中绕不过去的一个坎儿。

巴菲特之所以成为大师（包括国内的著名投资人段永平），一个很重要的原因在于他不仅是一个投资家，还是一个企业家，这种双重身份让他在投资与经营上有着双向的"正反馈"作用。那么，我们作为普通的投资者，没有这种实业经验，又当如何呢？或者说，没有实业经验的人就做不好投资了吗？

应该承认，有实业经验的投资者对于一家企业的理解，更容易以实业的眼光衡量投资，显然有更大的优势（当然也不绝对）。然而，没有实业经验的投资者也完全没有必要悲观。芒格曾经建议投资者为了增加自己的商业洞察力，一本一本地翻阅商业财经杂志（他自述自己坚持翻阅一种商业杂志50多年不间断），因为翻看得多了，时间长了，自然就能够增加商业方面的鉴赏力，这不失为一个好办法。

我们回到第二章，研究企业的关键之关键、核心之核心是一家企业的商业模式，以及它的长期竞争优势为什么在可以预期的未来不会被替代、被颠覆。换句话说，我们要研究透一家企业的长期竞争优势，要将其投资的根本逻辑找出来，只有抓住这个主要矛盾，牵住这个"牛鼻子"，才能说对企业进行了深刻的理解，才能"任凭风浪起，稳坐钓鱼台"。

在这里，我"透露"我的一个笨办法，我认为这是一个灵验的办法，即每当你投资一家企业之前，一定要将投资的根本逻辑清晰地写下来（我分享女儿的账户就是如此做的）。记住，凡是你不能清晰写下来的东西，都是你还没有真正理解的东西。特别是当市场大幅下跌，你感觉到立场有些不坚定时，你应该做的是重新梳理这些投资的根本逻辑，并且要问自己：这些投资的根本逻辑发生根本性变化了吗？如果没有，那你就要远离你的账户，该干什么就去干什么。

长期持有的系统性风险究竟有多大

人们常说"股市有风险，入市需谨慎"。那么，这个风险究竟来自哪里呢？应当说来自两个方面：系统外风险和系统内风险。所谓系统外风险，就是股市这个系统之外的东西，比如战争风险、自然灾害风险等。但是显然，这些风险我们是没有必要去顾虑和担忧的。如果真发生了外敌入侵这样的战争风险，"国家兴亡，匹夫有责"，我们主要的任务是保家卫国。所谓系统内风险，无非是股市大跌，即出现长期大熊市的风险。

其实，立足于以年为时间单位长期持有优秀成长企业的股票，持续性下跌、持续走熊的系统性风险大概率是伪命题。它不仅是伪命题，还对长期净买者来讲是一个大大的好事情。

按照长期价值投资的要求，我们在标的选择上要做到3个关键点：选择的是优秀企业，买入价格具有安全边际，以年为时间单位长期持有。

按照这3个关键点，我们做一个假设：以20倍市盈率买入每股收益为 1 元，预期年增长率为 15% 的"价值企业"股票（每股初始投资 20 元），然后长期持有。

年增长率为 15% 的企业当属于优秀企业，20 倍市盈率的价格买入虽然不是太便宜，但也不是太贵，符合安全边际的原则。

表 4.2 是这家"价值企业"未来 10 年的每股收益以及初始买入时的价格所对应的市盈率值。

表 4.2 "价值企业" 10 年增长率

时间	1 年后	3 年后	5 年后	7 年后	10 年后
每股收益（元）	1.15	1.52	2.01	2.66	4.05
市盈率	17.39	13.16	9.95	7.52	4.94

表 4.2 显示，即使买入后，市场持续出现巨幅波动或处于长期熊市，10 年后只有当市盈率跌至 5 倍以下时，结果才会接近"本金损伤"（5 × 4.05 元 = 20.25 元）。

我们要注意两点：在我们买入优秀企业股票的前提下，市场持续给出较低市盈率的可能性很小；巴菲特对投资风险的定义是"本金的永久性损失"，而对于一家经营良好的企业而言，即使多年后因市场下跌而价格与成本倒挂，造成永久损伤的概率也是微乎其微的。

不过，我们投资可不光是为了规避风险，而是为了取得令自己满意的回报。表 4.3 给出了相同假设下投资"价值企业" 10 年后不同市盈率情景下的期末回报。

表 4.3 "价值企业" 10 年后不同市盈率情景下的期末回报

PE	5 倍	10 倍	15 倍	20 倍	25 倍
总回报率（%）	101.25	202.50	303.75	405.00	506.25
年复合回报率（%）	0.12	7.32	11.75	15.01	17.61

第四章　持有篇

　　由于市场对于一家优秀企业的估值很少跌至并长期停留在 5～10 倍以下，如果我们选错了或买贵了，那也主要是非系统风险或者非理性操作风险方面的问题。

　　假若市场给予这家"价值企业"10 倍市盈率会如何呢？10 倍市盈率×每股收益 4.05 元＝40.5 元，相比于初期 20 元的投入，10 年总回报率 202.5%，年复合回报率 7.32%。这一回报将较大概率高于同时期的无风险收益率，也将有效抵御通胀的影响。当然，若出现长期恶性通胀，这种回报水平看起来就不尽如人意了。如果出现恶性通胀，股票市场的估值水平通常将随之提升，"价值企业"的经营与市场回报也将更上一层楼。①

　　通过这样简单的情景模型分析，不难看出，长期持有一家优秀成长企业的股票的系统性风险大概率是伪命题。当然，这其中的难点，是我们如何找到保持年复合增长 15% 的企业。

　　巴菲特说："我从不试图从股市里赚钱，我购买股票是建立在假设明天股市关门，5 年之内不再开市的基础之上的。"

　　通过以上分析，我们对巴菲特的这句话是不是理解得更加到位、深刻了呢？

　　其实，资深老到的投资者，最喜欢的就是这种所谓的系统性风险，因为长期行情的低迷或者大熊市，可以让我们有更好的机会更多地买入优秀企业的股权，因为大多数个人投资者多是长期净买入者，即我们生活中的剩余现金是不断流入股市的。我们知道市场的非理性可以持续很久，甚至同样以年为时间单位计算，但是，我们也同时坚信，市场那个"称重器"的作用迟早会发挥出来。为了使将来的投资收益最大化，我们有时宁可希望这种"暴风雨"来得更猛烈些、

---

①　此数据模型分析源于任俊杰、朱晓芸合著的《奥马哈之雾》一书，略有改动。

/ 213

更持久些。

长期持有是否要控制回撤

在喧嚣不止的股票投资市场上，有一个问题时不时地吸引投资者的注意力，即如何控制市值回撤，一些机构投资者也常常说到这个问题。而且，你在股市中投资时间越长，就越避免不了市值回撤的问题，特别是我们还会经历许多不可预知的股市风浪。

那么，有没有什么办法可以解决这个市值回撤问题呢？

这里我披露一下，这个问题确实长时间困绕着我，我还专门就这个问题翻了一些价值投资大师的经典书，想看一看那些大师对这个问题是如何解决的。然而，我终究还是没能找到现成的答案，为什么那些投资大师从不谈如何控制回撤呢？认真想来，因为控制回撤也是伪命题。

（1）市场的波动根本不是风险。

所谓的回撤，不过是市场的波动而已，而市场的波动是任何市场的常态，就算国外成熟的市场也是如此，只是波动大小不同而已。在中国股市投资，我们无非是需要神经更"粗"一点罢了。

那么，波动是不是风险呢？这一点，我们已经得出了结论：在长期价值投资者眼里，它根本就不是风险，哪怕是30%、50%以上的波动也不是风险。从长期来讲，真正的风险不外有二：一是本金的永久性损失，二是回报不足。

你如果以后面对市场的大幅波动，仍然心慌不定，那就默念"波动不是风险"这句"真经"吧，没准你的心情立马就能够稳定下来。说实话，每逢市场大幅度波动之时，我就是这样默念的。

（2）不怕回撤的底气在哪里。

或许有投资者会说，市场向下波动50%都不是风险，可要涨回来是要上涨100%！

这一点，有数学常识的人自然是知道的。那么，我们如何"保证"市场将来会上涨回来，弥补这一"损失"呢？说白了，这个"秘密"是市场这只"无形的手"（价值规律）最终发挥的作用，即短期市场是投票机，长期是称重器。实际上，这是我们坚持长期投资优秀企业的底气之所在。

（3）价值投资者实际追求的是低风险、高收益。

传统的理解，股票投资是高风险、高收益。然而，真正的价值投资者有与生俱来的风险意识，具体表现是在买入时讲究足够的安全边际。所谓风险控制，实际上在没有买入之前就已经完成。正是由于这种安全边际的保护，我们的投资最终反而是低风险、高收益。

作为投资者，难免犯错，也难免误判。最为典型的是，自以为低估了，结果买入之后，股价继续下跌。然而常识告诉我们，此时不仅不需要控制这种"回撤"，恰恰相反，跌得越便宜，越要继续买入，这会为将来取得高收益打下坚实的基础。

（4）控制了回撤，最终的结果大概率是"控制"了将来的上涨。

你如果是股市的"老江湖"，就一定会明白这句话的分量。就像我们没有办法预测股市将来哪天要突然大跌一样，我们同样也没有办法预测股市哪天会突然大涨，所以，我们控制回撤的结果，也意味着"控制"了账户市值将来的上涨。

股市中有一个"二八定律"容易被人忽视，即80%的时间可能是不赚钱的，所有的盈利来自余下的20%的时间。那么，我们是不是就在这20%的时间赚钱呢？不仅我们普通投资者做不到，就是投资大师们也做不到。既然如此，最好的办法是在股市的绝大多数时间老老实实待着，甚至呆若木鸡般地待着。机构投资者可能因为客户承受能力的不同需要控制回撤（有的私募机构有清仓线），然而我们个人投资者的金融资产则可以安心地"套牢"在股市中，特别是当"雷"打下来之时，我们可以抓住这种有利时机，尽可能地买入更多的优秀企业的股权资产，这些优秀企业的股权资产还可以"钱生钱"，如此慢慢积累，假以时日，我们离实现财务健康、财务自由的目标就不会太远了。

长期持有不能被短期损失厌恶击倒

虽然我们说波动不是风险，但自己的持仓市值真的大幅度缩水时，我们的心情是不好的，甚至会感觉很痛苦。而投资能力的差别，有时就体现在这个时候，即理性的投资者能够坦然面对，甚至对股价的长期低迷感到兴奋，因为有钱可以持续买入；而对于心理承受能力差的投资者，则可能是另一番景象了，他们甚至容易被这种短期的损失厌恶心理击倒。

短期损失厌恶，实际上涉及行为金融学方面的知识。行为金融学是由心理学领域的两位"巨人"提出的，一位是2002年诺贝尔奖获得者美国的丹尼尔·卡尼曼（Daniel Kahneman），另一位是美国斯坦福大学（Stanford University）心理学教授阿莫斯·特沃斯基（Amos Tversky）。在投资上，学习有关行为金融学的知识是很有必要的。比如，我们所说的锚定心理、框架效应、自我归因偏差、光环效应、过度线性外推等，均属于行为金融学研究的范畴，这里重点谈一谈短期损失厌恶心理。

据这两位行为金融学专家的研究，人们在衡量盈利和损失时的心理感觉是不同的。简单地说，损失带来的痛苦要远远大于盈利带来的喜悦，就心理感受而言，需要两倍的正面盈利去覆盖负面损失。就是

第四章 持有篇

说，这种非对称损失厌恶，运用在股市投资上，意味着投资者在"损失"时，痛苦感受程度两倍于其在获利之时的喜悦程度。有些投资者之所以克服不了这种长期持有之难，解决不了这种波动之苦，主要在于过不了这一关，而被短期的损失厌恶心理击倒。

我们前面已经提到一个有意思的现象，即有些投资者明明心里知道当前买入一个心仪的投资标的，持有三五年赚钱是大概率事件，但是你若让他立马买入，他却总是下不了手，这就是短期损失厌恶心理在作怪。然而，作为长期价值投资者，你必须克服这种心理障碍。道理很简单，你如果是趋势投资者，就会期待买入后股价立马上涨；然而对于价值投资者来讲，这是可遇而不可求的事情，因为价值投资者在多数情况下是左侧买入，即见便宜就买入，有时越下跌越买入。这种操作如何保证我们一买入，股价就立马上涨呢？除非我们碰巧买在最底部，正逢股价向上反转的拐点（在这种情况下，我个人的经验是往往买不到足够的资金量）。

以抄底的概念，一些投资者总是寄希望于买在最底部，说到底是投机或贪婪在作祟。就短期的行情而言，买入后一时被"套"其实很正常，我们所要做的是聪明地忍受一时的"损失"。其实，对于长期价值投资者来讲，股价每天的涨涨跌跌，除了在买入与卖出之时有意义之外，其他情况下是没有任何意义的。最忌讳的是一些投资者将股票账户视为储蓄账户，被其每日的波动搅得寝食难安。如果是那样，投资者就要问自己究竟适不适合在股市生存了。

远离盘面，忘记账户，这是长期投资者的必修课之一。如果不信，我们可以看一看巴菲特经典投资案例的"前半场"：1972年买华盛顿邮报，到1974年年末投资额由1 062万美元缩水为800万元，1978年才"解套"；投资富国银行，前两年没有赚钱；买入美国运通后，持有4年后股价横盘，差点儿处理掉，据说打了一场高尔夫球才改变了观点；40美元买入可口可乐，跌到20美元见底。

想一想，连巴菲特都做不到买入之后，股价立马上涨，我们又为什么要如此苛求自己呢？

长期持有是不是需要做波段

这个话题本是不想谈的，因为你要是已经认真领会了长期价值投资的深刻思想，那么长期投资是否需要做波段，就已经不再是问题了。但对于很多投资者来讲，特别是在投资的早期阶段，时不时地想做波段、追求收益最大化，这一想法可能会像小魔鬼一样如影随形，如果稍不留意，没准就上了这个小魔鬼的当！

事实已经证明，在股市里若想取得丰厚的回报，并不是要我们做太精明的人，反而要做一个老老实实的持有人，而且回报会大于那些"跑来跑去"、自以为聪明的人。前者是大智慧、大智若愚，后者则是小聪明、小伎俩，而决定投资者最后金钱"厚度"的常常是大智慧，而非小算计。不是吗？如果谁总是如此聪明，如此波段操作成功，那么用不了多久，股市中的钱岂不都是他家的了？然而这是不可能的。

事实上，我们翻了那么多价值投资的书，没有一本是教我们进行波段操作的，反而强调的是耐心长期持有。那么从实际效果来看，波段操作会不会成功呢？不能说不成功，甚至你可能会成功多次，但是终有一天会做不成功，进而形成自己投资道路上的"负复利"，甚至多少年的"成果"毁于一旦。此外，人是习惯性动物，当你初步尝到波段操作成功的甜头后，你再想控制自己，实际上是很难的。在这种情况下，你终有一天会大概率地"大失败"（这种大失败会将原来的多次小成功抹平，即造成负复利）。

此外，从 K 线技术上讲，有些个股进行调整，未必是以大幅度下跌来实现的，反而可能是长时间做窄幅的横盘运动，以时间消化较高估值，然后突然有一天突破向上。在这种情况下，你一旦卖出，从心理层面上讲，如果想以更高的价格再接回来，那么克服这种心理障碍是很难的，结果更可能是"悔不该"。这一点，在贵州茅台、格力电器、恒瑞医药等众多牛股身上，有太多波段操作失败的案例，最终结果甚至是投资者永久错失机会。

所以，你如果立志做长期价值投资，就要尽快彻底消灭这种想法，从此让做波段、追求收益最大化的这个"小魔鬼"不再侵扰自己，安安心心地、纯粹地做投资。

当然，说到这里，可能有投资者要问：难道我持有的标的已经高估了，也不需要卖出吗？是的，我们做投资，最好的办法就是先不要有卖出这个概念。也就是说，只要我们所持的公司有发展潜力，一般的高估也不需要卖出，我们内心先"抹去浮盈"，然后就安安静静地持有。

长期持有究竟何时卖出

长期持有的卖出时点，有以下 4 种情况：

（1）发现买错了，这不用说，要立即改正。

（2）公司基本面发生根本性变化。根本性变化是指公司的竞争地位被取代、商业模式被颠覆、提供的产品和服务已过时等，一时的增长放缓当具体研判。

（3）股价太疯狂。疯狂程度可结合市场整体牛熊进行具体研判。

（4）找到了"性价比"更好的投资标的。

以上 4 种情况下的卖出，是顺理成章的事情，但一定要坚决规避两种卖出情况：

一是被大跌"吓"得卖出。这种被吓的卖出往往是愚蠢的卖出。

二是"乐"得卖出。投资者认为赚了钱，比如赚了百分之几十，或者翻倍了，就乐得卖出。这种卖出，实际上是一种糊涂的卖出。

上述回答，难免让人感觉笼统，缺少可操作性。那么，在具体操作上，我们又如何把握呢？

基于较低成本的永久持有

在网络投资圈交流时，时常有人说，一些"夹头"（夹头，是网络上一些对价值投资质疑的人士，对价值投资者略带讥讽的称呼）天天张口闭口贵州茅台、格力电器几个企业，莫非"夹头"们就只投资这些企业吗？当然不是，不过，说这些话的人一定不是股市上的"老江湖"，因为那些较早投资贵州茅台、格力电器等优秀企业的投资人士，持有成本早已为负（历史分红总额已经覆盖当时买入成本），有的持有成本仅依靠分红，每年的投入资金收益率就已经相当高了。以我女儿的账户初始持有茅台每股117元成本计算（2018年，我将其他股票换成茅台，使持有成本升高），2017年每股分红10元，年投入资金收益率已达8.55%。在这种情况下，再卖出这样的赚钱机器、复利机器，是不是傻瓜？

在中国的投资界，刘元生一开始投资万科360万元，后来收益达到数十亿元的故事是广为人知的，中国股市还真有少数这样的"牛人"。据片仔癀2017年年报，前十大股东中，有一位个人股东王富济，2009年持有620万股（市值约2.5亿元），挤进前十大流通股东，后8年经过分红送股（其间有极少的减持后又增持），至2017年年底合计持有2 703.75万股，市值已达17.09亿元。这就是好公司复利的威力，当然也是耐心持有的回报。此外，有的个人投资者，近年来仅持有贵州茅台或者格力电器，有剩余现金就择机买入，结果也成就了自己的财富梦想。在这些投资者心里，确确实实早已将这些优秀企业当作自己家生意的一部分，或者将这些企业的股票当成长期"息票"。只要企业永续经营下去，只要企业保持较高比例的分红，持有下去是顺理成章的事情，而这一点，是将股权仅当作筹码进行交易的人不能理解的。

所以，作为个人投资者，一旦买入心仪的标的，就以年为时间单位坚定地持有，只要企业的基本面不发生根本变化，只要企业仍然有发展潜力，哪怕一时被高估，甚至股价一时疯狂，不卖出也是可以的，这就是投资的最高境界。因为长期拥有几个赚钱机器、复利机器，让优秀的企业为自己打工，自己不用费心经营，想来是多么惬意的事情！

全面泡沫化后的卖出

应当说，值得我们坚守的企业是极少数的，而大多数企业是不值得我们坚守的。对于这种投资标的，就像打新股时一开板就卖出一样，我们可以理性地设置一个卖出的"天花板"，即根据所持公司的具体情况设置卖出的标准，比如以市盈率50倍或60倍为基准（应个性化设置，不可拘泥），只要碰到这个基准，就坚决卖出，至于以后的上涨，哪怕上涨再多，也与自己无关。而且一旦卖出，就暂时不能重新买回，特别是不能看着股价不断上涨，又火急火燎地买回来。如果这样，说明自己对卖出还是稀里糊涂的。

这里要说明的是，"天花板"的设置基准要尽量适度提高一些，特别是在整体牛市之时（因为连牛顿这样的聪明人物都猜测不透人类的疯狂程度，更何况我们俗人呢），不然容易犯过早卖出的错误，以至于到后期望着行情不断上涨，自己只有感叹可惜的份儿。

基于"对标"之后的换股操作

有股市投资"瘾"的人,最大的特点是闲不住、爱钻研,如淘宝般在上市公司中翻找心仪的投资标的。有的人很热衷于"接力赛",将一个标的换另一个更便宜的标的,进而取得较高的投资收益。应该说,发现更好更便宜的标的,进行及时换股的操作是无可厚非的,但不能将这种"接力赛"变成自己频繁交易的借口。

最好的方法是进行"对标",即将发现的投资标的,与持有的标的进行比照,经过认真研判,新的投资标的确实比持有的更好更便宜到一定程度再卖出。这可以借鉴约翰·邓普顿的做法。据他的侄孙女劳伦·邓普顿(Lauren Templeton)所著的《邓普顿教你逆向投资》(Templeton Teaches You to Reverse Investments)这本书介绍,邓普顿曾经为何时卖出股票苦恼过很长时间,后来他发明了一个卖出办法,即新的标的比持有标的便宜一半时,他就进行换股。

当然,这种"便宜",是要便宜30%,还是要便宜50%,是一个"艺术活儿",需要个人投资者进行具体研判。

基于牛熊变换的仓位管理

从历史上看,中国股市常呈现整体牛市、整体熊市的转换走势,将来这种齐涨齐跌的行情特点,随着中国股市与国际成熟市场接轨,是否会改变不得而知。但是,我们可以预言,凡是股市便有牛熊转换,至少是结构性的,中国股市也不会例外。

有种观点在市场上很流行,认为最理想的投资方法是熊市买入、牛市兑现。确实,这种想法很不错,而且操作得好,几轮牛熊市下来,实现财务自由或许就不是不切实际的幻想了。然而,最大的问题是牛熊市多数情况下并不那么清楚,只有走出来,我们事后才知道,当时又如何操作呢？所以，这种说法是"理想很丰满，现实很骨感"。

根据我在中国股市投资的经验，在大盘总体被高估、全面疯狂泡沫化的情况下，投资者进行仓位管理是十分必要的。但是这种仓位管理当呈正金字塔形，即大盘低迷时要保持重仓位，大盘"亢奋期"则可适当减仓或者保持轻仓，甚至清仓。

投资同书法、绘画等一样，是遗憾的艺术。无论怎么样卖出，利弊是都有的。可是世界上哪有完美的事情呢？完美不过是人们的梦想而已。既然如此，如何卖出就是十分个性化的策略。但是有一点我们应该清楚，就是无论自己采取哪种策略，均应该做到理论上的自觉，即原则上的坚守，行动上的义无反顾。这也是本书一直强调的，投资需要一套完善的系统，包括卖出系统，且要让这套系统"管理"自己，这样，我们才算尽了最大可能让我们人性中与生俱来的弱点少"控制"我们。

耐心 10 条

耐心是股市投资中最为可贵的品质之一，耐心在投资中的重要性怎么强调也不过分，所有的投资大师都告诉我们耐心的极端重要性。所以，我们在整个投资生涯中，除了要具备理性之外，还必须时时告诫自己：耐心、耐心、再耐心！

什么是耐心呢？应该说这是被很多书谈"烂"了的话题，而本书似乎谈不出新意了。不过，鉴于其在投资中的极端重要性，我还是要在本书为你炖碗"老鸡汤"，说不定真的会对你以后的投资起到潜移默化的作用。

有关耐心，我的总结为以下 10 条：

（1）耐心，是你账户里有闲钱，但你仍然能够坚持什么也不做，等待那绝佳的投资机会。

（2）耐心，是你买入一家企业的股票之后，可能一时被市场"套"百分之二三十，而你仍然能够"稳坐钓鱼台"，不仅心态淡定，而且有钱愿意继续买入。

（3）耐心，是在你的持有组合之中，有的股票一两年不涨，甚至下跌，而相比之下，你看好但没有持有的股票早已经是"轻舟已过万重山"了，你仍然坚信自己的选择，并且不受种种外来的诱惑。

（4）耐心，是你懂得一旦做出了买入的决定，你就是这家企业的合伙人，市场的每日涨跌，市场先生焦躁或抑郁，甚至明天股市关门，对你也没有什么影响，你需要做的是若干年后再与合伙人谈播种后的收获。

（5）耐心，是你利用80%的难熬时光，等待20%的收获时间。

（6）耐心，是你坚持到快不能坚持，甚至怀疑人生，怀疑自己的投资信仰之时，你仍然能够用自己的意志力战胜心中的"人性魔鬼"，进而让自己能够回归到本已坚持的正确道路上来。

（7）耐心，是别人赚了百分之几十或者一两倍而"承受"不了赚钱之乐时，你仍然能够不为一时的浮盈而动摇，或者你在一只股票上赚了10倍、几十倍之时，仍然能够处之泰然，心中明了自己"所持企业"的价值几何。

（8）耐心，是你心中明了复利的道理，既深知复利这个魔杖的威力，又敬畏其中的艰难，因此能够拒绝暴利的诱惑，不为一时的"黑云压城"而慌恐，进而在"钱生钱"的快乐之中达到"光辉的顶点"。

（9）耐心，是你在看似波澜不惊的一个个平庸的年份之中，最终享受不平庸的人生财富结局。

（10）耐心，归结为一句话，是做市场上大多数人做不到的事情。耐心是人人皆知的浅显道理，但是大多数人却做不到。

这碗"老鸡汤"还够味道吧？如果你真的全部"喝"下去了，那么，耐心的品质自然就具备了。

"10 条军规"

经过多年实践，我摸索总结出投资的"10 条军规"，将它们外化于行，内化于心，就能帮助我们走上长期投资的成功道路。

这里再披露一下：在 2015 年出版电子书《给业余投资者的十条军规》之时，我曾经为起书名而苦恼，后来在编辑的推荐下取了这个书名，可见这"10 条军规"的重要性。这本电子书出版之后，不少读者留言说，这"10 条军规"很"过瘾"，并且抄录下来，说要熟记于心，而且有朋友在网上发起背诵"10 条军规"的行动，也足见这"10 条军规"是有价值的。所以，本书就将其略加修改收录了。

军规一：不要用宏观经济去指导自己的投资

个人投资者最好不要用宏观经济去指导自己的投资，当然更不要根据经济学家的话去投资，否则，你可能会错得离谱。

因为经济学家都研究不透的事情，个人投资者能够研究明白吗？

我入市之初，听信了一些投资人士的建议，天天关心宏观经济数据，对央视的新闻联播更是一天也不敢错过，好像一天不研究宏观经济，一天不关心 GDP、广义货币（M2），心中就没谱儿似的。结果如何呢？说起宏观经济，我似乎知道了许多数据与观点，对经济界一些人士的分析也说得头头是道，实际上，仍然稀里糊涂，甚至连一知半解都算不上。

所以，若想自己在股市的投资简单、轻松，办法之一是不研究宏观经济。至于一些专家和学者关于宏观经济及股市走向的论述、研究成果，我们看一下标题就可以"过"。坚持这种办法，许多研究宏观经济、股市走向的文章就可以不读了，因为这些文章量太大，如果阅读，会占去我们大量的宝贵时间。

此外，别看经济方面、股市研究方面的专家说得头头是道，但他们内心也可能未必对自己的研究结论有十足的把握，更不要说指导自己投资了。以前有报道，说上海一名经济学教授投资股市，结果大亏。如果真如经济学家所想的，那么股市的钱还不都让他们赚去了？我们还赚什么呢？幸亏股市并不是如此！

当然，说不研究宏观经济，并不是说不关心宏观经济。了解国家大的方针政策。中国未来经济结构调整，未来产业、行业的发展走向等，对于开阔我们的投资视野，确定自己的投资方向和选择标的，还是大有裨益的，只是别糊涂地机械地用经济数据、经济研究结论指导自己的投资。

军规二：不要天天研究大盘

"看大盘，炒个股"是我入市时间不长就接受的股市"教育"，并且相当长的时间内还笃信不疑。然而我在投资转型之后才突然明白，这实在是错误的理念，应该早早地抛弃！

自 2007 年大牛市以后，中国 A 股市场总体进入 7 年漫漫熊市，2014、2015 年进入疯狂的创业板牛市，2015 年股灾之后，非牛非熊地上涨至上证指数 3 500 多点，2018 年又下降至 2 440 点，一度陷入深度熊市之中。然而，实际上很多优秀企业的股票价格上涨早已超越了当年的 6 124 点，创出了历史新高。如果以此为指引，我们不进行投资，那岂不是大大的损失？

投资是什么？是买入一家企业的股权，然后分享它的成长。而企业的成长，与股市大盘有什么关系吗？换句话说，大盘的涨跌与董明珠经营格力电器、与秦玉峰经营东阿阿胶、与郭广昌经营复星集团有关系吗？显然没有。

所以，正确的态度是抛弃大盘，研究个股，研究企业。见优秀企业便宜了便买入，这才是正道！

当然，不要研究大盘，不是说研究大盘就一点儿也没用。比如，大盘指数对于"测量"中国股市总体的"温度"还是管用的。当大盘整体进入疯狂期，作为投资者就当警惕，如果已确认全面泡沫化，就要按照自己的卖出策略行事。

除此之外，大盘的涨跌真的没有多大用处。

军规三：不要盲目相信媒体

股市投资不能盲目听信媒体，特别是在今天"人人自媒体"的网络时代。

什么是新闻？我在上大学时，老师说过一句话，我至今记得："狗咬人不是新闻，人咬狗才是新闻。"一些媒体为了博人眼球，追求的就是一种轰动效应，特别是负面的轰动效应（正面的反倒缺少吸引力），其中难免有夸大成分，或者仅攻一点，不及其余（即"标题党"），更不要说那些无良媒体炮制出的"新闻"了。

所以，所投的企业一旦有负面新闻，我们需要做的就是冷静分析，不可因为一时的利空，对股价造成打压，而被"吓"得不分青红皂白地抛出。

我持有的组合中，多年来一些企业时不时地就出现负面新闻。如云南白药的被请喝茶事件、同仁堂的有毒事件、贵州茅台的塑化剂事件、东阿阿胶的水煮驴皮事件，甚至如格力电器这样有良心的企业在很长时间内都有负面的新闻，而且还有网络大V是黑格力的专业户。时过境迁，这些事件早已被人们忘到脑后，有的股价还创出了历史新高。想想看，如果当时听信这些报道，抛掉优秀企业的股票是多么愚蠢！

当然，不听信媒体，并不是说对其报道不阅读、不研究，实际上许多上市公司的信息来源于一些媒体的报道，但是我们对消息要有一个由表及里、去伪存真、去粗取精的理性分析过程。不仅如此，我们有时还可以反面利用这些媒体的负面报道，比如在一家优秀企业出现"黑天鹅"事件而被媒体大加渲染之时，事件如果不是"致命"的，多是投资的绝佳良机。

军规四：不要朝三暮四

（1）对股市投资要专注。

一个人的精力是有限的，能一辈子专注干好一件事就是了不起的。巴菲特与比尔·盖茨在谈到自己的成功秘诀时，也均不约而同地说到这一点，即保持"专注"。

读巴菲特传记以及有关他的报道，我们知道，他没多少业余爱好，最大的快乐是每天跳着踢踏舞去上班，沉迷于自己的投资世界。

比尔·盖茨从七年级开始，到大二退学创办微软，这期间的大部分时光都用在了计算机编程上，据说当时世界上有比尔·盖茨这样经历的人不超过50个。所以，当计算机进入家庭的黎明时刻到来时，最早拥抱阳光的自然非比尔·盖茨莫属。

据专家研究，大学里小提琴、钢琴专业的学生，从5岁开始学琴到20岁，那些具有成为世界级独奏家潜质的人都至少练习了10 000小时（1万小时定律），那些被认为比较优秀的学生也累计练习了8 000小时，那些被认为将来只能成为一名辅导老师的学生只练习了

第四章 持有篇

4 000小时。

可见，一个人的成功，并不仅仅来自天赋。伟大的成就其实来源于每天并不起眼的专注与坚持。股市投资中"1万小时定律"是否发挥作用，我们还未见到确凿的研究，但那些三心二意、不付出而想获得长期回报的人，是断不能成功的。个人投资者哪怕是业余投资者，既然入了这一行，就要将投资当作一件严肃的事情，甚至当成自己终生热爱的事业来做（如每天晚上坚持两个小时的学习研究），更何况它还关系着个人家庭金融资产是否保值、增值，家庭将来能否财务健康、财务自由，如何传承下一代的大事。所以，股市投资一定要专注，专注，再专注！

（2）对研究的范围要专注。

不同的人有不同的能力圈。我们看到，有些成功的投资人士，穷其一生只专注于某个领域，依靠不多的优秀企业就足以实现其财富梦想。有的虽然是草根出身，甚至没有经过大学某个专业的系统学习，然而由于长期专注于某个行业的研究，由门外汉成了行业的专家，这样的成功案例举不胜举。

我本人从2008年7月转型为价值投资者以来，主要专注于消费、大健康领域的投资，虽然对其他不少领域也进行了学习研究，但是投资时间越长，投资标的却越聚焦（知识上做加法、标的上做减法）。时至今天，我仍然相信，将来伴随中国的强势崛起，在消费和大健康领域具有"中国味道""中国特色""中国创造""中国智造"的一些优秀企业必将给它们的长期投资者带来丰厚的回报。当然，我们对其他领域的投资也要涉猎，不排斥进行投资，但总体上要坚持少而精的原则。

（3）对选中的标的要专注。

股市上诱惑很多，时间一久，投资者难免会对长期持有的标的产生"审美疲劳",特别是在股价长期疲软的情况下更容易产生厌烦心理,而人又常见异思迁,所以,"弱水三千,只取一瓢饮""触目横斜千万朵,赏心悦目三两枝",我们有时更需要这种定力。

军规五:不要怕大跌

这也是快谈"烂"了的话题,但是鉴于我们常常缺乏金融记忆,谈"烂"的仍然需要反复谈,因为我们身在股市,大跌就像家常便饭,如果因为一时的大跌而寝食难安,便慌不择路地抛掉手中的股票,那便是"心智不成熟"的表现。事实上,从一个超长期的时间周期来看,股市上任何一时的大跌,假以时日,事后看常常是"茶壶里的风暴"。

美股经历过各种各样的危机,甚至包括战争危机,现在看来不也是"茶壶里的风暴"吗?中国股市的历史虽然不长,但经历的大跌大灾也不少,事后看来,不也是"浪花"吗?历史上的那些长牛股、大牛股都是经过种种风浪"洗涤"过的,正所谓不经历风雨,就不能见彩虹。

所以,投资者既然进入这一行,就不要怕大跌。股市从根本上讲,就是从低市盈率向高市盈率,从高市盈率向低市盈率不断"回归"的过程(在不断回归过程中又螺旋向上)。这个过程会循环反复,以至无穷,认识这一股市的根本规律十分重要。如果市场总体估值水平并不高,而且我们持有的是优秀且不疯狂的标的,那么作为长期投资者,最好的办法是进入"昏睡期",对一时的大跌更是可以忽略不计。

军规六:不要小盈即满

中国历史上长时期的农业文明造就了深厚的小农意识——小富即

安意识。这种小富即安意识，至今仍在许多人身上存在。作为股市上的长期投资者，一定要克服这种小富即安的意识，即不要觉得小盈即满。

段永平从0.8美元开始持有网易到100美元的经典投资故事广为人知。他说："0.8美元买网易股票的不单我一个人，但坚持持有到100美元的就不多了。"不过，他同时又坦言："在持有的这八九年中，我可能每天都会被卖价诱惑！"

段永平这样的投资超人都难免被这种诱惑折磨，足见在股市上克服这种小富即安的小农意识有多艰难！

有的投资者经过一段"黑暗隧道"般的煎熬后终于见到曙光解套了，就坐不住了，开始患得患失。如果有这种心态，那怎么能在股市上拿到多倍股呢？更不要说将来赚大钱了！

巴菲特说，在选股能力上，你一般是很难胜出的，优秀企业的股票只有拿久了你才会发现它是好东西。所以说，你如果受到这种小盈即满的心理折磨，就要立即默念这些大师语录，向这些投资大师学习。实在不行，自己要默念：我们的征途是星辰大海！总之一句话，我们一定要克服小盈即满的心理，一定要敢于赢，敢于胜利！

军规七：不要追逐热点

股市犹如女人流行的时装，一段时间内总有不同的板块轮动和热点转换。作为趋势投资者，或者想赚快钱的，会力求踏准每次板块轮动的节奏，不断追逐热点。当然，我们要恭喜他们，但愿他们成功，然而对我们这些买入就以年为时间单位持有的投资者来讲，这实在是"高难度"动作。

比如，2010—2012年的消费医药板块"受宠"，2014—2015年的创业板"狂欢盛宴"，2015年股灾、2016年熔断机制被废后2017年大幅度上涨的"漂亮50",2018年年初市场有短暂的亢奋行情,之后又陷入深度大熊之中,是否有人都能准确无误地踏准节奏,及时进出呢?如果有,他一定能称得上是"股神"了。然而股市上又有多少这样的人呢?既然我们做不了这种人,那就"咬定"自己心仪的标的不放松,最后的结果反倒比那些"勤奋"地跑来跑去的多数人赚得更轻松,甚至赚得更多。

军规八:不要预测涨跌

不少人经常喜欢做无用功,比如预测短期的涨跌。股市最大的确定性就是每天涨涨跌跌,自己能够预测得准吗?我曾做过一个小试验,就是看当天的阳线,猜测第二天的收盘情况,结果怎么样呢?常是自己打自己的脸!

既然预测不出来,最好的办法是不预测。

个人投资者,不仅不要预测短期的涨跌,就是在牛熊市也不要预测。至于市场上常有人看着股市走势猜测牛熊,甚至红着脸去激辩,我们要清楚人家是靠这个"混饭吃"的,所以这些人除外。

我们买入股票是要赚企业成长的钱,有时是赚市场估值修复的钱,但归根到底是赚企业内在价值增长的钱。明白了这个投资的本质,也就明白了猜测所谓的牛熊与涨跌完全是做无用功。

格力电器的董明珠会根据股价的涨涨跌跌做经营决策吗?她会因为股市处于熊市就不卖空调了吗?当然不会。

刘元生,万科的个人大股东,收益率比巴菲特还高的投资者。他会经常预测涨跌,猜测牛熊市吗?估计不会,他有时间还要练练自己的小提琴呢!

与其预测风雨,不如打造挪亚方舟。

与其猜测牛熊,不如见优秀企业股票便宜了便买入。

投资的出发点与落脚点，要放在优秀且低估（或合理）的企业身上，切不可寄希望于牛市大潮的上涨上。

以上这些话，是我在股市多年悟出来也是反复说的，颇为得意的"名言"。为什么自己总是反复说呢？因为自己什么时候遵循了，什么时候投资就顺风顺水；而自己什么时候昏了头，忘掉了这些话，什么时候就吃苦头儿、栽跟头儿。

军规九：不要想暴富

股市中许多人之所以最终赔得精光，主要是想快速致富惹的祸。既然没有那么大的本事，那就悠着点儿：慢慢变富呗！比如，确定投资股市的底线是实现"3个跑赢"，投资的心态便会更加轻松。

芒格说，假设在你面前有一个非常棒的投资机会，在可见的未来肯定能获得12%的年复合收益率，但是要求你从此不再接受别的赚钱更快的机会，大部分人是不愿意的。但总有人赚钱比你快、跑得比你快，或者别的比你快。从理性的角度思考，一旦你找到了一个行之有效的赚钱方式，还非要在意别人赚钱比你快，这在我看来就是疯了。

他说，连续40年中每年回报率20%的投资只存在于梦想之国。是的，从超长期讲，在我们自己的整个投资生命周期内，投资收益如果能够保持年复合增长率12%，那就相当令人满意了。除此之外，我们如果还非要想去赚快钱，说不定就真要"疯掉"！

军规十：不要盲目相信权威

股票市场向来是容易出"大神"的地方，行情越好，"大神"似乎就越多，而且他们说得还很"准确"（牛市上涨行情中猜上涨自然准确率高），于是各种"大神"满天飞。这些"大神"还特别会"忽悠"不明真相的新投资群众。

在《不折腾》那篇文章中，我已经披露了，在2001年"牛尾巴"阶段，我投进去的钱天天贬值，在绝望中我抓住了一根救命稻草，因为当时有一个机构天天"喊"牛市会继续，而且文章写得热情洋溢，让人看得热血沸腾，但是行情的演绎并不是依什么人的意志为转移的，大熊市仍然如期而至，结果怎一个"愁"字了得！后来那个机构的声音再也听不到了。

由此，我得到了一个教训：股市投资是"没有金刚钻，就不要揽瓷器活儿"，要想赚钱，还得依靠自己研究，切不可听信什么权威的。

现在一些财经网络平台上，各种新媒体、自媒体上，确实有不少很见功力的投资者，他们对一些投资标的的分析很值得参考，尽管如此，我们也必须经过自己的独立思考再做出投资决策。而且我们向这些网络大V学习，重点是学习"道"，学习如何获取"渔"，否则，仅看一些大V的推荐而盲目买入，或者跟随这些大V去"抄作业"，哪怕是一时赚了钱，也难免将来落个赔钱的结局。

巴菲特在谈自己将来的接班人时说，他们应该具有独立思考与内心平静的品质与特点。可见独立思考对于投资者来讲是何等的重要。我个人的体会就是，你要想在这个十分残酷的竞争市场上生存下去，真正能够靠得住的是自己的不断学习与独立实践。股市投资是孤独者的智慧游戏。股市上从来没有什么救世主，也没有什么权威与"大神"，最靠得住的是我们自己。哪怕是巴菲特告诉你明天买什么股票，你也不要盲信，而要自己去思考。

第五章　修养篇

投资的过程，是一个不断提高自身修养的过程，修养包括思想的修养、知识的修养、心灵的修养等。本章收录了我过去发表的关于这方面的一些文章（均发表在新浪博客与雪球上），希望对读者朋友们有所启发。

做快乐的业余投资者[①]

我们能有幸与优秀的企业一起，共同开创一段创造财富的旅程

我常常想，股票真可谓是人类发展史上一个伟大的发明，虽然它从"一出生"就带着"血腥"，带着风险，但它也是人类创造财富的杠杆与平台，如果没有股票和股市，我们人类创造财富的步子或许要

---

① 本文发表于 2013 年 8 月 20 日。

慢得多。而对于我们业余投资者来讲，它最大的好处就是可以让我们与那些成功的企业成为"合伙人"，共同开创一段创造财富的旅程。

不是吗？一个十分浅显的道理明摆着：如果云南白药不上市，我们怎么可能成为这个有国家保密配方的"伤科圣药"的股东呢？如果同仁堂不上市，我们又怎么可能有机会成为这个百年老店、中华老字号的合伙人呢？如此等等，不一而足。股市最大的便利就是可以提供给我们这样的机会，而且有时我们只需坐在家里，敲一敲键盘就可以轻松搞定。

我是60后，受"学而优则仕"的思想驱动，大学毕业之后最理想的工作自然是进机关谋个一官半职，然而随着市场经济大潮的到来，总还有对财富追求的一种冲动，13年前一个偶然的机会让自己误打误撞地进了股市，经过不断学习思考，终于明白股市原来可以是我们追求财富的一个"通道"，而且是在不辞职、不影响工作的前提下，让自己有一段不错的"财富履历"。虽然今天自己还没有实现完全意义上的财务自由，但是现在看到账户里一天的波动就大于自己一年的固定收入之时，常常有一种对股市"感恩"的心理。如果没有股市，像自己一样靠固定收入维持生活的人，此生怎么会有机会对财务自由进行追求？而这一切均是那些优秀上市公司所给予的。

当然，这样说或许有些轻松、天真了。因为股市的钱并不那么好赚，大量的调查材料证明，大多数股民在股市中是不赚钱的，"七亏二平一赚"之说一次次得到验证。面对着冷冰冰的数据，股市对于业余投资者来讲，还有什么快乐可言呢？

其实这个现象不独我们国家有，就是在股市相对成熟的美国也不例外。巴菲特在2004年致股东的信中说："过去35年，美国企业创造出优异的成绩，按理说投资者也应该跟着获得丰厚的回报，只要大家以分散且低成本的方式搭顺风车即可。事实上靠买入指数基金就可

第五章 修养篇

以达到这样的目的,但实际上多数投资者的绩效却惨不忍睹。"

中外的股市,为什么会有同样有意思的现象呢?这应该由专家研究,但是在我看来,其根本原因在于那种追涨杀跌的交易心理。我私下与朋友交流投资体会,总是听到不少人说,如果我当初拿着某只股票不卖,到今天会怎么样了。为什么投资者总会产生这样的遗憾呢?其实他们在"起点"就错了、就输了,因为他们从一开始就没有真的想与优秀企业一起,成为其合伙人。

总是听到不少人振振有词地说:"我怎么知道它们会上涨呢?大凡牛股都是事后才知道的!"这初听起来确实有道理,因为投资一家公司确实需要敏锐的商业判断能力。虽然我们寻找到一家优秀的上市公司不容易,但是经过努力,它并不是难以企及的事情。

不是吗?比如,我们拿着"一把快刀",在股市之中专门寻找那些消费独占、消费垄断、具有定价权、量价齐升(或价量单升)的企业,然后再加以具体分析,就不难找到优秀企业投资。或者我们关注生活中可触及的知名消费大品牌(因为我们首先是消费者),用"一把快刀"将多数的企业过滤掉,留下的之中或许就有超级明星企业。

国内知名的投资人林园先生说,他就投资"与嘴巴有关"的企业。在我看来,有这样"一把快刀"就不难找到中国股市中那些赚钱的优秀企业。更何况,我们是业余投资者,只要我们找到两三家这样的优秀企业,并等合适的价位"钻"进去就可以了,这确实不是无法企及的事情!

事实上,我与做投资的朋友交流,他们大多数是能够找到几家优秀企业的,而且还有朋友对中国上市公司中的一些优秀企业说得头头是道,然而他们的问题主要是出在"拿不住"上。当然,说到为何拿不住的问题,我又可以写出一篇长文章进行讨论,但作为一般投资者,寻找到几家优秀企业并不是太难的事情。

股市投资可以大大开阔我们的眼界，丰富我们的学识

以我为例，自从热爱股市投资以来，虽然不能用废寝忘食来形容，但是业余能够利用的时间自己都充分利用起来了，当别人忙于各种应酬或者娱乐之时，自己常常沉醉于各种相关知识的学习之中，而且这种学习可以说更"带电"，效果更佳！

这种长时间的"带电"学习，对我们的工作有潜移默化的作用。如果你是领导，你对国家政策的学习和经济发展形势的掌握，一定会对你的决策有帮助；如果你是企业管理者，那些优秀企业家的管理经验无疑会对你有很大的帮助；即便你是其他职位，你的所思所学，也会让你在职场上有一种如虎添翼的感觉。我自己的体会是，业余时间的"谈资"甚至也丰富起来。比如，我私下里与朋友小聚时，朋友常常因为我"博学"而不免夸上两句，每到此时，我都会突然有种"成就感"！

股市投资可以大大提升自己对人生哲学的认知，进而提高我们的人生修养

在生活中，我们知道"欲速则不达"的道理，其实股市也如此。虽然我们在股市最直接的目的是赚钱，没有这一点就没有投资快乐的基础与源泉，但是"财不入急门"，那种一夜暴富，那种短期实现利润最大化的想法其实最诱人也最害人，最稳妥、最安全的办法还是依靠优秀企业的不断成长实现自己的复利增长。更何况，业余投资者本身就有一份固定的工作，有着稳定的生活来源，所以更没有必要追求暴富。

我们知道，人没有钱是不行的，但是钱再多也只是数字，特别是当你居有房，行有车，生活有着落时，你如果是业余投资者，就更没

第五章　修养篇

有必要天天在股市中"拼杀",否则,损坏了身体,劳了精神,赚钱再多又有什么意义?

在生活中,我们知道"日中则移,月满则亏""福兮祸所伏,祸兮福所倚"的道理,其实股市又何尝不演绎这些"物极必反"的悲喜剧呢?我们看到,当牛市疯狂之时,人人"福气"冲天,然而"祸根"恰恰就种下了;当熊市极端悲观之时,人人"秽气"沾身,然而这恰恰是幸运的种子需要播种之时,那些善于抓住这种大机遇的人甚至"一战成名",并因此为自己积累下一生都花不完的财富。

在生活中,我们也知道"大智若愚"的道理,知道"不战而屈人之兵"乃兵家之上策,股市其实也常常这样耐人寻味。我们看到,有的投资者乐乐呵呵,悠闲自在,真的像跳着舞去上班一样,表面看他们好像很愚笨,寻机"播种"之后便不管不问,然而,若干年之后,却是收获多多,快乐多多。相反,有的投资者恨不能天天博取短差,最好是时时刻刻盯着股市大盘,有时为了一两元钱的蝇头小利而苦思冥想,捻断胡须,多年下来,结果却是捡了芝麻,丢了西瓜,甚至是倾家荡产。

在生活中,我们知道"柔弱胜刚强"的道理,知道"知彼知己",才能"百战不殆"。我们业余投资者应该明白在股市投资中自己的优势与劣势,并知道自己的能力圈,进而采取适合自己的投资策略,如此胜算的概率才会加大。否则,自己不顾实际能力而乱打乱撞,结果可想而知。

股市如人生,人生如股市。不管是生活,还是股市投资,我们如果将这些哲学命题、老祖宗留下来的智慧参透悟透,人生或股市投资如何达不到另一种新的境界呢?

当然,股市投资之于我们的快乐还不限于以上种种。比如,我们还可以享受平静之乐、自由之乐、不求人之乐、公平之乐等,也许每个人都会有自己不同的感悟与解读。

晚清学者王国维曾在《人间词话》里提出做学问、做事的 3 种境界："昨夜西风凋碧树，独上高楼，望尽天涯路"，此第一境界；"衣带渐宽终不悔，为伊消得人憔悴"，此第二境界；"众里寻他千百度，蓦然回首，那人却在灯火阑珊处"，此第三境界。

做学问、做事如此，股市投资何尝不是呢？或许，太多的业余投资者仍然处在"独上高楼""消得人憔悴"的时候，在此，我以我的投资座右铭——"悟股市之道，享投资之乐"，与心有灵犀的朋友们共勉！

投资可以是这样的：我们一起风雨兼程[①]

4 月 27 日晚，格力电器公布了 2014 年年报，最让股东感动的不是它那份依然"靓丽"的财务报表，而是令人大感意外的优厚分红：10 转 10 派 30 元（含税）。作为持有 6 年有余的小股东，自己赶紧拿出计算器计算：首批持有成本 8 元左右（前复权），后来进一步买入成本 17 元多，按 18 元计算，股息率 16.67%！

这个股息率是什么概念？依照这个股息率，自己再持有 5 年就全部收回成本了！你说，如果卖出这样优秀企业的股票，我是不是一个大大的傻瓜？

巴菲特曾经有言，希望持股是永远，如果让他卖出一家优秀企业的股票，就像芝加哥公牛队"卖出"迈克尔·乔丹（Michael Jordan）一样愚蠢。今天，自己对于他这句话，可以说理解得更为深刻了。

原来，投资可以是这样的：我们一起风雨兼程！

在今天的中国股市，依然流行这样的说法：七赔二平一赚。言下

---

① 本文发表于 2015 年 4 月 29 日。

之意，股市投资本身就是博傻游戏，我们赚来的钱也是建立在别人赔钱的基础之上的。

确实，如果我们将中国股市上的所有企业算作一家大企业的话，看着每天的高换手率，如果考虑到其中的摩擦成本，那它确实是一个零和游戏，甚至是一个负和游戏。不是自己矫情，我常常这样想，如果将自己家的大部分金融资产投入一个博傻游戏、负和游戏之中，且不说赔钱，就是赚了钱，这与参与赌博又有什么区别呢？更不要说自己还要在这个市场游戏之中，付出那么多的时间与精力！

幸运的是，自己从一些投资大师的理论中，从持有格力电器这样优秀企业的亲身实践中，体会到了一种别样的路，投资可以是这样的：与优秀的企业风雨兼程。

投资要与优秀的成功企业并肩一起

曾经影响20世纪90年代这代年轻人的诗人汪国真在其诗作《热爱生命》中写道："我不去想是否成功，既然选择了远方，便只顾风雨兼程。"不知为什么，我特别喜欢他的这首诗。但是，波诡云谲的股市远远谈不上浪漫与诗意。因为我们要的是成功，而要想成功，重要的是要选择成功的优秀企业，与成功的优秀企业风雨兼程。

我之前说过，在中国A股市场，如果研究透了两家企业，投资就应该修炼到家了。哪两家呢？一家是贵州茅台，它是"幸运且能干"的企业；一家是格力电器，它是"因能干而幸运"的企业。如果说贵州茅台这样的企业因为"幸运"好识别的话，格力电器这样的成功企业识别起来，就需要慧眼了。而慧眼就是用在其"相对胜出"之时。因为就投资来讲，最重要的还是确定性，而在行业内已相对胜出，特别是奠定领军地位的企业其"强者恒强"的可能性要远远大于那些"小荷才露尖尖角"的企业。这个道理非常浅显，就像我们无法从现在的孩子中挑选出谁未来将是打网球的李娜、打篮球的姚明。

其实，从2006年以后，格力电器便以其"强大的品牌美誉度（"好空调，格力造"）+规模优势+成本优势（同行业内最高的净利率）+全产业链优势（占用上下游资金，等同于无息贷款）+独创的销售模式（经销商共同持股）+技术创新优势（研发不设上限）+特有的企业文化（忠诚、节俭）+优秀的管理层"开始"傲视群雄"，甚至成为中国制造业在全世界崛起的为数不多的代表企业之一。事实证明，在格力"相对胜出"之后，我们在任何一年投资都是对的，哪怕是在2007年的高点不小心买入，只要多付出一点点儿耐心，回报也是相当不错的，而且还是在7年的熊市之中。

这是一种什么样的赢利模式呢？显然是所有投资者与优秀企业共赢的模式，股市上"七赔二平一赚"的魔咒，终于被优秀的成功企业化解了。这种赢利模式，不仅道德，而且共赢，不论别的投资者如何，自己都是心向往之！

与成功企业一起考验的是忠诚

近年来，我们看到，许多机构始终进出于格力电器的流通股股东之列，更有无数投资者跑来跑去，真正"从头吃到尾"的投资者又有多少呢？我也仅仅持有6年有余，所以对那些这么多年来始终不离不弃的忠诚的格力小股东（据说国内有一小批）充满敬佩之情！

当然，我所说的忠诚，并不是不管不顾的愚忠与盲目持有。

比如，价值投资者卖出所持企业股票之时，一般有3个条件：基本面发生根本性变化、股价太疯狂、发现了更好的标的。然而，为了严格约束自己的这种"忠诚"，最好的办法是去掉第3点，即"发现了更好的标的"，因为有时它常常成为自己换来换去的借口，弄不好反倒真的"拔掉鲜花,浇灌杂草"了!

至于基本面发生根本性变化,投资者更需要进行独立思考、独立判断。比如,格力电器这些年来,始终遭受市场的广泛质疑,就是企业发展的"天花板"问题。然而在这种质疑声,格力却是连续多年的"超预期王"。

格力电器2007—2014年的收入与净利增长情况见表5.1。

表5.1 格力电器2007—2014年的收入与净利增长情况

时间	收入(亿元)	增长率(%)	净利(亿元)	增长率(%)
2007年	380.09	44.33	12.7	83.56
2008年	420.32	10.58	21.03	65.60
2009年	424.58	1.01	29.14	48.15
2010年	604.32	42.32	42.76	46.75
2011年	831.55	37.60	52.37	22.48
2012年	993.16	19.43	73.8	40.63
2013年	1 186.28	19.44	108.7	47.63
2014年	1 377.50	16.12	141.55	30.22

事实胜于雄辩,这是一组多么漂亮的增长数据!看了这组数据之后,格力哪里像触及"天花板"的企业?

真正的投资者并不希望上涨太快

在牛市火爆行情之中,格力的上涨幅度应该说是较慢的,其市盈率估值一度排在2 600多只股票的最后几名。在这种情况下,作为它的投资者,或多或少会有些煎熬。

然而在我看来,真正优秀的企业并不需要上涨太快,因为它始终保持这种低估值状态,好处至少有二:一是我们如果有现金流,就可以持续买入;二是分红之后可以进行再投资,这本身就是一种复利。

如果它上涨太快太疯，倒真让人"煎熬"，犹豫是否要卖出。就自己而言，之所以坚持持有6年多不动摇，一个很重要的原因，是它的低估值，即自己找不到卖出的理由。

巴菲特认为自己的伯克希尔公司的股价不要偏离内在价值太多，也不要偏离太少，自己以前对此还大感不解，现在当然是懂了。

行文到此，我们还是要重温投资大师们的"大道"。[1]

格雷厄姆指出：一个投资者最大的敌人不是股市，而是自己。他们或许在数学、金融、会计等方面能力超群，但是如果不能掌控情绪，他们将无法从投资中获利。

作为他最优秀的学生，巴菲特解释道，格雷厄姆的方法有3个重要原则：首先是将股票视为企业，"这将给你一个完全不同于股市大多数人的视角"；其次是安全边际，"这将赋予你竞争优势"；最后是对待股市要有投资者的态度，"如果你具有这种态度，你就能战胜股市中99%的人，它可以赋予你巨大的优势"。

格雷厄姆说："真正的投资者几乎从不被迫出售其股票，也不会天天关心股票行情。"

投资的道理并不复杂，明白了其中的"大道"，我们为什么还非要念念不忘那些"小道道"呢？自己持有格力电器这样优秀的企业，还天天研究那些讲"天花乱坠"故事的企业干什么呢？

牛市状态下更需要拒绝诱惑[2]

如果熊市状态下，我们需要承受煎熬，那么牛市状态下就需要拒

---

[1] 罗伯特·哈格斯特朗. 巴菲特之道 [M]. 杨天南译. 北京：机械工业出版社.
[2] 本文发表于2015年5月7日。

绝诱惑。那么有哪些诱惑需要拒绝呢？

远离妖股

牛市火爆行情之下，股市常常会出现短期上涨幅度巨大的"妖股"。如暴风科技，自上市起已经连续29个涨停板，股价从10多元上涨至100多元（当然其业绩将来是否支撑得住这个股价姑且不论，至少现在看不懂，先暂将之名为妖股）。全通教育，1年多的时间，也已从30多元上涨10倍之多，现在来看，其涨势也未有停的样子。我们打开K线图，这两年类似的妖股应该说并不是"小众"。当然，如果你是一个交易高手，只要在牛市状态下逮住一只，并且重仓，那么不用太多资金，仅仅100万元，1年多上涨10倍，就是1 000万元的资产！

然而对于我来讲，它们并不是"我的菜"。比如，我对全通教育研究来研究去，也搞不明白市场为什么给予它1 000多倍的动态市盈率。现在有一个流行的说法，即互联网时代颠覆了传统的估值法，"一鸟在手，胜过两鸟在林"早已是老掉牙的故事，那"林中的鸟"的价值早已胜过你"手中鸟"的价值。还有一例为证：美国的亚马逊现在还没有赚钱，而市场却给予它400多倍的市盈率，那可是在比较成熟的美国市场啊！或许他们说得并没有错，不过，全通教育是不是将来的亚马逊，会不会变成将来的阿里巴巴、腾讯，我反复研究，也弄不明白。巴菲特说过，要老老实实地待在自己的能力圈里，所以，别说它们上涨10倍，就是千倍、万倍，和我有关系吗？

进一步而言，我就算幸运地买入了这样的妖股，但还是要问自己：我会重仓吗？就是重仓了，我会从它30多元上涨至100元，再到300多元都不卖出吗？我想是不会的。别看市场上现在"股神"众多，各种"股神理论"粉墨登场（熊市之中真不知这些人哪儿去了），但是真正从头到尾能够赚到全部利润的投资者又有多少呢？我想应该不超过1%！

所以，我可以在贵州茅台这样的股票跌便宜时下手，可以坚定地相伴格力电器这样的优秀企业六七年，甚至傻傻地持有4年不涨的东阿阿胶这样的品种，但是你要我持有那些妖股100天，我都会吓得睡不着觉！

老实说，在牛市行情中，有时要想躲避这些妖股还真不是一件容易的事。你想，谁跟钱有仇呢？谁不想立马像中了彩票一般"中"一只大牛股呢？然而，一个更重要的道理是，在非理性的狂潮怒海中，真正能够长期生存下来的只有少数理性投资者，中外股市皆是，切记，切记！

当然，说说容易，在牛市行情中，投资者若想保持理性还是相当不容易的。我们如果实在架不住妖股的诱惑，要如何呢？那就学一学希腊神话中的英雄奥德修斯，为了不被那个海妖塞壬美丽的歌声诱惑，干脆让人将自己拴在桅杆上，这个方法估计"管用"！

不追逐热点

股市行情一好，市场上常常就噪声不断，一些言论也甚嚣尘上。比如，股市中流行的理论主题投资。名字很好听，然而说穿了，其实是追逐主流热点板块炒作。不能否认，股市的涨跌还常有一种运行规律，即一个时期有一个题材概念的主流热点板块，甚至在相当长的时期，成为行情不断上涨的主题。其实这一点，我们只要稍注意国家新闻，对自贸区概念、一带一路概念、互联网+概念、京津冀一体化概念等有认识，便能理解。比如，2014年我就将"一带一路"概念的中国南车、中国北车、中国铁建等放在自选股里，要是在以前（如上一轮牛市，自己没有转型之前）我早就"奋不顾身"地冲上去了，而现在自己只会静静"观赏"。为什么自己放着好赚的钱不去赚呢？考量有四：一是自己真懂吗？二是它们符合自己长期持有的理念吗？三是它们便宜（一般主题投资显露出来，多数情况下就不便宜了）吗？四是我敢重仓吗？若"此四者无一遂"，自己则只是观赏并不买入。

从熊市走过来的投资者明白，牛熊市之下的投资策略可以有所不同，即可以适度加大一些交易品种的进攻性配置，比如被低估的大金融品种。但是，这种策略的不同，其实仅仅是"术"的不同，投资的"道"是不能违背的。在牛市状态下，更考验的是投资者是否依然秉持自己的投资之道，说直白一点儿，这时更容易撕下一些号称自己是价值投资者的漂亮外衣（做成功的交易者是很好，但完全没有必要装扮自己），即牛市是真正投资者的试金石。如果自己心甘情愿做优秀企业的投资者，那么很显然，有些钱并不是自己可以赚的。

那么，不赚这些钱，我们怎么办呢？坚持自己一贯的策略：任尔东西南北风，咬住心仪的优质、被低估品种不放松，其中极少品种可穿越牛熊，我们可以与其风雨兼程；有的可能要等牛市疯狂时，我们再潇洒地与之挥手告别。当然，我们不会如诗人般那么浪漫地不带走一片云彩，而是要带走沉甸甸的金银，当然，股市中相当多的人最后的结局不会这么潇洒。

我在此重申，牛市状态下市场会逐步填满估值洼地，只不过是先涨后涨、涨多涨少的问题，所以最好的策略还是自己先确定的：装睡。当然，总有投资者自己的品种不涨，而其他品种疯涨，这种煎熬怎一个"愁"字了得？其实，不独是我，有过牛熊市转换经验的投资者都明白这个道理。你如果仍然不明白，跑来跑去地追逐热点，到头来很可能落得一场空，甚至最后"浪费"了这样一个好的牛市。你如果确实缺少耐性，非要跑，也应该跑向"球要去的地方"（即估值洼地），去耐心等着风口的到来。

不与人攀比

俗话说："人比人，气死人。"这话用到股市上，就是股比股，气死人。然而，投资是私人的事，只要自己对自己的收益满意，何必非要与他人进行比较呢？

当今新媒体流行，一些网上"大神"将自己短期的投资业绩晒出来，以显自己的投资之能。对于这些"大神"，我或许羡慕，然而若说攀比，说实话，还真没有。你赚你的钱，与我有关系吗？我认为，与其羡慕这些"大神"，远不如退而结网，自己去用心练就自己的投资之功，这才是最要紧的。

牛市行情下，市场上常常是"新手乱拳打死老师傅"。有一国内著名投资人发了一个帖子，大意是"七年坚守，等待花开"，并将自己最近几年的收益率一一列出，2015年至今的收益率超38%，有人却点评这个成绩不值得一晒（在我看来，确实是漂亮的成绩单，年复合增长率超24%），言下之意，对这个连大盘都没有跑赢的收益根本看不上！股市就是这么有意思，新人常笑旧人，然而这些新人不懂股市最后会证明一个最基本的世俗逻辑：姜还是老的辣。我很庆幸，股市投资是适合旧人的游戏，所以，我们才看到84岁的巴菲特与他90岁的"小伙伴"芒格先生在股东大会上依然谈笑风生！

总之，如果你是个人投资者，最妙的办法是不与人攀比。如果非要比的话，一是与无风险利率相比，如果自己的长期收益连无风险利率都跑不赢，那最好还是别在股市待了。二是与大盘相比，但是这个比较至少要跨越一个牛熊周期，因为牛市状态下，收益想跑赢沪深300指数是一件十分不容易的事情（牛市中一个很简单有效的方法是买入指数基金，如ETF）。除此之外，我们还有什么要与他人相比的呢？

不用杠杆

曾有投资者私信我，问是否需要用杠杆融资。说实话，我没有办法回答，因为投资至今，我从来没有用过，也没有开过信用账户，所以根本就没有这方面的经验。如果说接触，也仅仅在书上，即自己常常看到一些投资大师告诫不要用杠杆。比如，巴菲特就说过这样的话："毋庸置疑，一些人确实通过借钱发了大财。不过，这同时也是一条迅速走向贫困的道路。当杠杆手段帮忙时，你的收入会扩大。你的配偶觉得这是因为你聪明，你的邻居会羡慕。可是，杠杆手段是会上瘾的。一旦从其魔力当中得到了好处，很少人能够适时退出，转向保守的做法。"

如果你是个人投资者，或者有固定收入，那最好的办法是不用杠杆，一方面，平时的收入已能够满足基本日常生活；另一方面，用剩余现金慢慢进行投资（或定投）。这样利用滚雪球的方法，我们将来就是实现不了财务自由，也会有一个不错的财富履历。

更为重要的是，不用杠杆，良好的心态更容易保持。比如，面对连续几天的大跌，我就仍然心态淡然，夜夜安枕。而投资能做到夜夜安枕，才是真正的乐趣所在。

持仓体检：暴风雨下的笃定与坚守[①]

进入 2015 年后，中国 A 股市场可谓一路绝尘，几乎没有像样的调整，一下子就攀升到了 5 178.19 点，然而自 6 月 19 日以来，又一路断崖式下滑，哪怕各种救市、利好措施连续出台，市场也毫不领

---

① 本文发表于 2015 年 7 月 4 日。

情。据统计，截至7月3日，全市场各主要指数平均跌幅31.9%。其中，上证指数跌28.8%；180金融跌幅最小，下跌25%；创业板指数跌幅最大，下跌39%。其他指数跌幅都差不多，均在30%上下。这次调整，几乎所有指数都回吐了牛市以来全部涨幅的50%。至于个股，更是惨不忍睹，回撤幅度要大于指数。今年被称为股灾，名副其实。据说，这是中国有A股市场以来，18年才发生的一次最大的股灾。

在市场攀升到5 000点之际，我意识到一场中期调整应该为时不远，然而出现如此罕见股灾却大大超出了包括我在内的所有市场人士的意料。这再一次证明，短期市场行情的不可预测性。关于此次股灾形成的原因、对策，自有专业与非专业人士的解读、争论。作为个人投资者，应该屏蔽这些议论（省得弄得自己无所适从），关键要对自己的持仓品质进行"体检"，并进而采取自己的应对策略。

此次股灾再一次证明，投资者总是会面临一些变量，不仅我不能预判，市场上大部分人也多难预判。如这轮牛市被称为杠杆牛，其中的种种变量是市场人士难以说清的。未来的市场如何走？经过一段时间大幅度调整，市场重新步入"牛途"，还是"牛头"被生生折断，重新步入漫漫熊市（有言论说重回2 000点）呢？说实话，从超长期来看，我判断是前者，但是目前应该做最坏的打算。与其预测风雨，不如打造挪亚方舟。中外股市的历史已经充分证明，无论多么大的风浪终将过去，当下不过是前进中的一朵大些的浪花。在时间的长河中，唯有那些真正优秀的企业，即使面临沧海横流，也会显出"王者风范"，给它坚定的投资者带来丰厚的回报。

如果持有的是优秀品种，在恶劣形势下，我们更应该坚定投资信念，要有"咬定青山不放松"的精神。据我观察，目前的下跌是由恐慌主导的，所以现在的市场形势是，不论企业基本面如何，不论估值高低，都是"一种兵败如山倒"的颓势。在这种情况下的抛盘，多少年后常会被证明是蠢不可及的，所以，即使是"撤退"，我们也应当在自己的理性之下做出应对。股灾期间本人的持仓组合见表5.2。

表5.2 股灾期间本人的持仓组合

品种	市值（亿元）	2014年年净利（亿元）	2015年涨幅（%）	高点回撤（%）	市盈率（倍）	2015年市盈率（倍）
贵州茅台	2 852.83	153.5	37.94	13.86	18.58	16.89
格力电器	1 502.73	142.55	56.12	20.82	10.54	9.58
东阿阿胶	295.49	13.66	9.53	28.76	21.63	18.03
云南白药	781.05	25.06	18.76	16.67	31.17	27
天士力	473.68	13.68	7.6	24.22	34.63	28.85
康美药业	778.78	22.63	130	31.17	34.41	28.68
同仁堂	367.96	7.5	38.08	39.71	49.06	42.66

有关表5.2，我有以下思考：

（1）考虑到股息率，按自己的较低持有成本，贵州茅台与格力电器已成非卖品。

（2）东阿阿胶，估值已压至历史低位，2014年年底市盈率17倍，考虑到2015年第一季度收入有50%以上的增长，业绩向上的拐点有望到来，不仅不能恐慌卖出，有钱还要进一步加大仓位。

（3）康美药业，大股东等的增持（16.27元）让小股东无疑吃了"定心丸"。经过一段时间的估值杀，其估值水平已在合理区间。康美药业具有成为伟大公司的潜质，正在做大的线上线下布局，将来1 000亿元市值或许仅是起飞的基点（2018年康美药业股价"爆雷"，成为市场上令人震惊的事件之一，事后来看，这也是我"误判"的一个案例，后来已做清仓处理）。

（4）从历史市盈率来看，云南白药、天士力接近于2008年大熊市的估值。考虑到未来中国股市估值的下移，以及它们市值不断增大，这种估值说不上高估，处于合理偏下的区间。

（5）同仁堂已处于"泡沫"之中，所以约39%的下跌虽然短期过大，但也在情理之中。由于品牌价值，它是中国上市公司之中较少能够持续这么久的金字品牌，所以，市场一直给予它一定的估值溢价，将其命名为"恒时高估"。如它自2004年至2015年，平均市盈率39.67倍。由于自己的持有成本相对较低，并且一直将它当成养老股、古董般的收藏股，一时的涨跌由它去。

（6）其实我在心里并没有最坏的打算，因为个人力量虽然渺小，但是天塌下来自有"个子高的人"顶着。股市的运行自有其规律，当然，政策的影响也不能忽视，毕竟中国股市有很强的政策市痕迹。但是，我坚信，就是到最坏时刻，依据我们国家体制上的优势，更容易集中力量办大事，再大的难关也能渡过，2003年抗击非典疫情就是真实案例。现在的行情有点儿类似非典疫情，恐慌情绪甚至比"疫情"本身更可怕，但是我坚信它终将过去。

"压力测试"之后的反思与感悟[①]

股市就是这样无常，前天还是"电闪雷鸣""黑云压城城欲摧"，经过近两日的接连涨停潮，又是"雨过天晴，春暖花开"的景象。此次股灾，可以说是对投资者最好的一次"压力测试"，

---

① 本文发表于2015年7月10日。

同时也是一场最好的风险教育，其中的收获是读多少经典也难以学到的。

我对自己在此次股灾中的表现，总体上算满意，因为除了女儿账户做了小幅度减仓、调仓外，我的主账户一股未做减持。这场股灾，可以说已经远远超出了正常的逻辑，现在来看，用"人祸"来形容更为恰当。因此，在那种极端的情况下，投资者做出减仓甚至清仓的举动本身并没有所谓的对与错。需要说明的是，自己并不是"股神"，没有在5 000点时清仓的自鸣得意之举，更没有在前天最危险时刻抄底的神来之笔。因为在自己的原有策略之中，始终坚定牛市的卖出只有一次，而且资金一旦离场，就至少做好一两年之内不再回到市场的准备。所以，虽然我预料到5 000点以后的市场注定不平静，而且一场中期调整必将来临，自己甚至做好了将部分持有组合深度调整30%左右的思想准备，但是却万万没有料到后来的一场突如其来的股灾！这再次证明，股票市场短期的桀骜不驯。

实事求是地讲，投资者在这种暴风雨中能够始终保持从容淡定并不容易。因为作为个人投资者，大部分家庭金融资产全在里面，而且眼看着牛市成果回撤很多，甚至多年的奋斗成果都有可能瞬间消失，而克服压力与恐惧是需要坚定的投资信念与强大的意志力的。而且，这种压力有时还来自家人的不解与质疑。幸运的是，自己较为成功地经受住了这近20年才出现一回的较大"压力测试"！

股灾是坏事，但是坏事可以变好事。投资者在一生之中遇到这种罕见的股灾，就是亏钱也值得，因为正是在这种股灾之中，投资者的投资世界观才会得到锤炼，投资体系才会进一步得到完善，而唯有投资世界观与方法论不断成熟与完善，我们今后才能在股市的惊涛骇浪中生存下来。所以，作为一个成熟的投资者，这两天不是庆幸自己"大难不死"，反而更应该回过头来，认真总结自己，反思自己，看自己在这种股灾中的表现以及收获了什么。

有朋友给我留言说，经过此次股灾更不相信价值投资、长期投资了。其实，恰恰相反，如果说自己以前还对价值投资的思想有所怀疑的话，经过此次"大难"，更加坚定了对价值投资、长期投资的信仰。因为唯有这种投资思想渗透进自己的思想，化作自己切切实实的行动，才能确保自己在中国如此桀骜不驯的市场上，保持自己特有的淡定与从容。

未来怎么办？

此次监管部门及时出手，一场突如其来的股灾应该算是过去了。然而，中国股市的"灾后重建"可以说任重而道远。经过此次股灾，中国股市的体制缺陷监管层应该看得更清楚了，当然真正改革起来也不是一朝一夕的事情。作为个人投资者，唯有做好自己。单纯地就估值来讲，当下的中国股市其实结构化泡沫与结构性机会并存，两天的上涨行情后下一步必然产生分化，因此在具体的操作上，这也是进行调仓换股或者进一步挖掘投资机会的次佳时期。

未来的牛市是不是不存在？

这实际是一个十分富有挑战的课题。我判断，股市恰如一场暴风雨过后的大树，虽被生生折断，但是根基尚存，也不难长成参天大树。更何况股市向来是"野火烧不尽，春风吹又生"的，一场灾难过后，很多人常是好了伤疤忘了疼，所以，投机的仍然会投机，炒作的仍然会炒作，坐庄的依然会坐庄，一切还将是故态复萌。至于我，还是那句话：与其预测风雨，不如打造挪亚方舟；与其预测牛熊，不如对优秀的、被低估的企业坚定地长期持有。投资的出发点与落脚点，还是要放在优秀的、被低估的企业身上，切不可寄托于牛市大潮的所有上涨之上。这虽然是以前自己总结的自认为"经典"的"名言"，但是经过此次股灾，对它的理解与体会更深刻了。

第五章　修养篇

把自己放在"弱者"的位置[①]

在股市投资时间长的人，特别是经过一轮牛熊市转换的人，大多会由一个"强者"变成一个"弱者"，这样更容易长久地生存下去，这是因为：

在市场面前我们是弱者。市场犹如大海，看似风平浪静，却常常波涛汹涌，还有令人惊魂未定的股灾。即使你有数百万元、数千万元、数亿元的资金，你依然是一个小小的弱者，这恰如我们走进大都市的人群洪流之中，自己甚至可以被忽略不计。

在上市公司面前我们是弱者。上市公司无论大小、优劣，都是一个复杂的生态系统。作为企业的局外人，实际上往往对企业内部的运作了解很少。虽然我们可以通过调研、研读财务报表，对企业长期跟踪，了解一二，但是若说了解得多透彻，实际上是自欺欺人。我们看到有些投资者，对企业经营层面常常指手画脚，恨不能越俎代庖，其实是很可笑的。

你怎么可以在董明珠面前讲如何生产空调，在秦玉峰面前谈如何熬胶呢？这些年我研究了数百家上市公司的情况，但越研究越感觉自己懂的很少，更不敢轻易发表关于上市公司的研究与分析报告，即使偶尔写两篇，也多是长期观察、深思熟虑的结果，并且只是简单论述其投资逻辑，找到其特有的商业模式，少有长篇大论，更不要说什么数据模型。当然，我这样说并不是我们"弱"得不能投资了，其实恰恰相反，如果说企业经营人是在实体经济的战场"真刀实枪"地干，我们作为投资者，更多的是考虑如何进行资产配置。记住，我们只是找到自己认可的商业模式进行资产配置，至于经营层面的东西还

[①] 本文发表于 2015 年 7 月 19 日。

是交由实业家们费心打理吧。

（1）我们是弱者，所以一定要善于与成功者结为团队。在生活中，我们都知道，要想成功就要善于与成功者结伴，投资的世界也能够运用这种道理。巴菲特"道破"了商业的"天机"：时间是好企业的朋友，是烂企业的敌人；宁可用合理的价格购买超级明星企业，也不要用低廉的价格购买平庸的企业。其实，不用巴菲特说，自己也有切身体会，长期讲，优秀企业也常常容易给他的投资者带来惊喜，相反，貌似便宜的企业常常让我们掉入陷阱。所以，作为弱者，我总是反复强调，要优先找到这些成功的企业，然后择机"傍虎吃食"，跟着它们"混口肉吃"。或许，这就是我们弱者在股市世界生存的成功之道。

（2）我们是弱者，所以一定要善于给自己找保护垫。在实际生活中，一些英年早逝的人，身体本来很健康，甚至可以说强壮，然而却过早地透支，断送了自己的生命；而一些常年体弱者，由于身体状况不佳，稍有点儿头疼脑热就会吃药打针，他们反倒长寿。为什么？因为他们会"保护"自己。投资的世界或许是强者的世界，然而也充满着价值的陷阱。作为弱者，要善于寻找"向下的支撑"，即给自己找到保护垫，而这个保护垫就是投资大师们念念不忘的安全边际。

我与一些投资者交流，有人说，在中国 A 股市场做价值投资往往效果不好，为什么？原因之一就是一些好的企业，大家都知道。言下之意，就是投资者难以找到好的价格，或者说好的安全边际。然而，我并不认同。

在投资的世界里，大家都知道邓普顿，在他幼年时，他的父亲常常在拍卖会上获得便宜的农场，为什么他父亲能够获得便宜货？原来他父亲总是等到拍卖会上他是唯一竞拍者时才报出价格。也就是说，他总能够以远低于实际价值的超低价格购买产品，自然会获得丰厚的

第五章 修养篇

收入。一座农场仅仅因为没有其他人出价，就能以不可思议的低价买下，这给幼小的邓普顿留下了深刻印象，并影响了他一生，他也成了低价猎手。

邓普顿通过数十年的资本管理发现，这种"异常情况"在股票市场上不断重复上演。进一步讲，股票市场上这种反常情况往往是当股价下跌或者股票"低价出售"时，很少有买家购买；当股价攀高，买家就会纷纷跟风买进。中国股票市场是不是也常有这种异常情况？远的不说，这次股灾来临时，是不是平时不容易购买到的优秀企业的股票，却有太多人非要低价卖给你？

（3）我们是弱者，所以要善于老老实实地待在自己的能力范围内。人年轻时，往往以为自己知道的多，似乎天下没有不懂的东西，然而随着年纪渐长，便会发现，原来自己真正懂的东西并不多，甚至弄明白一两件事情都不是很容易。市场上有些人同时研究几十家、上百家企业，似乎分析得头头是道，我对这种人，哪怕他是带着光环的所谓专业人士，我也常产生怀疑（仅是行业数据、企业数据的罗列是不管用的）。因为人的精力是有限的，且不要说弄懂几十家企业，就是研究明白几家企业也是相当不容易的。如今互联网发达，我们常见到一些所谓的网络大V言谈举止，俨然一种"王者独尊"的气派，似乎自己是"振臂一呼而应者云集"的英雄。对这种大V，我也常常有所警觉。因为无论是教科书，还是生活的智慧都告诉我们，这些人要么年轻气盛，要么自负，他们带着这种思维盲点去投资，容易成为"刚者易折"的例子。历史上的赵括、马谡等人的悲剧，是不是在股市上常常上演？就是后人敬仰的关羽，不也因为自己刚愎自用而落了身首异地的下场吗？当然，说这些的目的还是要提醒自己，自己真正懂得的东西并不多，无论从哪个方面来讲都是弱者。

芒格说，投资这种游戏就是要比别人更好地对未来做出预测。你怎样才能比别人做出更好的预测呢？一种方法是把你的种种尝试限制在自己能力许可的领域当中。相反，如果你花费力气想要预测未来的每一件事情，那你尝试去做的事情太多了，将会因为缺乏限制而走向失败。我每次读芒格的话，总是惊叹他超人的智慧！

（4）我们是弱者，所以更要能熬。我特别喜欢看电视节目《动物世界》，为什么？因为动物世界与股市世界颇相似，讲究的是丛林法则，弱肉强食。然而，那些弱者动物，常常有保护自己的看家本领，不然，就难免会遭到被吃掉的厄运。所以，作为股市上的弱者，我们需要找到自己的看家本领。而这个看家本领，有时就离不开一个"熬"字。

一场暴风雨过后，最容易遭到"腰斩"的是什么？参天大树！相比之下，它们身下的小草却能"野火烧不尽，春风吹又生"。作为个人投资者、业余投资者，其实最应该做的是这种能"熬"的小草，而不是那种易折的参天大树。我甚至认为，个人投资者、业余投资者在股市里，反倒更具有在恶劣形势下生存的优势，只是我们不能乱用这种优势（如不谨慎地利用杠杆等）。此次股灾之后，媒体常披露一些私募基金被平仓的惨痛经历，也有不少对公募基金跌破净值的报道。这更强化了我对个人投资者反倒更具有在恶性形势下生存优势的看法。

芒格这个可爱的外国智慧老头儿说，优秀的品性比大脑更重要，你必须严格控制那些非理性的情绪，你需要非常镇定、自律，对损失与不幸淡然处之，同样地，也不能被狂喜冲昏头脑。当你具有较好的个性（主要指非常有耐心），拥有了足够的知识之后，势必会进行大规模进攻，然后就会慢慢学会游戏规则。芒格这么一说，看来投资还真是难啊，不过，没有办法，只要想在这个市场长期生存下去，而且还想生存得好，那就只能独自进行这方面的修行。

第五章 修养篇

避免掉入"以我为中心"的思维误区[①]

在日常生活中,我们总会接触到这样的人,他们时时处处"以我为中心"地想问题、办事情,因此就难免与他人发生碰撞、摩擦,甚至交恶。这其中的谁是谁非,明眼人往往一看就明白,但是这些人总"以自己为圆心",以自己的利益或观点为"半径""画圆"。当然,这些人中有的因为碰壁、遇到麻烦,或者受到教育,而去改变,但有的终生不会改变,即江山易改,本性难移。

如果说这种时时处处"以我为中心"的方式在生活中容易遇到麻烦,那么把这种方式放到股市投资上,尽管一时会顺风顺水,但稍有不慎,是容易出问题的,还会反衬出看问题的不客观。

一谈到中国股市,有人立马下断语说,中国股市是一个投机市,根本就没有投资的价值,果真如此吗?显然不是。持这种观点的人毛病出在哪里呢?就是看问题总是"以我为中心",以自己固有的主观看法为中心。如果说股市的局外人持这种成见,我们还可以理解,但是这种"成见"恰恰是在股市"奋战"多年的老股民的想法,就真令人有些不可思议了!

我曾与做投资的朋友交流时谈及茅台,结果这位朋友张口闭口就说茅台是"腐败酒"。是的,不能否认,前些年,确实有不少茅台酒被腐败分子喝掉了,然而茅台就因此与腐败画上等号了吗?茅台酒就该被贴上腐败标签吗?如果真是这样,岂不是太冤枉茅台了?然而,持有这种成见之人并不在少数。当然,现在看来,茅台确实是被他们冤枉了,事实已经证明,茅台向民间消费转型已经成功,在一些小康之家、富裕之家,过年过节或者来客,喝两瓶茅台也是寻常不过的事

[①] 本文发表于 2015 年 11 月 24 日。

情,真是"旧时王谢堂前燕,飞入寻常百姓家"了。此时此刻,那些将腐败与茅台画上等号的朋友又有何感想呢?

与将茅台当成腐败酒的类似例子,无论是在现实社会,还是在股市投资中都举不胜举。

屠呦呦因为发现青蒿素而获得诺贝尔奖,按道理说这是举国欢庆的事情,然而在网络上却引起了一场"举中医与黑中医"的大战。中国的中医药学博大精深,不仅体现在经验科学,它还与中国的儒释道文化密不可分。我们如果完全否定中国的中医药学,实际上就从某种意义上全盘否定了中国的传统文化。稍有中医药学常识的人都知道,中国的中医倡导的那种全局观、系统观,那种辨证施治思想、动态平衡思想,其实是科学的思维方式,而这种思维方式与西医是属于完全不同的两个科学知识体系。在此,我并不想过多地探讨中西医优劣,因为,从实用主义的角度讲,我们是研究投资的。那么,我们可以看一看,中国股市20多年以来,云南白药、同仁堂、东阿阿胶、片仔癀、天士力、白云山等一批中医药大牛股、长牛股给它们的长期投资者带来了多大的回报!如果自己不加以辨别就黑中医,那么这样错失是不是很可惜?

最近读美国人汉弗莱·尼尔(Humphrey Neil)1967年写的一本书《逆向思考的艺术》(*The Art of Negative Thinking*),让我很震撼。比如,译者在"前言"中说:为什么大多数投资者是亏损的呢?成和败的根本区别就在于到底采取由内而外还是由外而内的方法论。他说,"不识庐山真面目,只缘身在此山中",大多数投资者实质上都是从自我出发的,在自我忙碌着,不能超然地看看自己,看看由自己和类似自己的其他人共同组成的市场。同时,他指出,投资者为了得到利润,首先必须放下"我",从"我"上脱身,转换到一个全新的外部视野,看外部所看,想外部所想,要外部所要,全身心感受、跟从、顺应外部，最终才能获得来自外部的回报。这种"由外向内"的思维方法确实令我耳目一新。

不能否认，人由于出身不同，受到的教育各异，且又都是主观的人（特别是股市中的人更多是带有强烈的主观色彩），真正做到主观完全符合客观是相当困难的。但是我们古人早已经告诉我们要善于"厚德载物"，要做到"上善若水"（水利万物而不争，所以是强大的），也就是我们要尽可能剔除自己头脑中已经固有的主观有害的东西，进而时时把自己"掏空"（空杯状态），使自己的认知更契合发展变化的实际，而要做到这一点，没有那种"厚德载物，上善若水"的开放、包容态度是断然不行的。

我常在思考一个问题：一个人在股市投资多年，长期稳定丰厚的业绩究竟来自哪里？实际上，长期稳定丰厚的业绩是自己广泛智力活动（阅读与思考）和丰富阅历的副产品，是自然而然的结果。而时时防止自己掉入那种"以我为中心"的思维陷阱，是这种智力活动的题中应有之意。

投资有时更需要"独处"[①]

人是社会中的人，即使是实现了财务自由的人，也会被俗务缠身，况且我们生活在移动互联网时代，会被微信朋友圈"绑架"，时时生活在别人编织的疏而不漏的"天网"之中。所以，我们若想独处，是很难的。

然而，我们做投资确实需要一种独处的能力，而只有独处时，我们才能倾听内心真实的声音，不至于迷失。

---

① 本文发表于 2016 年 2 月 27 日。

巴菲特是世界上排得上号的有钱人，然而他却喜欢生活在自己的故乡奥马哈，用他的话说，他住的地方离华尔街太近，会让自己的肾上腺素增多。成长股投资大师费雪有自己的独立工作室，他一旦进入工作状态，甚至连他的家人都不能进入工作室。活跃的罗杰斯周游世界，类似于今天背起行囊走天下的"独行侠"，我猜想，这样不仅使他具有一种全球化的投资视野，也能使他保持一种远离喧嚣而独立思考的习惯。如果说大隐隐于市，那么这些投资大师均达到了我们古人所推崇的这种境界。

人类作为"思想反刍"的智慧型动物，其实若是"独处"下来，反刍一下，是很有意思的。只是我们人类也是懒惰的动物，这种懒惰有时表现为不愿意进行自我反思。

美国汉弗莱·尼尔在他所著的《逆向思考的艺术》一书中，揭示了我们人类的一些特点，如："从原本的意义上来讲，人类就是一种群体性动物，实质上，这种群体性和蜜蜂、蚂蚁、羊、牛、马……的群体性是毫无二致的。"

"人类不能忍受孤独、恐惧孤独——不论是身体上的孤独还是精神上的孤独。"

我们引申思考：我们人类是这样的吗？我想是的，今天已"被手机控制"的我们，或许一小时不带手机都会感觉被这个世界抛弃了一样，实际上这也是不能忍受孤独、恐惧孤独的一种。

"人类对群体声音的敏感度远远超过其他东西，这就是从众理论。"

"人类受自己所处的暴乱人群的群体狂热情绪的支配，也受到自己所处的恐慌人群的惊恐情绪的支配。经济恐慌也反映了人类的这一特性。"

"人类明显受到领头者的影响。"

我们引申思考：股市是不是一大跌，不少投资者便会不由自主地去看那些所谓权威人士的文章言论,以期从中寻找到某种心理安慰?或许这也是一些网络大V开收费分享群,仍有不少人自投罗网的原因。

"人类和群体成员的关系取决于他是否被承认是该群体的一员。"

我们引申思考:我们人类或许只有迷失在群体中才会有安全感。比如,许多人悲观地谈空仓,有人就跟着空仓,似乎只有空仓才有安全感;同样,见许多人在股市上"大赚特赚"(牛市火爆行情下),自己便产生攀比、嫉妒心理,赶紧入股市,唯恐被赚钱的大多数人丢下。如此种种,作为群体,人类是有着强烈的效仿与传染特征的。

法国的古斯塔夫·勒庞(Gustave Le Bon)在其所著的《乌合之众——大众心理研究》(*The Crowd：A Study of the Popular Mind*)一书中,深刻揭示了人类的群体特征:

"一个人的心理群体表现出的最惊人的特点如下:构成这个群体的个人不管是谁,他的生活方式、职业、性格或智力不论相同还是不同,成为群体这个事实,便使他获得了一种集体心理,这使他的感情、思想和行为变得与他单独一个人时的感情、思想和行为颇为不同。若不是形成一个群体,个人根本不会产生某些念头或感情,有些也不可能变成行动。心理群体是一个由异质成分组成的暂时现象,当它们结合在一起时,因为形成一种新的存在,与构成生命的细胞一样,会表现出一些特点,且与单个细胞所具有的特点大不相同。"

在这本书中,作者深刻分析了我们人类的群体无意识特征。当然,作为群体,人类这些特征有些是由于长期进化而形成的,有些也未必是缺点,甚至有益于人类的进步与发展。

然而,具体到股市投资上,这种群体无意识特征多数情况下是有害的。而今天的移动互联网时代有时加剧了这种"有害",而且人人似乎难以逃避。

在《逆向思考的艺术》这本书中,作者给我们提供了摆脱这种群体特征的一个妙法，这个方法很简单：愿意偶尔独处。他说："仅就这一点来看，它已经很有价值了。因为独处时，我们往往能够养成用心思考问题的习惯，而不是把他人的想法当成自己的想法。"

对于作者提出的这一点，我本人倒是感同身受，因为我自己的一些有价值的投资想法，大多数还真是在独处状态下形成的。当然，这种独处并非不食人间烟火，浪迹于深山老林，寄情于山水，也并非离群索居，其实"结庐在人境，而无车马喧"有时很简单，就是独自在屋子里，捧一本书，品一杯香茗，放空自我，有时真能"活化"出自己来。至少在交易时间，我们要关掉电脑，让自己远离盘面，而且离得越远越好。这样，纵有股灾，也不会有"小魔鬼"（人类群体的种种群征）缠身，自己才能处变不惊。

独处时间长了，我们或许还可能达到老子所说的"致虚极，守静笃"的境界，更加会"悟道"，进而达到宁静致远的投资境界。

承认一时的业绩落后是一种能力[①]

最近，投资友人诗安在雪球上发表了一篇文章《比尔·鲁安和漂亮50的故事》，该文章让我思考良久。

文章介绍，比尔·鲁安是格雷厄姆—多德都市的超级投资者们的一员。他与巴菲特同是格雷厄姆的弟子，当1969年巴菲特关闭他的合伙人投资公司，曾将自己的一些合伙人介绍给比尔·鲁安，比尔·鲁安是后来著名的红杉基金（Sequoia Capital）的"掌门人"。

值得玩味的是，鲁安管理的这个基金的收益一直都跑输大盘指数，因为大盘指数受到当时漂亮50为首的成长股强力支撑，但鲁安

[①] 本文发表于2016年3月26日。

根据价值判断没有买入高估值的成长股。1970—1973 年，该基金的业绩连续 4 年分别跑输标普 500 指数 8%、1%、15% 和 10%。到 1974 年，红杉基金已比市场落后了令人咋舌的 36 个百分点。这令身为基金管理者的鲁安压力很大，他甚至躲在桌子底下不敢接客户的电话。好在从 1974 年开始，鲁安的价值股在没有任何征兆下突然"发光"，连续 5 年战胜大盘 11%、23%、49%、27% 和 18%，实现大反转，到 1984 年，鲁安的红杉基金获得 15 年 18.2% 的年化收益率，平均每年跑赢指数 8.2 个百分点，成为市场上的赢家。

鲁安笑着说：价值经常迟到，但从未缺席，只是有时缺席的时间有点儿久罢了。红杉基金后来延续了出色的成绩，1971—1997 年，与标准普尔 500 的平均年回报率 14.5% 相比，红杉基金获得了平均年回报率 19.6% 的业绩。

不过，这只是美国股市上的故事。作者诗安笔锋一转，又谈到了我们中国股市的"估值剪刀差"，比如，创业板自 2012 年年末 585 点开始见底上升，一路上攻至 2015 年年末 2 714 点，涨幅 363%；而沪深 300，2013 年 6 月才见底，比创业板晚了半年之久，从低点 2 023 点至 2015 年年末 3 731 点，涨幅 84%，相比创业板差距巨大。至 2015 年 12 月 31 日，创业板指数的 PE 为 71 倍，沪深 300 的 PE 则为 13 倍。

至于股市以后会如何，作者似乎进行了说明，也似乎并未完全点明，因为股市未来的事谁知道呢？

我想说的是，在这种巨大的"估值剪刀差"下，如果一个投资者这两年没有投资创业板，相比之下，业绩好不到哪里去。实际上，一些价值投资者因为对后来高达 100 倍以上市盈率的创业板的拒绝，这两年的收益确实并不太好，在这个喧嚣的股市上显得有些落寞。一些取得数倍、10 多倍业绩的投资者（如果他们可以被称为投资者的话）会嘲笑这些价值投资者，认为他们实在不识时务！

这种现象如何解释呢？

我说实话，嘲笑未免太早，甚至有点儿幼稚，真正的价值投资者常常会有这种"尴尬"时刻（巴菲特在2000年网络泡沫时期也不例外），因为这代表了他们对巨大泡沫的拒绝，更是一种具有勇气的表现。进一步而言，如果你真的想立志做一个价值投资者，那么敢于一时"落后"其实也是一种能力！

这两年投资股票的人知道，中国股市可谓是波澜壮阔。我以前作文说过，这种包括股灾1.0、2.0、3.0、4.0在内的"波澜壮阔"，实则是对投资者一种最好的"压力测试"。你如果经过了这种压力测试，且不要说你取得了多大的成绩，只要你没有受伤，就说明你的投资系统是完善的。如果你在短期内的业绩是爆发性的，比如取得了数倍，甚至数十倍的投资收益，那么可能你的投资系统是有欠缺的，因为这代表了你是在悬崖边上舞蹈，是在虎口夺食。而你带着这种有欠缺的系统去投资，有一天市场终会将你打败！

什么是价值投资呢？我的理解是：股市上有些钱是我们赚不了的，因为我们不懂；有些钱是我们不能赚的，因为我们不敢；我们只是在自己明白的基础上赚自己该赚的钱而已。

正是出于这种想法，我在诗安的这篇文章下面做了以下点评：

（1）价值经常迟到，但从未缺席，不过，中国股市中价值的缺席或许要以年为时间单位计算。

（2）如果多看看股市发展史，我们就会更明白，外国股市也常常进入"新时代"，而"新时代"会产生一些"新理论"。但是，从长时间看，股市最终只相信价值回归。"跑远的狗迟早会跑回主人身边，跟着主人回家的。"

（3）理性的投资者有时会对巨大泡沫进行拒绝，而这种拒绝是以业绩落后为代价的，实际上这是需要超出常人的勇气与毅力的。这一点，包括比尔·鲁安在内的价值投资大家族的人们，似乎都有过这种"尴尬"的历史。为什么坚持价值投资难呢？原因之一就是你在一定时期内要有敢于业绩落后的勇气，而甘于一时落后也是一种能力！

投资重要的是"相马"[①]

与做投资的几位朋友交流时，有朋友谈到，对长期价值投资的理念已经深信不移，但是自己在分析企业方面能力不足、商业感觉欠缺。这倒确实是一个问题（实际上是每个投资者面临的终极问题），因为投资最终比拼的是一个人的商业洞察力。然而一个人的商业感觉、商业洞察力又从何而来呢？说起来，这又是一个很复杂的话题。

有朋友认为，搞实业的人接触股市投资相对容易，因为他们身处创业的第一线，更有直接经验。这话大抵是对的，然而什么事也不能绝对，因为有些做实业很成功的人，进入股市后却又常吃"败仗"，甚至成为输红眼的赌徒，将好不容易赚到的千万元身家输得一干二净，这种事情在股市上是经常发生的。搞实业有时需要胆魄，很多企业家就有冒险家的精神，特别是在他们开创事业的初期，这种冒险精神（或者叛逆精神）有利于开创事业；而股市投资恰恰相反，需要的是一种隐忍的态度，而不具备这一点，盲目地将搞实业的冒险精神引进来，失败得会更快、更惨，我身边就有具体的案例。

我在"静逸投资"微信公众号上，看到一篇很有趣的文章《马云和巴菲特：关于"顿悟"与"渐悟"》，引起了我的思考。文章有一段很精彩的论述："就我们普通人的榜样来说，更多人可以学习巴

[①] 本文发表于2016年10月13日。

菲特、芒格，却无法学习马云、乔布斯，虽然'渐悟'不如'顿悟'那么快速，但复利的效应非常可观。毫无疑问，受马云鼓舞创业的人大多会失败，而学到巴菲特投资精髓的人会走向自由之路……每个人都有自己心中的英雄，也许并不止一个，但须知，有些英雄我们是不能学的。很多时候，我们过度强调学不了的英雄，却把学得了的英雄定义为世界唯一。"

单纯就难易程度来讲，我们普罗大众效仿马云去创业，失败的人一定不在少数；而我们若效仿巴菲特的方法进行股市投资，虽然不敢说人人都能投资成功，然而就实现财务健康来讲，却是很多人可以做到的。其实，我们未必要成为像巴菲特那样的人，只要能够改变自身的财富命运，让自己生活得更好一点儿就可以了。

现在，还是回到开头的话题，作为一个普普通通的、没有创业经验的股市投资者，当如何培养自己的商业感觉、商业洞察力呢？

我个人的经验是从以下几个方面去努力：

广泛阅读

做价值投资的人，没有不热爱阅读的，或者说价值投资者的专业就是阅读。一个人爱不爱阅读，我们短时间看不出来，然而两三年过去，或者五年十年过去，差距就相当大了。这是人们谈"烂"了的话题，我无须多言。你如果真的热爱投资，那就进行广泛的阅读吧，"书中自有黄金屋"。

多看关于企业家的传记

一个人的经验无非两种：一是直接经验，二是间接经验。直接经验的取得是人们直接参与具体实践活动而得来的，然而人生有涯，人生大部分的经验还是来自他人的间接经验。在一次投资分享会上，一位搞投资的朋友说,他要立志将国内外的著名企业家传记全部阅读一遍,这给了我很大启发。于是,我也尽可能地对企业家传记进行学习与揣摩。近一年,我便阅读了《比尔·盖茨全传》(Biography of Bill Gates)、《IBM帝国缔造者小沃森自传》(Father Son and Co. My Life at IBM and Beyond)、《资本的秘密:洛克菲勒自传》(Rockefeller)、《马云全传》、《乔布斯传:神一样的传奇》、《任正非内部讲话》、《下一个倒下的是不是华为》、《褚时健传》、《松下幸之助全传》、《盛田昭夫传奇》、《稻盛和夫传奇》、《本田宗一郎传奇》等电子书。通过阅读这些传记,我进一步了解了中外著名企业家的艰辛创业历程,对企业的商业模式、他们的创业天赋,以及他们对人生对社会的深度思考所得,都有了清晰的认识。这种阅读与思考,对于认识、分析企业是很有帮助的。特别是今天,我们处于幸运的网络时代,电子书可"一键下单"(降低了选择成本),且价格较低,即电子书的性价比很高。更为重要的是,我们通过电子书的阅读,一下子就将自己的阅读量提高了。

多研究企业案例

俗话说,台上一分钟,台下十年功。做很多事情,都要有一个长期积累的过程,股市投资当然也不例外。虽然,我们最后的投资标的仅是几家企业,然而这种精选却是建立在研究大量企业基础之上的。

比如,我们不仅要研究成功的企业,还要研究那些失败的企业;要研究所投资的企业,还要研究所投企业的行业内竞争企业;要研究所投企业现有的经营状况,还要研究它过往的经营历史;要研究所投企业的行业信息、行业背景,还要研究不同行业的行业命相、发展规律。通过对企业、行业的不断研究,我们在自己的头脑中形成微观经济学意义上的不同企业模型,长此以往,"渐悟"便会慢慢显现出来，进而提高自己对一家企业的研判、分析能力。

用心观察生活

生活中不是缺少美，而是缺少发现；生活中不是缺少牛股，而是缺少智慧的眼睛。我常说，真理不远人，牛股同样不远人。其实，股市中的牛股常常就在我们身边。我说过，投资者一定要常看中央电视台黄金时段的广告，因为中央电视台的广告就是长牛股的集中营，可以说中央电视台天天将这些长牛股"广而告之"。我这句话并不是笑谈，通过认真观看并仔细揣摩那些优秀企业的广告，是可以悟出很多东西的。比如一家企业的产品和服务定位是什么，它能够抓住、打动消费者的地方在哪里，而这家企业的文化也可以从广告语言或画面之中读出来。今天我们有各种新媒体，这些新媒体给我们提供了发现这些优秀企业的线索。除此之外，我们的生活圈、朋友圈、工作圈，以及友人小聚均可以给我们提供线索。在这方面，我很欣赏雪球上的一位朋友"静气"的签名："争做生活大师，不经意间成就投资大师。"世上无难事，只怕有心人。谁如果先做成了观察生活的大师，谁离投资大师的距离就不远了。

多记感悟

思考与逻辑清晰的人未必能够用文字记下来，而能够记下来的人一定是有清晰的思考与逻辑的人。我们研究某些投资问题或者具体企业的案例，感觉自己已经弄通弄懂，然而一旦写下来，会发现自己并没有真的思考明白，或者思考得还不完整或不深入。写作的过程就是不断思考、不断巩固、不断完善、不断提升的过程。我们看到，很多投资名家、投资高手，均是写作的名家、高手，就是这个道理。所以，我一向倡导要将自己的所思所悟所想及时地用笔写下来，这样锻炼久了，即使达不到妙笔生花的境界，考虑问题也会顺畅很多，渐渐深刻很多。

在今天互联网时代，我们可以及时将自己的文章分享到博客或者雪球这样的交流平台，与同道中人（哪怕意见相左的人）的互动交流，可以使自己的思考所得得到升华，还能弥补自己的短板。在这种互相碰撞、互相借鉴、互相启发之中，我们会产生智慧的火花，何乐而不为呢？

我国春秋时有一个名叫孙阳的人，后来由于人们忘记了他的名字，干脆称他为伯乐。他的故事，家喻户晓，人人皆知。伯乐的"慧眼"在于，他发现一匹看似普通、吃力拉着盐车的马是千里马，于是买了下来送给楚王（那个卖马的人还以为伯乐是个愚人），结果这匹千里马后来驰骋沙场，立下不少战功。

普通马和千里马有什么区别呢？千里马在疆场上所向披靡，别的马比不过它，而千里马拉车，却不如普通马。由此我想到，我们在股市上投资，是不是应该学会"相马术"呢？我们做不成实业、创业领域里的"千里马"，那就要学会"识别"它们，而且难度可能要比孙阳寻找千里马小得多。退一步讲，我们虽然做不成知名的"伯乐"，但是做"小伯乐"，学会必要的"相马术"，是不难的，而且一旦寻找到那种千里马式的企业，我们就安心地与它们相伴就可以了。

享受投资的"宁静感"[1]

看到这个标题，有朋友或许不免疑惑：股市本来就是赤裸裸的利益场所，这种"赤裸裸"的属性决定了股市是吵闹不停、喧嚣不止

---

[1] 本文发表于2017年5月29日。

的地方，又何来"宁静感"之说呢？

正是由于股市吵闹不停、喧嚣不止，所以我们更需要一种宁静感。

这种宁静感，来自对各种噪声的屏蔽

我们要想在股市健康长久地活下来，需要具备很多能力，而其中之一就是屏蔽噪声的能力。

有哪些噪声需要屏蔽呢？

一些经济学家的争论之声当屏蔽，一些股评家的分析当屏蔽，一些媒体的炒作当屏蔽。

以上3种在"10条军规"部分已经谈过，我就不再赘言。

一些大V的意见，我们应当以"一个耳朵"屏蔽。

我们进入互联网时代，某些方面可以说是"庶民的胜利"，因为许多人原为草根，却可以借助互联网这个平台表达自己的见解与观点，进而成为网络平台上的大V。对于这些大V，我是十分敬重的，因为世界上本没有大V，但是"粉"的人多了，自然就成了大V。所以，对这种在网上"桃李不言，下自成蹊"的意见领袖，我更加敬重。

就股市投资而言，我们对大V们得分分类，进而采取不同的策略。有的大V很喜欢预测宏观经济的走势，谈经济学家说不清楚的问题，我将这类大V归为"一些经济学家"之类进行屏蔽；有的大V很喜欢预测股市的点位、短期走势，或者常常深陷于牛熊之辩中不能自拔，我将这类大V归为"一些股评家"之列进行屏蔽；有的大V在自己研究的领域常常有独到的见解，然而"粉"的人多了，捧的人也就多了，于是有些飘飘然，甚至大胆跨界去谈论自己能力圈之外的话题，这些言论在他们自己看来是"高见"，殊不知，在内行看来甚至是笑柄。所以，对于这类大V，我一般以"一个耳朵"进行屏蔽，即只用一个耳朵听他们有益的见解，而对于他们不着边际、不靠谱的言论就用另一只耳朵屏蔽。

这样，经过自己的屏蔽或者半屏蔽，投资的世界一下子就清静许多，可以多与志同道合的朋友在一起切磋。投资是孤独的行当，现实世界中真正的同道并不多，所以这种交流多是借助于互联网。与同道交流切磋，不仅不是噪声，还是享受。这时，自己的投资世界就平添了一份宁静感。

这种宁静感，来自自己的专注研究

专注研究是专注研究投资理念吗？不是。投资理念是属于世界观范畴的，是管路线、方向的，而价值投资理念一顿饭的工夫就可以讲明白，天天专注研究干什么呢？

关于这一点，我常常想到已故的著名相声大师马三立先生说过的一个相声——《解痒痒的"秘方"》。一个人痒痒难忍，有什么秘方可以解决吗？有的，这个秘方像一件很珍贵的古董，被里三层外三层地包裹着，但是当你小心翼翼地一层一层打开后，里面就写着两个字：挠挠！这个相声是不是令人忍俊不禁呢？我认为对价值投资的践行与这个相声揭示的道理是相同的。因为很多人在股市探求成功的秘方，但在价投人眼里，这个秘方很简单，凝结为一句话，就是"与成功的企业结为团队"，是不是太简单了？确实不复杂，但是简单等于容易吗？当然不等于。

这种长期专注研究，更多表现在对企业的专注研究。我们无法像巴菲特那样的投资大师一年研究上千份年报，但沉下心来专注研究50家、100家还是可以做到的。只要坚持这样做了，我们常常会收到多重奇妙的效果。比如，通过对各种企业的研究，我们可以明白不同企业的商业模式有不同竞争优势，以及它们所处行业的不同属性，而这对于我们投资是相当重要的。

专注于成功企业的研究，还常常使我们产生一种难以名状的投资自信。比如，若是在体制内工作，我们对体制内的一些官僚弊端会无奈，甚至对某些方面的低效无能常常失望；或者我们对现实社会中的一些不正常现象、丑陋问题愤愤不平，但又觉得一时难以改变，等等。这些均有意或无意地销蚀我们投资未来的信心。然而，如果我们真的专注于成功企业的研究，一定会发现，原来在中华大地上，还活跃着一些具有大格局的优秀企业家，比如董明珠们，比如马化腾们，比如马云们，比如郭广昌们等，这么多大格局的人，在这个并不完美的世界中开创着大格局的事业。

如果我们找到并与这些大格局的人结为团队，我想，你一定会平添不少投资自信，而有了这种自信，你还会惧怕股市一时的波动与低迷吗？你还会为股市行情的长期低迷，而陷入牛熊之辩吗？我想，你一定不会。有了这种自信，你会在波诡云谲的股市中看淡风云，保持定力，进而在投资中独享一种宁静感。

这种宁静感，来自对投资过程的享受

我们在股市的直接目的是赚钱。然而，你满足了"稻粱谋"，特别是你的财富积累到一定程度之后，更大的乐趣是来自投资过程。这个过程如登山，我们在山脚下"高山仰止"时，确实恨不能一下子"飞"到山顶享受那"一览众山小"的美妙，然而如果真的坐缆车不费力地上去，整个过程就索然无味了。其实登山之趣，在于征服的过程，而且我们还可以欣赏沿路的风景，即使过程中会辛苦、沮丧，甚至想放弃。宽泛地讲，登山如此，投资如此，人生何尝不是如此呢？

第五章 修养篇

这种宁静感，来自对投资的十分热爱

芒格说："如果你们真的想要在某个领域做得出色，那么必须对它有强烈的兴趣。我可以强迫自己把许多事情做得相当好，但无法将我没有强烈兴趣的事情做得非常出色。从某种程度上来讲，你们跟我差不多。所以如果有机会的话，你们要想办法去做那些你们有强烈兴趣的事情。"其实，这一点根本用不着大师说，我们每个人都能感同身受：你无论做什么，兴趣才是最好的老师；而唯独对某件事情痴迷，你才会享受到那种"乐以忘忧，不知老之将至云尔"的人生境界。

我不止一次与同道谈起股市投资，最引起共鸣的是大家觉得投资是一个"很有意思"的事情。感觉"很有意思"，其实就是一种热爱。有了这种热爱，我们就可以乐此不疲地在众多的上市公司之中寻找那些优秀且被低估的心仪标的，而且一旦找到了，那种兴奋是唯有圈内人才能体会得到的。有了这种热爱，我们上街购物，也会更加善于发现。我们消费或者与友人小酌，也可能会有意无意地想，我们是不是正在"消费"一只大牛股。夜深人静时，我们可能依然端坐在书桌前，或上网，或读书，或写作，或陶醉于投资的世界不能自拔。而这一切，其实均是因为兴趣而起。如果一谈股市，我们就是一副"苦大仇深"的样子，是不会享受到那种乐而忘忧的宁静感的。

"致虚极，守静笃。万物并作，吾以观其复。"这是老子哲学中的一种修身境界，意思是我们人生在世，要达到"极点"，守住"静"，唯有收敛浮华，归于笃实，凝神于虚，养气于静，才能复本归真。虽然我们在纷纷扰扰的股市，这种"化境"确实不能完完全全地达到，而"非淡泊无以明志，非宁静无以致远"的境界是应当追求的。世上的事情就是这么奇妙，我们对财富并不会孜孜以求，不

会被每日跳动的数字迷惑双眼，却渐渐拥有登泰山而小天下的大视角，也有了看问题直达本质的眼光，进而在波动不断的股市中有一种看云卷云舒的超然心态。这样，我们有了一种宁静感，财富在不知不觉中慢慢增加了，你说，这是不是一种很奇妙的事情呢？

"爱"上自己的股票又何妨[①]

我们随着年龄渐长，常常会顿悟一些世俗的教诲是错误的，这时我们需要推倒重来，进而建立自己的人生新认知。可以说，人的成长，伴随着"证伪"的过程。人的处世是如此，股市投资也是如此。我在投资早期，经常听到一些看似有经验的人告诫说：千万不要爱上你的股票。如果你是一个短期的频繁交易者，我想这大抵是对的。然而，你若是一个长期投资者，这话就错了，甚至会害人不浅！

其实，"爱"上自己长期持有的股票又何妨呢？

我们知道，对于投资者来讲，股票绝不仅是一种纸片式的权证，它实则代表背后的企业实体。既然它代表企业实体，且我们心仪这家企业才投资的，如果你不喜欢上，不"爱"上，又如何能够做到长期持有呢？我在很长时间内，就因为这句"警语"而常常有轻微的"精神分裂症"，因为明明对自己的长期组合很喜欢，甚至有时打开账户，看着红红的回报数据，对所持股票的那种喜爱之情就油然而生，可是头脑中冷不丁冒出"千万不要爱上你的股票"这句话。你说，这是不是一种"精神分裂症"呢？

1934年格雷厄姆的《证券分析》问世，众多大师薪火相传，至今已经形成了较为完善的价值投资理论体系。当然，就像根深叶茂的

[①] 本文发表于2017年9月8日。

参天大树一样，枝蔓虽然都出自同一根系，但是它们又各有风韵。可以说，大家庭中的每一派，都有一个共同特点，就是价值实现的过程常以长期持有为表现形式。如果说，"拣烟蒂派""低市盈率派""冷血"，那么长期持有派，对自己所持股票总有一种反感、厌恶心理，又如何持有得下去呢？对于这种精神分裂式的做法，我本人是难以理解的。特别是巴菲特、芒格式投资，一向倡导以合理的价格买入优秀企业股票长期持有，更是需要付出自己的感情的。

实际上，我们阅读巴菲特历年写给股东的信，会发现一个值得重视的现象，即巴菲特年年在致股东的信里，对自己所持企业的商业模式、产品与服务，以及它们的管理人，不吝惜赞美之词。比如，巴菲特每天坚持喝5罐可口可乐，赞美说它是"上帝之泉"；对B夫人的赞誉是："宁可与大猩猩摔跤，也不与她竞争。"这种赞美，或者说这种带有"巴式"独特幽默风格的赞美之词实在是太多了，我想每一个"巴迷"均可以信手拈来。这些赞美之词，是出于广告宣传（巴菲特常常不失时机地对其所持企业的产品进行宣传）或管理上的安抚需要吗？我想，绝对不是，而且从这些话语之中，我们能够真切地感受到巴菲特对自己所持企业，以及它们的管理者付出的是真情实感。从一个侧面，我们便理解了巴菲特为什么总是说自己对喜欢的企业"永远拥有"。

最近，我阅读了国内著名的巴菲特研究专家刘建位先生的一篇文章，突然有些感悟。我有收藏好文章的习惯，常常翻出来重温，有时会有新的感悟。这篇文章发表于2013年3月30日，曾刊载在《第一财经日报》上（他在新浪博客上也发表了），题目是"巴菲特之道很简单，为什么我们却很难做到？"在这篇文章中，刘建位先生说："我研究了14年巴菲特，在央视讲过10期《学习巴菲特》的节目，写了8本关于巴菲特的书，在全国各地多次演讲传播'巴菲特'，可是我却发现，尽管巴菲特投资极为成功，投资策略很简单，易懂易学又易做，可是只有很少人真正学习巴菲特、真正做'巴菲特'。"刘建位先生甚至"实话实说"，坦诚自己"学了这么多年巴菲特，很多方面也做不到"。这究竟是什么原因呢？他说，他看了一些心理学书，才稍有所悟："原来我们行动的真正驱动力量不是理性，而是感性。要想深度改变，情绪力量是关键，情绪上真正接受，才能逐步改变，习惯成自然。"

他说："人的大脑分为感性与理性两个系统，如同象与骑象人。过去几十年，心理学家们研究发现，我们人的大脑并不是完全统一的一个系统，而是分成两个彼此相互独立的系统：一个是我们称为情绪的一面，是人类本能的一部分，能够感知痛苦与压力；另一个是理性的一面，也称为反思性系统或者自觉性系统，能够考虑、分析并且展望未来。

心理学家乔纳森·海特（Jonathan Haidt）在《象与骑象人》（*The Happiness Hypothesis*）一书中的比喻最为形象：情绪系统如同一头大象，理性系统则是骑象人。这位骑象人坐在大象的背上，享有支配权，看上去像是大象的主宰者。但是事实上，这位骑象人的控制权却一点儿也不稳固。陆地上最重的动物之一大象平均体重6 000千克，相当于75个体重80千克的骑象人。当这只重6吨的大象不愿意按照骑象人所指的方向前进时，这位骑象人就会完全失去控制权，被大象彻底打败。

"我们绝大部分人，对于大象打败骑象人的现象，早已习以为常。我们明明知道快要考试了，却还是看电视、上网、打游戏。我们明知需要减肥了，还是会大吃大喝、暴饮暴食。不多说了，你懂的。"

在这篇文章中，刘建位先生提出了一个鲜明的观点："不但要在理性上认可，还要在感性上接受长期投资——有爱才能长期坚持，习惯成自然。"

"有爱"，不就是爱上你投资的企业吗？

巴菲特重仓持有的前提是先"爱"上它，同样，我们要想长期持有一家企业，也要有这种感性上的爱，我们要慢慢培养感情，喜欢上这家企业的商业模式，喜欢上这家企业的产品与服务，喜欢上这家企业的管理文化，对管理者要有欣赏与敬佩之情。这样，我们这个"骑象人"，才不至于失去对"大象"的控制权，也更容易指挥"大象"向正确的方向前进。

经过多年"悟道"，我的总结为："最适合个人投资者的是，用自己闲置的资金，尽可能多地买入自己能够看得懂的、喜爱的、有着共同价值观的、优秀且被低估的企业的股票，而且一旦拥有就要以年为时间单位持有，耐心陪伴它们经营！"细细剖析，这其中就有"喜欢""爱"的成分。

长期持有格力电器，自然就会喜欢这家公司的空调产品，比如，我家的空调就是清一色的格力，甚至自己使用的手机也是格力二代（主要是为了体验）。对于董明珠，舆论一直褒贬不一，但在我看来，董明珠确实是不可多得的优秀企业家，她甚至让我有意无意地想到巴菲特笔下的 B 夫人。进一步而言，格力电器这样优秀且具有良心的企业，从来没有"亏待"过任何一个长期股东，而且，上市这么多年来还改变了很多个人投资者的财富命运，这样的企业，你又有什么理由不去"爱"呢？

长期持有贵州茅台，我就会从内心欣赏其无法复制的、稀缺的商业模式，喜欢其固本守道的茅台文化。朋友小聚，我会有意无意当起茅台酒文化的义务宣传员。有条件时，我像那些资深"茅粉"一样，每日独酌一杯，或与友人相邀，把酒言欢，不都是人生快事？何乐而不为呢？

长期持有同仁堂、东阿阿胶这样的百年品牌企业，我自然对它们对中医药文化的传承、对企业精益求精的工匠精神格外欣赏。"炮制虽繁必不敢省人工，品位虽贵必不敢减物力。"具备这种"厚道"基因的企业，才容易成为百年老店，我们对这样诚信的企业又为什么不喜欢呢？

我长期持有复星医药、爱尔眼科这样的企业，是因为我喜欢其"帝国思维"的管理层，喜欢那种进攻性的狼性文化。众多企业的兴衰史告诉我们，拥有激励英才创业的灵活机制与高效共赢的合伙创业平台，可以从根本上长久地保持一家企业的强大生命力、竞争力。这两家民营性质的上市公司在这方面显然更具有体制上的优势。当你发现了具备这样管理层的企业之后，你又有什么理由不喜欢呢？

生活的经验告诉我们，感性上的喜欢、感性上的爱，确实是一种强大的力量（我们有对子女和朋友的爱，会乐意为他们付出，可见这种力量的威力之大）。这种力量，实际上来自你自己的价值观与企业价值观的碰撞。像"物以类聚，人以群分"一样，我们自己的价值观与企业的价值观"共鸣"时，你才会选择它，不仅在理性上认同，在感性上也会慢慢喜欢、欣赏。感性上的力量，有助于我们在凄风苦雨的市场环境下与企业风雨同舟，淡定坚守，挨过严冬。

当然，真正的价值投资者头脑里闪烁的是理性的光辉，我们对于所持企业再喜欢再"爱"，也是建立在理性基础之上的，而不是那种"糊涂的爱"。形象一点儿说，我们价值投资者是用理性的缰绳，牵住自己感性的野马，不让自己被"稀里糊涂的爱"冲昏头脑。

投资中的框架效应[①]

什么是投资中的框架效应？

---

① 本文发表于 2017 年 9 月 25 日。

第五章 修养篇

它是行为金融学中的一个概念。美国著名的行为金融学家约翰·诺夫辛格（John Nofsinger），著有《投资心理学》（*The Psychology of Investing*）一书，他每隔两三年就会修订，在第5版中，他曾提到一个有关投资活动的测试。

1928年，道琼斯工业指数迈进了新时代，涵盖的股票增加到30只。1929年，该指数从300点开始起步，到2011年年底上涨到了12 218点。道琼斯工业指数是用价格加权平均计算出的平均数，不包括股息。如果将每年的股息再投资，那么2011年年底的道琼斯工业指数会是多少点呢？

测试的答案让大多数人惊讶：33 210点。看上去不可能，是吗？

借助金融计算器，道指从300点起步，83年后上涨到33 210点，年平均回报率是8.81%。一个接近9%的股票市场年均回报水平还是合理的吧？但是大多数人还是不敢想象。

为什么多数人会"不敢想象"呢？

这反映了一种投资心理，即锚定心理。考虑这个问题的时候，你会把注意力集中在道琼斯工业指数12 218点这个水平上，也就是说，你将思考的起点定在了这个数字上。然后，你可能在这个被锚定的数字基础上，试图增加一个合适的数量，以便能够把股息再投资的效应囊括进去。这就是行为金融学中的框架效应。

截至2017年9月22日，道琼斯工业指数是22 349.59点（不含股息再投资）。在2007—2009年金融危机之中，道琼斯工业指数曾由2007年10月的14 198.10点，下跌至2009年3月的6 469.95点，下跌幅度达到54.44%。我们可以想象，处于金融危机中的投资者，恐怕绝大多数就是想破脑袋，也不会想到它居然能上涨到这个水平（上涨245.44%）！

事实上，在2008年的前3个季度，美国股票市场按道琼斯工业指数计算，下跌了18%。在第4季度，市场在恐慌中又下跌了19%。2009年第1季度，市场继续下滑，截至3月5日，市场下跌25%，创出新低。当时的投资者并不知道这就是市场底部，他们只是看到市场已经下跌了一半多，且当时的损失异常惨重。因此，多数的投资者都在干什么？抛售股票！

股票市场，无论是中国的、美国的，还是其他国家的，就是这样耐人寻味！

我不止一次说过，做投资的人必须要有一种恢宏的历史观。就是说，我们不仅要知道股市的现在，还要了解它的过去，知道它是怎么发展的，如此才会"一览众山小"，才容易"穿透"历史的种种"迷雾"，尽可能少地受框架效应的限制。

在股市的历史和未来发展上，人们常常会受到框架效应的限制。那么，具体到个股上，我们是不是也容易受这种框架效应的限制呢？答案是肯定的。

比如，固守安全边际，是价值投资的核心思想之一。在这种思想支配下，我们当然要尽可能买在相对底部。我经常说贵州茅台价格在140元、160元之下时，聪明的投资者自然会毫不犹豫地下决心买入，然而，当它上涨至200多元、300多元之时，我们是不是又搔首踟蹰呢？至少我自己是这样的，即被当时自己较低的持有成本价给"锚定"了（尽管理性上认为价格并不是贵得离谱），显然是受到了框架效应的影响与限制。所以，我虽然对当时的英明买入（尽管当时的仓位并不低）感到满意，但是今天心中也难免有一种隐隐的悔意！

实际上，很多投资者在计划买入自己心仪标的之时，哪怕它上涨了几个点或者10多个点，就搔首踟蹰起来，结果是望着后来的股价"一骑绝尘"，只有望洋兴叹了。其实，我们只要理性地想一想，如果预期这家企业未来有很好的成长性，其股票能成为上涨一倍、两

第五章　修养篇

倍，甚至很多倍的大牛股，为什么还要在乎眼下几个点的上涨呢？说白了，这是格局太小，是投资中的框架效应在作怪！

投资中的框架效应，是我们投资路上的大敌。既然大敌当前，我们就应该想办法打败它。

在《投资心理学》中，诺夫辛格介绍，丹尼尔·卡尼曼（他将心理学与经济学结合起来，成为这一新领域的奠基人，2002年他获得行为经济学和实验经济学的先驱者称号）在斯德哥尔摩的诺贝尔颁奖典礼上发表演讲时，提出了两种不同的认知推理模式。他将分析型思维模式（他称为推理）描述成"当我们计算17乘以258会发生的事"。当你不想品尝一块被做成蟑螂样子的巧克力的时候，直觉型思考模式就会被用到。直觉型思维是立即发生而且轻而易举会发生的，但是分析型思维是精细和不容易发生的。简言之，他将我们人类的思维模式分为直觉型思维模式与分析型思维模式（也称为思维系统1与思维系统2）。

人类在进化的过程中，为了节省大脑的分析时间，常常利用直觉型思维模式，比如我们平时的言和行，大多数情况下是依靠直觉型思维模式进行的。然而投资的不易之处，就在于我们要时时规避这种直觉型思维模式，而要启动那种分析型思维模式。

比如，平时我们常讲"眉头一皱，计上心来"，这些"计"，大多数情况下是依靠直觉型思维来运作的，包括个人的阅历、经验等。若碰到棘手的问题，我们眉头怎么皱，"计"也不上心头的。怎么办呢？我们只好沉下心来，聚精会神地想一想。或许，我们在投资方面"好好想一想"，耗费一些脑力，进入那种分析型思维，是破除这种框架效应的方法之一。

还是以茅台为例，我们可以"聚精会神地想一想"：

截至2018年9月22日，它的市值为6 280亿元，我们假设它的

/ 285

市值"固定住"不增长，结果会如何？

2016年的净利润是170亿元。2017年上半年，净利润增速28%，毛估以25%增长，则2017年净利润为212.5亿元（据2017年财报，其净利润为272亿元，当时的毛估过于保守），对应的市盈率是29倍，这个估值并不低。

我们依此类推：2018年增长15%，可实现净利润244.38亿元（根据年报，2018年净利润实为352.04亿元，同比增长30%，对未来估计时还要尽量保守），对应的市盈率为25.7倍，这个估值接近于正常水平。2019年增长15%，可实现净利润281.03亿元，对应的市盈率为22.35倍，这个估值可以接受了。

在合理估值的基础上（我们锚定20倍市盈率），茅台净利润如果能够保持年复合增长率15%左右，则5年左右可以翻倍；如果保持年复合增长率12%左右，则6年左右可以翻倍。

通过以上简单的计算，我们不难得出结论，未来5~6年，茅台市值将过万亿元，达到1.2万亿元以上，并不是离谱的。

打破投资中的教条主义[①]

投资中的教条主义，拿来律己，容易害自己；拿来教人，则容易误导别人。所以，我们对教条主义必须发现并打破。那么，投资中有哪些教条主义需要我们打破呢？

用格式体系去操作费式体系投资标的的教条

我们分析过，在价值投资这个大家庭之中可以粗线条梳理出3

---

① 本文发表于2018年1月10日。

派：一派是格雷厄姆体系，被巴菲特称为"拣烟蒂派"。一派是费雪体系，注重一家企业的显著经济特征，强调买入伟大或优秀公司的股票。芒格更多属于这一体系。一派是巴菲特—芒格派，也称为综合派。巴菲特早期更多属于格派，而中后期的投资倾向于费雪体系。

我们为什么今天要重新梳理呢？

因为我们发现，有些投资者似乎对价值投资的各流派未做深入全面的分析，以致犯了教条主义错误。比如，一些投资者以格派的策略去对待费雪、芒格式标的，或者以费雪、芒格式的策略去长持格式标的等。如果说前者更多表现为教条主义，那么后者则似学虎不成反类犬了。

按照格式体系的标准，在2012—2013年以100多元买入贵州茅台这样的标的，自然是很聪明的，但你可能在300多或400多元时认为它已经实现"价值"就卖出了。这本身无可厚非，因为按照格式体系，投资就当这样，标的被低估时买入，被高估时（或者自己认为价值被高估了）卖出，然后去找新的投资标的。格式体系对投资的企业质地似乎并不太看重，主要是图便宜、折扣，然后买入，以等待价值回归。

但问题是，茅台这样具有典型经济特许权的稀有标的，究竟符合格式还是符合费式呢？答案显然是后者。所以，这样卖出还是犯了教条主义的错误。

我们是不是特别容易犯教条主义错误呢？说实话，我们确实特别容易犯这种错误。所以，我们要时时检讨自己，这样才能不犯或者少犯教条主义错误。

买好的不如买得好的教条

我们已经讨论过，霍华德·马克斯在《投资最重要的事》一书中说得明明白白，买好的不如买得好，即强调价格的重要性，这显然带有格式体系色彩。然而，对于个人投资者，我发现如果真的遵守，又难免"教条"了，因为在我的投资经验中，如果出发点是买好的，哪怕买入时并不太便宜，若干年后，收益率也远远高于当初买入的便宜标的的收益率，为什么呢？原因很简单：伟大的时间是优秀企业的朋友，是平庸企业的敌人。再说，那样的标的还要换，还要经常拿着探测镜去探测，个人投资者往往没有那么多时间和精力。

资本市场天生具有很强的市场功能，将资源不断地向优质资源进行配置，而优质资源代表的优秀企业自然容易脱颖而出，哪怕一时得不到市场认可；而烂企业容易被慢慢边缘化，哪怕它一时被"炒上天"。所以，我曾"冒天下之大不韪"提出，个人投资者、业余投资者选股"第一思维"是选好企业，最好能够选择世界上最会赚钱、最长久赚钱的超级印钞机式公司。至今，我依然固执地秉持这一观点：不买则已，买就买好的，然后等好价钱。

这是不是颠覆了传统的价值投资理论呢？我觉得不是，我认为，投资是要从自己的实际出发，建立符合自己实际的一套投资体系，这才是最重要的。

所以，投资不是简单地背诵几句价值投资的教条，重要的是运用。

用市盈率机械估值的教条

用市盈率进行估值是市场上最为普遍的做法，但是，我们对一家企业的估值真那么简单，像郑人买履一样，拿着市盈率这把尺子一量就知道标的被高估或被低估吗？显然不是，如果那么简单，大家就都在股市赚钱了。

科学的估值，是看一家企业未来现金流的折现值，唯有在这种现金流折现模型理论指导下，再从估值工具箱里找出市盈率、市净率等工具去衡量，才可能达到接近事实真相的目的，这确实是一项既有科学性又有艺术性的工作，远不是只拿几把估值尺子一量，就能够达到的。

那么，那些只会拿着简单的估值工具，不分投资对象、所投行业属性就量一量，得出结论的投资者，是不是容易犯教条主义错误呢？回答是肯定的，这是我们在投资中要力争避免的。

投资要尽可能分散的教条

许多教科书上说，不要把鸡蛋放在同一个蓝子里。我以前认为，这大抵是对的。然而，随着投资时间的增加，自己越发明白这种教诲是教条化的（比如有的个人投资者资金量并不多，却买入二三十只股票）。个人投资者不投资则矣，投资就应该多做能够改变自己财富命运的大决策，而做大决策的机会一旦来临应该重重下注，竭尽全力将自己有限的资金投到这种机会上，甚至将所有鸡蛋放在一个篮子里，而且可能是十分有效的。不是吗？中国 A 股市场上的一些聪明投资者将自己的资金全部集中在少数甚至是一家优秀企业上，不同样获得了超出自己预期的收益吗？

投资在知识上是不断做加法，在投资标的上却要不断做减法，所谓艺高人胆大。当然，每个人要结合自己的实际来做，不可拘泥，特别在投资的早期要适度分散（如五股原则）。只可惜，我先前对这个道理明白得太晚，在某个具体投资标的上，还设了 30% 的上限，给自己设置了条条框框。而机构投资者这样控制比例是可以的，只有小资金量的个人投资者是没有必要这样做的。

大作家钱锺书先生说过："不受教育的人，因为不识字，上人的当；受教育的人，因为识了字，上印刷品的当。"这话说得真是太妙了！想一想，读书多的人，特别是将书读呆了的人确实如此。那么，运用到投资上，我们又容易上哪些印刷品的当呢？这还真需要我们在投资过程中时常提醒、反省自己。

我给女儿的嫁妆是股票[①]

我的女儿是90后，2014年走进了婚姻的殿堂。女儿出嫁，我该送她什么嫁妆呢？在我们生活的这个地方，有条件的自当是送房或送车，然而我送给她的嫁妆却是股票！

为什么送股票呢？

一是我对股票投资的痴爱。

我自2000年5月入市以来，对于股票的痴爱程度可以用"毒瘾"来形容，至于这些年记了多少笔记、做了多少资料卡片、读了多少文字，自己都记不清了，反正是一有闲暇便一头扎入股市投资的海洋，自得其乐。每当友人羡慕我在股市上小有成就之时，我便套用名人的话说："我是将别人喝酒与打麻将的时间用在了股票投资上。"我个人的体验是，股票投资是特别"带电"的，能收获金钱、收获思想，何乐而不为呢？

二是我想为女儿的将来积累一笔财富。

我们不妨算一笔记账，假如将来通胀率为5%，100万元10年以后购买力相当于现在的多少钱呢？61.39万元！20年后呢？45.27万元！

不算不知道，一算吓一跳啊！长期来讲，我们并不太多的财富原来让"通胀"这个"老虎"吃掉了不少啊！稍稍有点儿经济常识的

[①] 本文发表于2015年3月13日。

人都知道，长期通胀是不可避免的，这是经济发展的必然结果。

那么，我们如何战胜通胀这个"老虎"呢？

在所有在投资工具之中，股票不失为战胜长期通胀的一大法宝。一谈起中国股市，许多人就皱眉，认为中国股市不亚于"赌场"，然而在投机成分如此大的中国股市，上证指数自 1990 年 100 点起步，20 多年上涨了 32 倍，更不要说万一抓住几只大牛股呢？

刘元生投资万科，由起初的 360 万元获得了数十亿元收益的故事是股市上人人皆知的，或许我是读多了精彩的投资传奇，受了这些故事的"蛊惑"，也梦想着将来女儿因为老爸的"先见之明"而能得到一笔可观的财富。

总之，心动不如行动，实际上自 2013 年女儿大学毕业之后便鼓动她开账户，先期是少许资金投入（主要是见当时行情低迷，有些急不可待了），到了 2014 年女儿结婚时，我便与妻子统一思想将这个"嫁妆"正式送给了她。

不仅如此，女儿婚后，我还是不忘对她进行财商教育，结果她仍乖乖将自己婚后的一部分闲散资金交由我打理。当然，我承诺赔了钱算我的，赚了钱是她的，天下哪有这样的好事情呢？

或许有人说，授人以鱼不如授人以渔，我当然知道"渔"的重要性。不过，投资还是要看热爱与否。现在女儿对股票投资还没有入门，爱好与否由她去吧。我认为，投资的智慧是没办法遗传的，巴菲特是全世界投资者"朝圣"的投资大师，按说，他的儿子女儿们最有条件受到"亲传"，可是到现在，我们也没有看到谁继承了。更何况女儿的账户，我也乐于打理。所以，目前账户名字是女儿的，但是"大权"（密码）却由我掌握，因为我怕她一看见赚钱便自作主张给卖了！

最后我想分享的是，你如果有了孩子，可以为他建立一个长期账户，假以时日，我们的父爱母爱就会结出不一样的硕果！

股市长赢之道：用完善的投资系统"管住"自己[①]

各位球友、嘉宾，女士们、先生们：

大家下午好！

首先，我要感谢雪球，把我从线上拉到了线下，让我"从天上掉到了地上"，跟大家做一个简短的分享！

今天听了这么多大V精彩纷呈的演讲与分享，我突然有一个感觉：如果把雪球比作投资丛林的话，那么在这片投资丛林里，有凶猛的虎豹鳄鱼（还有秃鹫）、狡黠的狐狸和狼（"秃鹫投资"与"阿土哥"在我前面做了演讲分享），还有任人宰割的羔羊、"小众"的孤独而快乐的乌龟。对后者，人们习惯称价值投资派。

雪球是"聪明人"在的地方，这个地方"聪明人"多，他们把价投派称为"夹头派"，铁夹子的夹！

作为价投派，最念念不忘的一个词儿是"护城河"，我们要寻找一家企业的"护城河"。但是我想问的是，我们作为投资者，在这片投资丛林中究竟有什么样的"护城河"？我们如何去抵御这些虎豹与秃鹫？我依据我16年的市场经验（或许更多是教训），认为我们的护城河是要建立自己一整套的投资系统，并且要用这个系统"管住"自己。

这个投资系统从大方向来讲，无非是两个方面：

一方面是投资世界观、价值观，是方向盘，管路线、方向问题。

另一方面是投资方法论，教我们洞悉经济和社会的发展趋势、股市发展的根本规律、一个行业的根本属性和一家企业的生意本质。

据我观察，个人投资者在投资上往往有三大痛点：第一个痛点是，选择股票不知从哪里入手，面对股票无所适从，甚至像无头苍蝇

[①] 本文为我于2016年11月27日在雪球嘉年华现场的演讲。

一样乱飞、乱撞；第二个痛点是，选择好股票，在估值上又拿不准；第三个痛点是，买了股票以后，哪怕是茅台这样的优秀企业也拿不住。这3个痛点，归结为一点就是投资系统不完善，不能用完善的投资系统"管住"自己。

下面，我想通过我的分享，能使我们把这些痛点击破！

投资系统包括4个部分，即思想系统、选股系统、估值系统和持有系统。

思想系统

我把思想系统称为"五观"，即理论观、历史观、国情观、全球观和行业观。一个人"五官"不正，会长得丑，来到雪球估计也会对不起观众，甚至吓跑一些观众。

曾有球友给我留言说："'闲兄'啊，不管你讲什么，只要在这里一站，让我们看看真容就行。"大家现在看到了，还算五官端正，告诉你们，别看我现在是大叔，年轻时也是"小帅锅"呢！

一个人"五官"不正，会丑。一个投资者的"五观"不正，思想系统可能有漏洞，容易被市场打得"鼻青脸肿"。

因时间受限，我这里只讲理论观，这个理论观是以巴菲特思想为指导的。

今天，我们是站在巨人的肩膀上，为了称呼的方便，同时也为了尊敬这位全世界敬仰的投资大师，我曾经撰文将格雷厄姆、费雪、芒格、巴菲特等价值投资大师的思想统称为"巴菲特思想"。

那么，巴菲特思想对我们有什么作用呢？大家可以记住3句话，也是我们的三大思想武器：巴菲特思想，是我们认识股市的思想武器；巴菲特思想，是我们认识人性的思想武器；巴菲特思想，是我们认识商业本质的思想武器。

有了三大思想武器作为法宝，我们在股市就不会迷失方向，甚至战无不胜！

在网络上，一谈到巴菲特思想，我总看到这两论："不适合中国股市论""把巴菲特神化论"，认为巴菲特学不了。但是，果真如此吗？依我个人的体会，巴菲特思想在投资中可以说招招见效，"刀刀见血"！

比如，我们随便从他的"思想工具箱"里提取几个重要思想：买入优秀企业胜过平庸企业的思想；买经济特许权的思想；买自由现金流的思想；重视净资产收益率的思想；"船"固然重要，"船长"同样重要的思想。

我们如果回溯中国股市的历史，其实巴菲特思想很适合中国股市。

2015年伯克希尔大会上，芒格试图做一件事，就是描述"伯克希尔系统"。86岁的巴菲特与92岁的芒格这老哥俩天天会念叨什么呢？他们会天天说投资理念吗？我想不会，他们不会像我们一样在雪球上就投资理念进行争辩。但是我们探究他们的伯克希尔系统后会发现，其中的4句话，他们"念"了约半个世纪，50多年！

第1句话：买入股权。买股权就是买生意，买生意的投资是最聪明的投资、最智慧的投资。

第2句话：利用市场。市场傻了疯了，我们别跟着疯傻。

第3句话：注重安全边际。我们中国人讲究说话办事要留有余地，这就是安全边际。

第4句话：注重能力圈。我们知道自己会"死"在哪里，就不去那里。

这4句话可以说是伯克希尔系统的思想核心，是它的世界观和方法论。当然方法论是可以不断改进与完善的，也是可以多流派的，但是世界观是永恒不变的，我们要学习这些东西。

这里我可以在现场给大家做一个简单的测试。《西游记》这部文学名著是家喻户晓的，是人人皆知的。如果唐僧师徒几人来到股市，来到雪球做投资，那么最终谁会赢？

是孙悟空吗？

你看孙悟空 72 变，有火眼金睛可以透视 K 线，看一看有没有"庄"，他还能用金箍棒将土地爷"砸"出来探讨"内幕消息"。但是，我看他不行，因为他没有坚定的价值观，还时不时地罢工，甚至还有被"套牢 500 年"的经历。

猪八戒行吗？

我看也不行。他好吃懒做，见了美女走不动道儿，还时不时地吐槽别人。

我看，最后成功的一定是唐僧。他有着坚定的价值观，九九八十一难也矢志不移，女儿国的国王那么漂亮，但他不为所动，所以，他一定会成功，而且他还有一个"明星组合"。

当然，沙僧也可能成功。他就像巴菲特的老股东一样，跟着巴菲特成为亿万富翁。

所以说，价值投资就要有唐僧精神，否则，不要说 2015 年那样的大股灾，就是风吹草动，你也会提出"红旗到底能打多久"的疑问！

选股系统

我们对什么事情都应反过来想想。

中国股市有近 3 000 家上市公司，我发现有些投资者一进入股市，就像彼得·林奇所说的，恨不能"吻遍天下所有的女孩"，什么都想买！

股市有鲜花、美酒，也有万丈深渊和地雷阵。所以，我的做法是先给自己建立负面清单，即告诉自己不能投什么。

我给自己拟了"八不投"的负面清单，如下。

（1）强周期的不投。强周期企业，只是牛市状态下的交易品种，我要的是弱周期下的"常青树"。

（2）重资产的不投。我要的是轻资产、高商誉。

（3）单纯炒作概念的不投。你就是和女儿国的国王一样漂亮，我也不受你诱惑！

（4）处在强风口的不投。我怕风停了后，我会掉下来摔死！

（5）坐在天上讲重组动人传说的不投。因为我听不明白。

（6）不在行业内"相对胜出"的不投。我喜欢坐山观虎斗，盯住那些先"将红旗第一个插上山头"的企业。

（7）处在快速易变行业的不投。

（8）自己看不懂的不投。

那这不投，那不投，你究竟投什么呢？

我在雪球上曾分享了投资的"九把快刀"，用了这"九把快刀"足以"快刀斩乱麻"。这"九把快刀"是我的选股系列，大家有兴趣可以翻翻、看看，这里我只简单介绍。

（1）比较优势。我们要从世界大的产业分工中来看待这个问题。将来中国梦的实现，中国的崛起，必然会伴随一批优势产业、优秀公司的崛起。而这种比较优势，是我们投资者的掘金之地。为什么我8年前选择了格力，并且持有8年不动摇，是因为我看到了我们国家在白色家电上的这种"比较优势"。

（2）经济特权。这种特权从大的方面说有两种：一种如贵州茅台那样，有老祖宗留下来的遗产，有自然的禀赋，有文化的血脉；另一种是在充分竞争后，"无中生有"，拼出来的经济特权。如白色家电中的格力、美的，如肉中的双汇、奶中的伊利等，它们甚至拥有定价权。

（3）文化血脉。护城河，是巴菲特的一大理论贡献。品牌、规模优势、成本优势、先发优势、网络优势、客户转换成本等，均可构成企业的护城河。

文化血脉也是优秀企业的护城河。那些蕴含中国历史、中国文化、中国消费习惯、中国礼仪、中国味道的产业与公司，文化血脉就是它的一种护城河。

（4）平台生态。平台生态具有"坐地收钱"的特点。企业的平台一旦搭建好，竞争对手就难以颠覆与超越。

平台生态还有一种很好的商业模式，可以不断生发出新的赢利点，进而不断"链接"自己强大的生态系统。

（5）连锁服务。连锁服务是彼得·林奇与芒格都很推崇的一种模式，即一个地方的成功可以在另一个地方成功复制。

（6）知名品牌。买股票就要买具有深厚历史文化底蕴的金字品牌，要买具有垄断属性产品，产品被重复消费、被成瘾消费的独家或创新品牌，要买已完全侵入消费者内心的品牌，要买不是唯一就是第一的龙头品牌。

知名品牌的上市公司未必全是大牛股、长牛股，但是大牛股、长牛股无一例外都是业内知名的品牌。

（7）行业命相。有的企业可以在行业内"赢家通吃""占山为王"，这是由其行业属性（行业命相）与竞争格局决定的。

（8）央视广告。如果你还是找不到好的股票，那么我告诉你一个秘诀，就是看中央电视台新闻联播之后的广告。中国股市 20 多年来的一些大牛股、长牛股天天在那里被广而告之。

（9）养老股票。养老股票是指从我们养老的角度，从一个长的周期去考虑购买股票。

估值系统

做价值投资的都知道，估值最科学的是一家公司未来现金流的折现值，但这个东西好看不好用，估值难倒英雄汉啊！但是，凡事我们要反过来想。

真正便宜的投资标的是估出来的吗？不是！真正好的便宜的标的是一眼就能够看出是"胖子"是"瘦子"的。相反，利用计算器愁眉苦脸地计算后选择标的，往往不是又好又便宜的。

今天在雪球分享会场上有很多年轻人，作为年轻人，更要抓住机遇。在股市中，你们要善于抓住能够改变自己财富命运的大机遇，做出能够改变自己人生财富命运的大决策！

这样的大机遇有3种：

（1）大熊市，像2015年千股跌停、千股停牌、千股熔断的大股灾，行情会极度低迷。

什么是行情极度低迷？今天雪球两个分享会场都有很多人，如果雪球再举办嘉年华，没有多少人（开个玩笑），那就是行情极度低迷期了！

那时，你就把钱往股市里扔，不再是"河中钓鱼"，而是"海滩拾鱼"，那是最好的机遇。大家现在回头看，股灾期间是不是买入优秀企业多么好的机会？

（2）"王子"企业一时"遇难"。

"遇难"分为两种：

一种是黑天鹅式的利空打击。

典型的是贵州茅台2012年、2013年走下神坛。我来之前翻了翻旧帖子，2013年12月8日我写过一篇文章，就是以茅台为例，说优秀企业的股价跌便宜了,你会不会买,当时茅台股价大概 138 元,现在看是多么好的投资机会。

当时这篇文章还上了《今日话题》,所以,我这里也做一个广告,大家以后多看一看《今日话题》,说不定能发现好的投资机会。

另一种是优秀企业一时增长放缓,市场先生给予了大幅度的"估值杀",此时往往是好的投资机会。

投资如做人,与其锦上添花,不如雪中送炭,我们要善于"英雄救美"!

(3)长牛股阶段性深度调整之时。

选择世界级足球明星,能够在中国的足球队里选吗?显然不能,要在欧美那样的强队中去选。同样地,到优秀学生中选状元,到牛股中选牛股,是一种捷径。罗马不是一天建成的,真正的长牛股、大牛股是具有连续性的。于是,我们要从估值工具箱里找一找市盈率、市盈率相对盈利成长比率、市净率这些东西,如果有标的进入了我们的"射猎区",我们再慢慢"扳动扳机"。

持有系统

如果我们坚持价值投资,真从买生意的角度购买股票,那么持有期限问题就不再是一个问题,即坚持长期投资,因为没有哪种股票,今天买入,明天就会暴涨。

我想说的是,我们要坚决规避两个错误甚至愚蠢的卖出。

(1)大跌"吓"得卖出。事后证明,这往往是愚蠢的卖出。2015 年的股灾,你吓得慌里慌张地将优秀企业的股票卖出了,现在看绝对是愚蠢的。

(2)因为赚钱,比如上涨 50%、100%,就"乐"得卖出。这说明你还是没有一个清晰的卖出系统,你的卖出是一种稀里糊涂的卖出。

正确的卖出实际就看一点：基本面变坏，但一时的增长放缓要辨别研究；股价太疯狂，但适当的被高估要坚持持有。

我讲了这么多，你可以不听，但是下面这几句话，我认为你应该认真听，这是我个人的真正体会：

中国股市20多年的不长历史，已经证明两个清晰的逻辑：

第一个逻辑是，中国股市中优秀企业的股权，是我们个人家庭最值得配置的最有价值的资产。

第二个逻辑是，尽管我们中国股市有着这样那样的问题、这样那样的缺陷，甚至有时像个坏孩子，但是从5年、8年、10年的长周期来看，这个市场是十分公平的，因为没有任何一家优秀企业在市场上受过"亏待"，即一家优秀企业的长期回报与它们的长期业绩正相关。

所以，最适合个人投资者的理念是：

用自己闲置的资金，尽可能多地买入自己能够看得懂的、喜爱的、有着共同价值观的、优秀且被低估的企业的股票，而且一旦拥有了就要以年为时间单位持有，耐心地陪伴企业长久的经营！

进一步讲，此时我们的投资不再是在悬崖边上舞蹈，不再是红着眼搏杀，不再是虎口夺食、刀口添血，相反，它是对优秀企业商业模式的寻找与洞悉，是对优秀企业家的欣赏，是与优秀企业的所有者共赢。

我们还可以腾出大量的时间去做自己喜欢的事情，比如沐浴春风、欣赏秋月……

好，我的分享就到这里，谢谢大家！